河北经贸大学学术著作出版基金资助

DEVELOPMENT,
CULTURE AND POWER

AGRICULTURAL EXTENSION IN THE PROCESS OF
AGRICULTURAL MODERNIZATION

A Case Study of Wuxiang,
Hebei Province

发展、文化与权力

农业现代化过程中的农业推广

——以河北吴乡为例

蒋志远　著

社会科学文献出版社
SOCIAL SCIENCES ACADEMIC PRESS (CHINA)

目　录

第一章 导论

一 研究缘起

纵观我国农业社会的发展历程，与新技术、新知识、新信息传播途径及其应用紧密联系的农业推广活动一直以来是保障农村发展、促进农民增收以及维系农村社会稳定的重要途径。早在4000多年前的尧舜时期，就已有"后稷教民稼穑"的典故。在漫长的朝代更替过程中，农作物的繁育与示范、农业知识的引进与传播、农耕方法的创新与推广等一系列农业推广活动一直是为政府所重视的"民本"问题。步入近现代以来，现代化的农业推广活动在我国拉开了序幕，科学技术以及现代化的管理方式如何在乡村社会广泛传播成为政府和学者所关心的问题，但由于战乱、灾荒等因素的制约，很多农业推广活动很难广泛而有效地开展，广大农民依然生活在贫苦之中。新中国成立以后，在中国共产党的领导下，以合作化、规模化、科学化、机械化为发展方向的农业发展模式受到重视，有组织、有计划的农业推广活动也随之在乡村社会中广泛而深入地开展起来，有力促进了我国农业现代化的发展。然而，受鼓励机制不完善以及现代科学技术发展有限等因素的制约，政府公益性的农业推广活动仍未完全改变农村经济落后、农民生活贫苦的状态。

家庭联产承包责任制推行以后，家庭重新成为农业生产的基本单位，同时随着三十多年的市场化改革，以市场为导向的商业性农业推广逐渐嵌入乡村社会当中，使农业推广活动在乡村转型的过程中呈现出社会化、资本化的特征，主要表现为：一方面，农业生产所需的化肥、农药、种子等生产资料以及农业生产性服务都需要多层次市场体系的配置才能作为商品提供给农民，而这也使专业分工不断深化的商业性农业推广高度社会化；另一方面，农民为了获得较高的收益，也竞相采用最新的现代化农业技术、农资产品以及农业机械来提高个体劳动生产率，而这也提高了农业生产的资本有机构成，使得与之相关的农业推广呈现出较高的资本化特征。[1] 在商业性农业推广不断发展的过程中，我国农业生产的整体效益虽已有了较大提升，农民的温饱问题也逐渐得到了解决，但是多数农民家庭却难以走上致富的道路。因此，改革开放以来，农民为了增加收入而外出务工或经营其他非农产业已经成为常态，农村真正从事第一产业的人越来越少，而与之形成鲜明对比的却是小规模家庭农业仍旧大量存在。[2] 与此同时，在国家政策和市场机制的引导下，农村土地流转也逐年加快[3]，而土地、资本的集中也在加剧农民的分化程度，并给改革开放以来乡村现代化农业推广的发展带来了不小的挑战。针对上述变迁过程，本书关心以下几个问题。

第一，改革开放以来，在农业推广市场化转型的背景下，传统的农业推广模式逐渐衰落，商业性农业推广模式迅速崛起。那么，转型后的农业推广在组织形式和活动内容方面与之前农业合作化时期相比较有何新的特点？另外，农民又是如何看待改革开

---

① 张慧鹏：《改造小农经济：当代中国农业转型的研究》，博士学位论文，中山大学，2016。

② 根据第三次全国农业普查主要数据公报显示，截至 2016 年末，全国共有20743 万农业经营户，其中绝大多数是小规模家庭经营户，规模农业经营者仅 398 万户，占全部农业经营户的 1.92%。相关内容详见国家统计局网站 http://www.stats.gov.cn/tjsj/tjgb/nypcgb/qgnypcgb/。

③ 根据 2017 年农业部公布的数据，截至 2016 年底，全国二轮承包地经营权流转面积达到 4.7 亿亩，流转土地面积占全国耕地总面积的 35.1%，同时这也意味着 2.3 亿农户中有近 7000 万户已经不直接经营全部土地或者部分土地了。具体参见 http://www.gov.cn/xinwen/2017-11/30/content_5243351.htm。

放以来农业推广的市场化转型的？

第二，改革开放以来，一方面，农业推广在市场引导下社会化、资本化的程度不断加深，促使农民越来越依赖市场化运作的商业性农业推广，体现出市场嵌入到乡土社会中的趋势；另一方面，农民依靠文化网络与地方性知识对不同类型的商业性农业推广活动进行选择，进而保障自己的利益。因此，如何审视和理解商业性农业推广与乡土文化之间的互动关系，也成为笔者所关心的问题之一。

第三，改革开放以来在城市化、工业化的背景之下，一方面，农村青壮年人口大量流出，农业劳动力老龄化程度不断加深；另一方面，在"城市文明""工业文明"的熏陶和影响之下，农村人才外流现象越来越普遍，"教育离农"问题日益凸显。乡村这些"流失"问题都给当前现代化农业推广活动带来了怎样的影响？

总之，本书以改革开放以来乡村转型过程中的市场化、农业现代化、城镇化、工业化作为背景，借助人类学的相关理论和调查方法来分析改革开放以来农业推广活动的特点，以及其是如何与包含文化网络、地方性知识等在内的乡土文化进行互动的。从生产力的维度，本书追问在乡村转型过程中，究竟怎样的农业推广模式和组织形式能够更好地适应乡土文化，并能够解放和发展农业生产力，促进农业现代化发展。从生产关系的维度，本书追问究竟怎样的农业推广经营体制和组织方式能够与乡村文化网络中的各种关系有效衔接在一起，在实现农业创新的广泛应用和扩散的基础上最终实现全体农民的最终富裕。从社会转型的维度，本书追问在农村人口流失的大背景下，现代化农业推广如何在"农业劳动力老龄化"和"教育离农"的逆境中寻求发展。

二　走进田野——河北南宫市吴乡

2016 年 10 月，笔者首次从石家庄市出发前往田野调查点——

南宫市吴乡①，大约一个半小时后到达南宫市汽车站，再乘坐城乡公交，半个小时左右才到达了吴乡政府所在地——X 村。在驶往目的地的路程中，沿途南宫境内的村落仍保留着纯然的农村风情，一望无垠的平原之上大片大片成熟开裂、吐絮似雪的棉花给笔者留下了深刻的印象。此后将近一年的时间里，笔者就农业推广研究这一主题，对吴乡境内的各个村庄展开了田野调查，并依据各村落的社会经济与文化存在差异这一客观事实，选取具有代表性的村落进行深入调研，以便更为客观、深入地了解和认识吴乡的实际情况。

笔者之所以选择吴乡作为田野点，主要基于以下几点考虑。第一，笔者在当地有一定的人脉关系，当地政府也表示欢迎，加之吴乡民风淳朴，因此可以比较顺利地进入田野。第二，吴乡作为以棉花、玉米等农作物种植为主的农业乡，乡政府近些年来积极开展各类农业推广活动，如"千亩桃园计划""千亩娃娃菜种植计划"等，同时该乡还于 2016 年成功申报审批成为现代农业园区。除政府以外，各企业、高校、科研机构也纷纷加入吴乡的农业推广活动当中，这些都给笔者的研究提供了良好的素材。第三，整体而言，吴乡的传统文化保存相对较好，如家族、庙会、集市等组织体系不仅较为完善，同时还具有其自身的特色，有利于笔者考察农业推广与乡土文化之间的关系。第四，作为区域研究，吴乡各村落的经济社会水平存在差异性，如该乡北部 Y 村、H 村等作为毛毡业较为发达的村落，经济水平与乡村都市化程度都较高；而位于南部的 X 村、Z 村等村落基本完全依赖农业生产与外出打工，农民经济生活水平相对偏低。因此，以吴乡作为田野调查点，对具有不同特点的村落进行调查分析，可以较为全面地对改革开放以来农业推广与乡土社会之间的关系进行研究。下面对吴

---

① 1986 年 3 月 5 日，南宫县经国务院批准改建为南宫市，为县级市，改建后行政区域不变。因此本书中，1986 年之前称之为南宫县，1986 年之后称之为南宫市。下文不赘。

乡的概貌进行具体描述。

（一）地理位置与自然资源

吴乡地处华北平原区域，位于河北省邢台市所辖县级市南宫境内，属南宫市传统的棉、粮、菜产区。全乡南北长约 13 公里，东西宽约 6 公里，总面积 66.8 平方公里。共辖 35 个行政村，乡政府驻地 X 村。根据 2015 年数据显示，吴乡总人口为 36652 人。[①]吴乡所处的南宫市沿邢衡高速西下，距邢台市约 65 公里，沿青银高速北上，距石家庄市约 90 公里，总体而言交通较为便利。

从地形来看，吴乡地势平坦，没有河流泛滥冲击影响，沙岗、洼地和道沟极少，已初步形成方田规模，因此有利于集约化生产。2015 年，全乡共有耕地 78107 亩，人均耕地面积 2.13 亩。从土壤质量看，吴乡的土壤质量适中，耕层养分含量中有机质占 0.71%，碱解氮含量 29.9PPM，速效磷含量 4.3PPM，处于缺磷、贫氮、有机质含量少的状态，土壤中主要养分含量属全国四、五级土壤。在气候方面，吴乡所在的南宫市属于典型的温带大陆性季风气候，具有四季分明的特点，即春季干旱多风，夏季炎热多雨，秋季冷暖适中，冬季干燥寒冷。2012～2017 年，吴乡年平均降水494.4mm，历年平均气温 13.6℃。吴乡所处的南宫市中部区域能用地表水仅 50 万 m³，深层淡水资源尚未完全开发，加之降水季节分布不均匀，因此水资源较为缺乏。尤其是到了春季播种时期，降水较少且风力较大，极易发生春旱，影响播种时间及效果。[②]

（二）历史沿革与文化习俗

相传吴乡最早在元代称为吴村地，是吴姓大家族世代居住的地方。元末战乱之后，吴姓大家族人口锐减，吴村地也成为遍地疮痍、

---

① 南宫市统计局编《河北省南宫市国民经济统计资料汇编（2015 年）》（内部资料）。
② 南宫市地方志编纂委员会编《南宫市志》，中国文史出版社，2014。

人烟稀少的地方。明代洪武和永乐两朝，朝廷从山西的平阳府、洪洞县，山东的庆州府、维县迁移大量人口驻往吴村地，并以多姓共居、家族聚居为基本居住形态形成村落。当时形成的村落的特点是，迁入家族的姓氏加上原住民的吴姓成为该村的村名。如薛家与后来的董家、张家组成董薛张家吴村（后分立为 X 村、Z 村）；鞠家与后来的孙家、冯家组成鞠孙冯家吴村（后分立为 J 村、S 村）。新中国成立后，1953 年 7 月始建吴乡，共辖 9 村。1956 年 9 月并乡以后，周围又有 8 村并入吴乡，其管辖范围进一步扩大。1958 年吴乡并入垂杨人民公社，次年建立吴村管理区。1961 年改建为吴村人民公社。1984 年 2 月复建吴乡。1996 年，吴乡合并了周围两个行政乡，使全乡人口数量增长了 4 倍，耕地亩数增长了 3.7 倍，一跃成为南宫市人口大乡之一，并形成今日吴乡的辖区概貌。[1]

现在的吴乡仍保留着较为浓厚的乡土文化气息，家族组织、庙会组织依然普遍存在，农村集市体系也较为完善，各种文化习俗依然延续至今。与华北很多农村地区的家族式微相比较，吴乡的家族气氛依然比较浓厚。在当地本家族的人都习惯称为"当家的"[2]，家族内部有族长，多数家族依旧保留着续谱的习惯。每逢大年三十，还保留着族长将画有诸祖先肖像的"族谱"悬挂于客堂之内，供家族成员集体磕头祭拜的习惯。在信仰方面，多数农民持多元化的民间信仰，即关帝爷、真武爷、龙王爷、弥勒佛等神灵一概都拜。除了天主教家庭以外，吴乡的农民家庭大门内旁边的墙体上或正冲大门的照壁上都会镶着木板，上面供奉着关帝爷的塑体，同时在厨房还会供有灶神爷。吴乡部分村庄还保留着庙会组织，每年庙会村民都会积极参与，并保留着请神、敬神、戏神、游神、送神等一系列的活动流程。吴乡的天主教传入于 20 世纪 30 年代，在乡政府所在地 X 村建有一座天主教堂，全乡的天

---

[1] 南宫市地方志编纂委员会编《南宫市志》，中国文史出版社，2014。
[2] 在冀中南地区，农民更习惯使用"当家的"这一词语指代本家族成员，而"家族"一词在日常生活中却较少使用。

主教徒一般会在星期天聚在教堂参加弥撒活动。由于吴乡距离市区较远，因此村民对于集市的依赖程度较高，在 X 村、Z 村、C 村等中心村落都保留着较具规模的集市。

（三）社会与经济

1996 年吴乡与周围其他两个行政乡合并以后，按照原来各乡的行政区划，形成了吴村片区、郝村片区和红村片区三大片区并延续至今。其中吴村片区位于吴乡中部，共辖 13 村；郝村片区位于吴乡南部，共辖 8 村；红村片区位于吴乡北部，共辖 14 村。据 2016 年数据统计，共有 352 家毛毡家庭企业分布于红村片区所辖的几个村庄当中①，因此红村片区的经济水平相对较高。吴村片区、郝村片区各村庄的经济仍然以农业生产、外出务工为主，村民生活水平相对偏低。据 2015 年吴乡政府数据统计显示，全乡人均可支配年收入为 9748 元②，很多村民的生活依然比较拮据。由此可见，吴乡整体经济水平还有很大的提升空间。

表 1-1 统计了 2015 年吴乡人口的职业构成。其中有 49.0% 的劳动力人口从事农林渔牧业等与第一产业相关的职业；其次，从事工业的人口也不少，占从业者总人口的 29.1%；此外，从事建筑业、交通运输邮政业、批发零售业的人口比重也较大，分别占从业者总人口的 7.3%、6.7% 和 4.1%。从劳动力的年龄分布来看，50 岁以上的中老年人多数从事家庭农业种植，而多数年轻人和中年人一般会前往石家庄、北京等邻近城市务工。因此漫步于吴乡的农村会发现，除了红村片区经营毛毡产业的少数几个村庄还可以看到些年轻人以外，其他村庄很难见到年轻人。农村家庭经济的分工基本就是"年长者务农、年轻者务工"的格局，农业劳动力老龄化问题较为突出。

---

① 相关数据由吴乡农业经济办公室提供。
② 南宫市统计局编《河北省南宫市国民经济统计资料汇编（2015 年）》（内部资料）。

表 1-1　2015 年吴乡人口的职业构成①

职业	人数（人）	百分比（%）
农林渔牧业	8451	49.0
工业	5019	29.1
建筑业	1267	7.3
交通运输邮政业	1148	6.7
批发零售业	713	4.1
住宿餐饮业	155	0.9
卫生社会保障福利事业	68	0.4
文化体育和娱乐业	84	0.5
公共管理和社会组织	159	0.9
其他行业	181	1.1

表 1-2 描述了 2015 年吴乡主要农作物的种植结构。根据统计数据显示，当年棉花的种植面积占全乡耕地总面积的 63%，优势十分明显。从历史上来看，吴乡所处的南宫市棉花种植已有 300 余年的历史，是当地农业的主要经济作物和重要的经济支柱。据旧县志记载："棉花为本县大宗产品，故业此者众；外籍之商本县坐贾，随在收罗……北运天津，东运济南，冬春之际车马络绎不绝于途，以丰年计之，其总额不下千万也。"② 由于南宫一带的棉花生产较为发达，20 世纪 50 年代在冀南一带就流传有"银南宫"之美名。此外，小麦和玉米也是当地种植较为广泛的作物。相较于棉花，小麦、玉米的纯收入虽然相对低一些，但由于棉花种植比较费工，很多因年轻人外出打工而缺乏劳动力的家庭往往会选择缩减自家的棉花种植面积，或者干脆只种植小麦、玉米等粮食作物。另外，谷子、辣椒、花生的种植面积也占有一定

---

① 南宫市统计局编《河北省南宫市国民经济统计资料汇编（2015 年）》（内部资料）。
② 黄容惠、贾恩绶：《南宫县志》，成文出版社，1936。

比例，分别占全乡耕地总面积的 9%、7%、3%。其中，谷子是当地较为重要的粮食作物，农民习惯拿谷子煮成粥来食用，称之为"小米饭"。

表 1-2 2015 年吴乡主要农作物的种植结构

种类	种植面积（亩）	亩产（斤）	总产量（吨）	价格（元/斤）
棉花	49080	610	14969	3.8
小麦	25100	1175	14746	1.1
玉米	18828	1600	15062	0.6
谷子	7105	876	3111	2.0
辣椒	5465	535	1461	4.6

数据来源：《河北省南宫市国民经济统计资料汇编（2015 年）》（内部资料）及作者实地调查。

三 相关文献综述

（一）权力与文化宰制下的农业推广研究

权力是政治人类学中的一个重要概念。从埃文思-普里查德到格尔茨，权力如何在当地的社会文化脉络中得以运作始终是政治人类学所关注的核心议题。如埃文斯-普里查德在对非洲努尔人的研究中，发现当地以地缘为基础的政治制度、血缘为基础的世系群、年龄为基础的年龄组在维系当地社会秩序中发挥了重要作用，显示了权力与当地文化相交织的特点[①]。利奇通过对缅甸克钦社会结构的研究发现，当地权力的运作与当地人的婚姻机制是紧密联系在一起的，当地"禅""贡萨""贡老"三种政治制度在婚姻交换过程中得以维持，展现出权力根植于本土文化的现实[②]。格尔茨

---

① E. E. 埃文思-普里查德：《努尔人：对一个尼罗特人群生活方式和政治制度的描述》（修订译本），褚建芳译，商务印书馆，2017。

② E. R. Leach, *Politics System of Highland Burma* (Beacon Press, 1965).

通过对巴厘岛王国的权力运作的研究发现，华丽的仪式、臣民的模仿是当地权力得以施展的重要基础，表明权力并非只是强制性、功利性的，还会是象征性、文化性的①。综上可以看出，探讨权力问题时不能忽视其背后的社会文化脉络，地方社会秩序的维持与发展除了依靠正式的制度以外，更离不开其所处的文化土壤，不同的权力亦展现出不同的文化特点。

因此，人类学视野下的"权力—文化"关系理论剔除了西方资本主义文化将社会秩序的维持与发展局限于正式的政治、法律制度上的偏见，让我们意识到对于权力的认识和理解，既不能局限于西方法理主义法权模式将权力看作一种商品式的物品，也不能受限于马克思主义经济学将权力视为维护生产关系的工具②，在此之外，权力还是一种象征性、文化性的建构。通过对不同地域、族群权力运作的人类学研究，也让我们认识到对于权力的理解不能只局限于宏观统治权理论，即一方面将国家看作权力的主体，另一方面将社会看作被国家强制力所控制的客体，而应回归福柯对于权力的微观诠释，即"权力是贯穿社会关系的线或不断在各种事件中发挥作用的技术"。③

本书所涉及的农业推广研究，包含了农业新技术、新知识及新信息的扩散、普及和应用，而这一系列的推广过程需要传播者（农业推广行为发生的主体）和受传者（农业推广行为针对的对象）之间的互动与联系，因此离不开对其中权力问题的分析和探讨。总体而言，农业推广活动主要涉及两种权力的运作，一种是权威和法统的权力，表现为国家运用手中具有强制性、说服性的权力来进行相关的农业推广活动，农民则服从国家的指令来进行

---

① Clifford Geertz, *Negara: The Theatre State in Nineteenth-Century Bali* (Princeton University Press, 1981).

② 刘军：《从宏观统治权力到微观规训权力：马克思与福柯权力理论的当代对话》，《江海学刊》2013 年第 1 期。

③ 李猛：《福柯与权力分析的新尝试》，《社会理论学报》1999 年第 2 期。

具体的农业生产；另一种是文化性、象征性的权力，表现为农业推广活动依赖于"乡村社会的多种组织体系及塑造权力运作的各种规范构成的文化网络"①，国家在进行农业推广的过程中也要将自己的权力嵌入文化网络之中，以保障农业推广活动顺利实施。在我国农业推广的历史变迁中，这两种权力相互交织并有时会出现此消彼长的现象，因此围绕着发展、权力与文化来对农业推广进行研究，有助于我们更好地认识和反思不同性质的农业推广模式及其未来走势。

1. 权力的文化网络与"自下而上"的农业推广道路

当代有关中国华北农村社会的权力分析研究来自于印度裔美国学者杜赞奇，在他的著作《文化、权力与国家：1900～1942年的华北农村》当中，首次提出了"权力的文化网络"这一概念。受福柯等学者的生产性权力理论的影响，杜赞奇将"权力"一词视为中性概念，即放弃了将权力视为"个人、群体和组织通过各种手段获取他人服从的能力，这些手段包括暴力、强制、说服以及继承原有的权威和法统"的理解，而是认为"权力的各种因素存在于宗教、政治、经济、宗族乃至亲朋好友等社会生活的各个领域、关系当中"，展现出当地权力运作的文化特色。杜赞奇认为文化网络由"华北乡村社会中多种组织体系以及塑造权力运作的各种规范构成"，同时也是地方社会获取权威和其他利益的源泉，并以具体的案例来展现文化网络中的组织体系和关系网络是如何在华北农业生产过程中发挥重要作用的。②

杜赞奇以河北省邢台地区的水利管理组织作为典型案例，指出当地存在着包含家庭、小集体、闸会、闸会联合乃至全河流域灌溉区等不同层次的组织，用水户则根据所处地理位置、不同需

① 杜赞奇：《文化、权力与国家：1900～1942年的华北农村》，王福明译，凤凰出版传媒集团、江苏人民出版社，2010。
② 杜赞奇：《文化、权力与国家：1900～1942年的华北农村》，王福明译，凤凰出版传媒集团、江苏人民出版社，2010。

求以及环境变化来参加不同层次的水利组合体。其中，闸会作为水利体系中重要的单位，有效控制着灌溉用水的分配，同时不同闸会之间还会通过相互合作来共同疏通河道、加固堤坝，为农业生产提供必要的物质性技术保障。另外，闸会之间还会通过合作举行龙王庙会这一祭祀活动来进行集体祈雨，以求风调雨顺、农业丰产，显示出水利组织与民间组织的重叠以及乡土文化在农业生产过程中的重要性。同时，国家也会利用文化网络中的权力资源介入到各项农业生产事务当中，以便更好地对农业社会加以控制。如各闸会组织在农业生产的过程中遇到冲突时，有时就会通过动员当地乡绅上诉至官府，而官府则通过与当地乡绅的关系积极介入到闸会之间的具体纠纷当中，从而使官方行政的权力资源和地方组织的权力资源相融合，共同维持农业生产活动的有序开展。[1]

从杜赞奇的研究中可以看到，农业的发展除了国家的监管和投入以外，也离不开文化网络中各种组织体系以及非正式人际关系的支持。因此，对于农业推广的研究要重视文化网络中的权力资源，家族组织、宗族组织、水利组织等都会成为农业技术传播的主体力量。如张思通过对近代华北乡村社会中广泛存在的农耕结合习惯的研究发现，役畜、农具的传播和应用与农村家族、亲戚、邻居等组织或人际关系的中介作用存在着密切联系，使贫困的农民可以最大限度地获取生产所需的生产资料和技术支持。另外，农耕结合同样也要遵循特定的资格和条件，使农民获取生产资料和技术只能限定在对等和差距容许的范围之内。[2] 黄应贵通过对中国台湾中部地区农业机械化推广的研究发现，相较于西方的机械化一贯作业的推广方式，台湾农民则按照村落中熟人关系的互惠原则按家户分别经营农用机械并相互支持，使农业机械化通

---

① 杜赞奇：《文化、权力与国家：1900~1942 年的华北农村》，王福明译，凤凰出版传媒集团、江苏人民出版社，2010。
② 张思：《近代华北村落共同体的变迁》，商务印书馆，2005。

过人际关系网络中的权力运作而得以实现,凸显出当地农业机械化推广的"差序格局""多线与多向"等文化特性。① 孙凤娟通过对山东寿光大棚蔬菜产业的研究发现,当地的家族等传统组织镶嵌于当地的农业生产关系当中,大棚蔬菜种植技术通过组织内部人际关系的中介作用而得以广泛推广,显示出当地"自下而上"的农业技术推广特性。②

综上所述,各类农业推广活动并非只是由国家权力完全规划和掌控的,乡村文化网络中的权力资源同样也可以转化为推动各项农业推广活动有效开展的内源性力量,表明农业推广同样存在着"自下而上"的发展道路。因此,杜赞奇的"权力的文化网络"分析框架有助于笔者深入横向理解当代乡村各种组织体系和文化规范对于农业推广的影响和作用,尤其是家族组织等在农业推广中扮演着何种角色,以及文化网络中的权力资源又是如何被国家巧妙运用的,同时这一分析框架也成为笔者进一步探寻改革开放以来国家如何开展现代化农业推广的借鉴理论之一。

2. 意识形态下的文化权力实践与"自上而下"的农业推广道路

国内外学者的研究指出,进入现代社会以来,不同意识形态国家的农业现代化运动都开始不同程度地偏离甚至摒弃原有文化传统基础之上的生产方式,转而开始依靠各种意识形态之下的文化权力实践对传统农业进行现代化的改造,使农业推广活动处于国家权力话语的管控之下。不同意识形态的农业现代化发展道路,主要包括建立在资本主义经济逻辑和社会主义经济逻辑基础之上的两类农业现代化理论,前者主要以美国等西方发达资本主义国家为代表,后者则以苏联、改革开放之前的中国等社会主义国家为代表。

----

① 黄应贵:《农业机械化:一个台湾中部农村的人类学研究》,载台湾"中央研究院"《民族学研究所集刊》1978 年秋季号。

② 孙凤娟:《"脱嵌"与"嵌入"的双重奏:山东寿光大棚蔬菜产业研究》,博士学位论文,中山大学,2017。

关于资本主义经济逻辑基础上的农业现代化理论，首先就要提及兴起于 20 世纪 60 年代的西方资本主义现代化理论，该理论以西方资本主义发展模式作为成功经验、最高理想和模仿对象，并针对非西方国家的发展提出了一个问题，即非西方国家的经济要达到西方水平，需要克服哪些阻碍。[①] 按照这一理论的构想，非西方国家都属于"第三世界""低度发展地区""边缘地带"，而西方资本主义国家则属于"发达国家""高度发展地区"，因此非西方国家若想实现自身的发展，就必须采用西方国家的现代化发展理念以及先进技术，摒弃自己落后的生产方式和发展观。[②] 这样一来，强调"先进"的现代化和反对"落后"的传统成为这一理论的格调，同时一些学者还根据自己的田野调查来论证这一格调的正确性。如福斯特在墨西哥金遵庄研究时便指出，当地农民受资源有限观的羁绊，反对因为个体成功增加自己收入而影响其他村民成员的利益，因此在这种"均富"思想影响之下现代化的农业技术和管理方式很难有效推广。鉴于此，现代化若想在非西方国家取得成功，就必须摒弃传统文化这一阻碍因素。[③]

在西方现代化理论的"传统"与"现代"这一二元对立假设之下，学界针对传统农业的改造问题也涌现出相关的农业现代化理论。如美国学者舒尔茨（Schultz）于 1964 年出版《改造传统农业》一书，在著作中他指出："完全以农民世代相传的各种要素为基础的传统经济，其本质是一种维持简单再生产且生产方式长期没变化的小农经济。"因此，若想实现农业现代化则必须对传统农业进行改造，包括建立推进传统农业变革的农业经济制度、从供求两方面为引进现代化生产要素创造条件、对农民进行人力投资等。[④] 按照舒尔茨的

---

① 黄应贵：《反景入深林：人类学的观照、理论与实践》，商务印书馆，2010。
② 张和清：《国家、民族与中国农村基层政治：蚌岚河槽 60 年》，社会科学文献出版社，2010。
③ George M. Foster, *Tzintzuntzan: Mexican Peasants in a Changing World* (Boston: Little, Brown and Company, 1967).
④ 李建军、周津春：《科学技术与农村发展政策》，中国农业大学出版社，2012。

农业发展理论，农民只有摒弃传统的、"落后"的生产方式和思维习惯，接受新的生产要素和生产理念，才能保障农业技术的进步以及农业水平的提高。另一位美国学者梅尔（Mellor）则提出农业发展三阶段理论，即传统农业向现代农业的转变过程可以分为传统农业、低资本技术农业和高资本技术农业三个阶段。他认为，农业现代化的转变必须要实现农业商业化、农业机械化以及各类生物和化学农业技术的推广，而如何加强对于传统农村的资本投入则成为实现这一目标的必要条件。[1] 还有一位美国学者约翰斯顿（Johnston）于1975年出版《农业与结构转型》一书，针对发展中国家的农业现代化转型问题，提出了适度农业创新传播的"单峰性"和以现代化大农场为代表的"双峰性"两种农业推广战略，为发展中国家由传统农业向现代化农业转型提供了不同的发展模式。[2]

总体而言，西方农业现代化理论所接受的是罗斯托的经济发展史观，即以资本主义经济逻辑来界定不同阶段经济发展的性质，却也导致了这样的结论：农业发展是一个从"传统"到"现代"的单线发展过程，其中西方国家的现代化发展理念则是实现这一转变的必要条件。这一理念无疑也建构了对非西方国家及农民的"第三世界国家""文盲农民"等刻板印象。为了实现本国的农业现代化，一些发展中国家开始舍弃"落后"的传统文化转而全盘接受西方农业现代化理论，如不加选择地引入西方的农业管理模式、农资产品以及"先进技术"。但由于引入的现代化农业知识体系忽视了当地传统的社会关系和地方性知识，因此非但没有改变当地农民的贫困面貌，反而带来了环境污染、水资源耗费以及农业资本分配不均等恶果。[3]

---

[1]　John Williams Mellor, *The Economics of Agricultural Development* (Cornell University Press, 1966).

[2]　Bruce F. Johnston, *Agriculture and Structural Transformation: Economic Strategies in Late-development Countries* (Oxford University Press, 1975).

[3]　马格林（Marglin A. Stephen）:《农民、种籽商和科学家：农业体系与知识体系》，载许宝强、汪晖选编《发展的幻象》，中央编译出版社，2001。

以社会主义经济逻辑为基础的农业现代化理论最初主要来源于马克思、恩格斯关于改造传统农业的经典论述。马克思、恩格斯认为，作为一种小生产方式的小农经济，其本身就是一种落后的经济形式，因此夺取政权后的无产阶级，应当以政府身份采取农民所能接受的方式来促进土地私有制向集体所有制的过渡。马克思指出，农业集体化所伴随的应当是现代化农业技术的推广，同时前者是后者的保障，即"一切现代方法，如灌溉、排水、蒸汽犁、化学处理等等，应当在农业中广泛采用。但是，我们所具有的科学知识，我们所拥有的耕作技术手段，如机器等，如果不实行大规模的耕作，就不能有效地加以利用"。① 因此他认为，在小农占优势的国家里，社会主义革命面临着对于传统小农进行改造的任务，也就是必须引入更有效、更新型的生产方式。② 而谈及采取何种方式对小农进行改造时，马克思、恩格斯主张尊重农民的意愿，按照循序渐进而非暴力的方式进行，如马克思指出："土地私有制向集体所有制的过渡，应让农民自己通过经济的道路来实现这种过渡。"③ 恩格斯也指出："对于小农的任务……不是采用暴力，而是通过示范和为此提供社会帮助。"④

苏俄建立以后，列宁等社会主义国家领导人开始对马克思所描绘的农业发展道路进行一些修正并付诸实践。列宁认为，实现农业现代化必须对分散的传统小农进行改造，其路线方针就是农业合作制的建立，包括土地国有化、大规模农场的建立以及先进技术的应用、建立以农业工人为代表的苏维埃社会主义农场的管

---

① 中共中央马克思、恩格斯、列宁、斯大林著作编译局编译《马克思恩格斯选集》（第3卷），人民出版社，2012。
② 李铁强：《改造传统农业：一个学说史的梳理与分析》，人民出版社，2013。
③ 中共中央马克思、恩格斯、列宁、斯大林著作编译局编《马克思恩格斯选集》（第2卷），人民出版社，1972。
④ 中共中央马克思、恩格斯、列宁、斯大林著作编译局编《马克思恩格斯选集》（第4卷），人民出版社，1995。

理机构，等等。^① 同时，列宁十分重视现代化农业技术推广的作用，并将其作为实现农业现代化的重要手段，他指出："更多使用人造化肥，改良和更多地使用农具和机器，逐步走向更高的耕作制度……关于肥料费、农具和机器价值的材料，可以作为说明农业集约化程度的最准确的统计数字。"^② 在列宁等领导人的指导下，苏俄加快了农业合作化速度，1919 年农业合作社的数量就达到了53000 个。^③ 此后，列宁的接班人斯大林更是利用集权加快了农业集体化的速度，并强调农业现代化生产资料和工具投入的重要性。^④ 他认为："传统的小农经济是最没有保障、最原始、最不发达、生产商品最少的经济。"^⑤ 并强调若想改变小农经济的落后性，就应当大力发展大农业经济，使用化肥、农药、大机器设备等现代化手段来提高农业生产的劳动效率。因此，斯大林时期的苏联开始大力推行农业集体化道路，在全国推广建立集体农庄，并坚持主张只有这样才能确保农业新技术的推广和应用，并最终实现农业的现代化。

在中国，毛泽东在长期的革命建设过程中形成了自己的农业现代化思想。他认为，"农业是经济建设的基础，是发展工业生产、变农业国为工业国任务的重要前提"，而发展农业则需要先有合作化，合作化则需要对"汪洋大海般"的个体小农经济进行整合，引导他们走集体化道路，以实现农业的现代化。^⑥ 因此，在土

---

① 李铁强：《改造传统农业：一个学说史的梳理与分析》，人民出版社，2013。
② 王丰：《列宁关于社会主义农业发展的论述及其当代价值》，《当代世界与社会主义》2016 年第 5 期。
③ 王一鸣：《列宁农业合作社思想及其历史演进研究》，硕士学位论文，辽宁师范大学，2011。
④ 曹英伟：《斯大林农业集体化思想合理性分析》，《马克思主义研究》2007 年第 6 期。
⑤ 中共中央马克思、恩格斯、列宁、斯大林著作编译局编《斯大林选集》（下卷），人民出版社，1979。
⑥ 徐柳凡：《毛泽东农业现代化思想简介》，《当代世界与社会主义》2006 年第 6 期。

地改革完成以后，中国就开始走向"互助组—初级合作社—高级合作社—人民公社"等一系列合作化水平不断提高的道路，为农业现代化打下了良好的基础。① 在毛泽东的农业现代化思想当中，农业生产工具和生产技术的现代化占有重要地位。他主张在实现规模化、集约化的基础上，大力发展农业科技、农业机械化，注重农业管理的科学化、现代化，并努力提高农民的文化素质和思想观念水平，以便广大农民了解并学习到现代化农业知识。② 在计划经济时期，现代化农业技术和管理方式伴随着国家政治权力下沉农村而得以广泛推广，但片面强调农业集体化程度的提高，割断了生产的商品化、社会化与现代化的联系，造成了农业现代化的诸多困难与挫折。③

综上所述，虽然意识形态有所不同，但是无论是资本主义逻辑取向的农业现代化理论，还是社会主义逻辑取向的农业现代化理论，都把改造传统小农经济作为实现农业现代化的目标，并把现代化农业推广作为实现这一目标的重要手段。然而，这种"自上而下"的文化权力实践，也造成了"现代"与"传统"的二元对立，并形成了"小农落后""传统落后"的刻板印象。同时，"在这个过程中，农民被发展机器组织成生产者，或是可被替换，或被现代化，或是可被'整合'到国家经济体系的元素。换句话说，他们被管理、被控制，只能在体制所划定的界限内被耍弄"。④

3. 权力/知识与农业发展的人类学反思

可以看出，在不同历史文化脉络以及意识形态环境之下，农业都会按照不同性质权力/知识的路线发展。当国家权力下沉乡村

---

① 吴毅、吴帆：《结构化选择：中国农业合作化运动的再思考》，《开放时代》2011 年第 4 期。

② 谭首彰：《毛泽东与中国农业现代化》，湖南大学出版社，2009。

③ 徐柳凡：《毛泽东农业现代化思想简介》，《当代世界与社会主义》2006 年第 6 期。

④ 埃斯科巴：《权力与能见性：发展与第三世界的发明与管理》，载许宝强、汪晖选编《发展的幻象》，中央编译出版社，2001。

社会的程度有限时，农业就会偏向于在"权力的文化网络"当中按照当地的组织形式以及地方性知识稳步发展；当国家具有意识形态特征的权力下沉到乡村时，农业就会在国家的文化权力实践过程中按照其现代化的模式来实现其发展。二战结束以后，美国、苏联为代表的两个不同意识形态的阵营按照自己的发展策略对传统小农经济进行了现代化的改造，虽然一定程度上实现了农业现代化以及农业创新的传播与应用，但包含各种组织体系和象征规范的文化网络的权力也被抑制甚至抛弃，农村社会的传统组织形式、生产生活方式以及地方性知识也不同程度受到了损伤。

步入 20 世纪 80 年代以后，越来越多的学者开始质疑并反思以往建立在国家文化权力实践基础上的一元化、标准化的农业现代化理论，并对农业发展与权力/知识关系的问题进行了重新的审视。他们或反对"将丰富多元的人类需求和自然生态，约化为单一的向度，仅以经济指标来衡量"[1]；或反对仅以高科技农业的推广作为衡量农业现代化的唯一标准，而忽略了由此带来的农业生态问题、农业地方性知识的流失以及社群文化生活的衰落[2]；或反对在农业发展过程中简单地将"传统"与"现代"对立起来；或反对国家"自上而下"地将现代化知识和技能输送或应用于乡村，却时常忽略了乡村本身的知识和技能。[3] 因此，现代化理论那套"落后国家"只要采取农业科学化、机械化、规模化便可以逐步追赶上发达国家所取得的农业增长水平，实际上只是脱离其所处社会文化脉络的一种"发展的幻想"，而这也被第三世界的现代化发展实践所证明。[4]

[1] 许宝强：《发展、知识、权力》，载许宝强、汪晖选编《发展的幻象》，中央编译出版社，2001。
[2] 阿帕杜雷（Arjun Appadurai）：《印度西部农业技术与价值的再生产》，载许宝强、汪晖选编《发展的幻象》，中央编译出版社，2001。
[3] 秦红增：《桂村科技：科技下乡中的乡村社会研究》，民族出版社，2005。
[4] 沃勒斯坦（Wallerstein Immanuel）：《发展是指路明灯还是幻想》，载许宝强、汪晖选编《发展的幻象》，中央编译出版社，2001。

　　阿帕杜雷以印度瓦迪的农村个案为例，指出当地农民在政府、农业企业以及农业专家的压力之下被迫接受了西方式的现代化农业，结果虽然表面上实现了所谓的农业现代化，而实际上却产生了其他诸多的负面作用。如现代电力科技取代了公牛畜力的同时，也取代了建立在此基础上的互助合作；化肥的应用取代了以往以牛粪为主的有机肥料，并导致以传统有机施肥为代表的地方性知识的大量流失。在这一过程当中传统的农耕结合逐渐瓦解，而代表官方权威的农业专家则垄断了有关农业发展知识的地位。[①] 马格林通过对第三世界国家和地区的高科技农业推广研究发现，西方发展观为主导的现代化农业推广活动打破了农民传统农耕结合的文化纽带，造成了农民的阶层分化，使"很多缺少资本和文化知识的农民成为信贷、高科技投入的供应和政府专家意见的附庸，并成为农工业机器的一枚螺丝钉"。[②] 陆益龙以安徽小岗村为例，指出社会主义国家嵌入型政治为导向的农业发展路线片面强调现代化、集体化，却破坏了村落经济的原有基础、社会关系和个体自我谋生手段，反而使农业经济走向了崩溃的边缘，并导致农民生活困苦。[③]

　　面对国家文化权力实践操纵下的农业现代化给乡村文化网络以及地方性知识带来的影响，关注发展问题的人类学家在注重对现代化的诸多建构进行批判的同时，也开始投身于农业发展的具体实践当中，力图探索农村传统社群文化如何与权力相挂钩，走出一条符合当地实际情况的农业现代化发展道路，并尝试帮助弱势群体建构起政治发展计划。[④] 如 1967 年世界银行首次聘请人类

---

① 阿帕杜雷：《印度西部农业技术与价值的再生产》，载许宝强、汪晖选编《发展的幻象》，中央编译出版社，2001。
② 马格林：《农民、种籽商和科学家：农业体系与知识体系》，载许宝强、汪晖选编《发展的幻象》，中央编译出版社，2001。
③ 陆益龙：《嵌入性政治与村落经济的变迁：安徽小岗村调查》，上海人民出版社，2007。
④ 杨文英、罗康隆：《发展人类学在当代中国的研究》，《原生态民族文化学刊》2009 年第 4 期。

学家作为临时顾问参加肯尼亚一项有关家畜的农业项目以后，越来越多的人类学家开始参与到农业发展机构当中，通过 PRA（participatory rural appraisal）的评估方法来帮助当地农民建构具体的农业发展路线。罗伯特·钱伯斯（R. Chambers）明确提出"以末为先"的发展口号，主张技术、财富、权力由都市向乡村扩散，思考发展过程中相关群体的利益得失，向农民学习本土知识，采取自下而上的管理方法等。[①] 在国内，周大鸣、秦红增也通过参与式社会评估的方法，对黑龙江、陕西、湖南和安徽四省的农业科技项目进行了评估，并认为应当改变政府"自上而下"的农业推广模式，积极推动"公司+农户"的推广模式，鼓励农民参与到具体的农业推广活动中来。[②]

总而言之，20 世纪 80 年代以后，以不同意识形态的国家文化权力实践为主导的现代化农业发展路线受到越来越多的批判，尤其是人类学界对于以"现代"与"传统"、"发达"与"落后"等二元对立的模式来对现代化程度进行评估的方式表达了强烈的不满。因此，通过参与式发展模式赋权于农民，让他们也参与到涉及发展问题的讨论与决策当中，成为很多人类学家的共识。

（二）有关农业推广的研究

1. 农业推广的概念

"农业推广"这一概念最早源于 19 世纪 60 年代英国的"推广教育"（extension education）和美国的"农业推广"（agricultural extension），这一时期的农业推广的含义是：把大学和科研机构的农业创新成果以适当的方式传授给农民，以增加和提升其在农业

---

① Robert Chambers, *Rural Development: Putting the Last First* (Longman Press, 1983). 转引自杨小柳《发展研究：人类学的历程》，《社会学研究》2007 年第 4 期。
② 周大鸣、秦红增：《参与式社会评估：在倾听中求得决策》，中山大学出版社，2005。

生产过程中的知识储备和技术素养。此后，农业技术传播一直作为农业推广的主要工作。① 然而随着农业市场的不断发展以及农民、农村自我发展的需要，如何教育农民则成为农业推广的一个更为重要的内容。在这一趋势下，1973 年联合国粮食及农业组织又对农业推广进行了重新定义，即农业推广指"改进农耕方法和技术、增加农产品效益和收入、改善农民生活水平和农村教育水平，并通过教育来帮助农民的一种服务活动"。② 随着农业市场的不断发展以及农民生产过剩问题的出现，此后农业推广又将工作重心转移到如何提升农业市场的信息化程度以及提高农业经营的效益上来。根据这一变化，1984 年联合国粮食及农业组织又给农业推广内涵增添了新的内容，即"农业推广工作是一个把有用信息传递给农民（传播过程），然后帮助农民获得必要的知识、技能和正确的观点，以便有效地利用这些信息或技术（教育过程）的一种过程"。③ 随后，这一概念普遍被学界和各级农业推广机构所接受并作为推动农业推广发展的新方向。

综上可知，农业推广的含义是多重的，并随着时间、空间的变化而演变。根据这一事实，国内学者在借鉴国外相关研究经验并结合我国实际情况的基础上，对农业推广的含义进行了较为科学的定义。郑永敏认为农业推广"是一项旨在开发农业人力资源的农村教育与咨询服务工作"。④ 徐森富根据农业推广的社会历史条件变迁，将农业推广分为三种不同的类型：一是以"技术指导"为主要特征的"狭义的农业推广"，其基本含义是"把最新的农业生产技术通过适当的方式传授于农民，使农民获得新的知识和技能，并在生产中应用，从而增加其经济收入"；二是以"教育"为主要特征的"广义的农业推广"，即除了推广农业技术以外，还要

① 徐森富：《现代农业技术推广》，浙江大学出版社，2011。
② 陈新忠：《多元化农业技术推广服务体系建设研究》，科学出版社，2014。
③ 徐森富：《现代农业技术推广》，浙江大学出版社，2011。
④ 郑永敏：《农业推广协同和发展理论》，浙江大学出版社，2008。

"通过教育过程，帮助农民改善农场经营模式和技术，提高生产效益和收入，提高乡村社会的生活水平和教育水平"，具体方式包括农民教育培训、农民组织化、农户经营指导、农民家政指导等；三是以"咨询"为主要特征的"现代农业推广"，即不再满足于一般的农业技术指导，而是为农民提供"更为广泛而实用的市场、科技、金融等方面的信息及相关服务"。①

2. 改革开放以来的农业推广研究

改革开放以来，随着家庭联产承包责任制的确立和长期稳定实施、政府重视并确立了通过现代科技来发展农业的政策以及农村市场开放后的科技下乡日趋市场化，以政府、科研单位、大专院校、涉农公司、农技协会等多元组织为媒介的农业推广活动也随之开展起来。② 在这一背景下，关于农业推广的研究无论在类别上还是内容上都日渐丰富，主要集中在以下几个方面。

（1）农业科学技术推广应用研究

这类研究较多，也较为系统，主要包含以下几方面：一是农业技术创新采用与扩散研究。如杨永军、涂俊、吴贵生通过对河北、山东两省 78 个县域农业创新系统效率的实证研究，对河北、山东两省的县域农业技术创新采用、推广现状以及存在的问题进行了分析，结果显示"市场建设""农村基础教育水平""技术服务和推广人员工资水平"等对县域农业创新系统效率具有显著的影响，并建议通过建立多元化的基础教育办学模式、完善农业技术推广与服务人员的激励机制以及加强县域市场建设等方式提高县域农业创新效率。③ 二是农业科技成果转化方面的研究。如熊桉从供求角度对湖北的农业科技成果转化进行了研究，发现湖北省对科技的需求和供给存在双重不足，只有通过培育科研机构、农

---

① 徐森富：《现代农业技术推广》，浙江大学出版社，2011。
② 秦红增：《桂村科技：科技下乡中的乡村社会研究》，民族出版社，2005。
③ 杨永军、涂俊、吴贵生：《县域农业创新系统效率评价及分析：对河北、山东两省的实证研究》，《科学学与科学技术管理》2006 年第 7 期。

业企业等成为科技市场主体，建立经营性农业技术研究和成果有偿化的内生机制才能将问题化解。① 三是农业推广实验与示范方面的研究。如马文军以陕西杨凌国家级农业高新技术产业示范区为例，对农业推广实验与示范过程中所面临的管理体制问题、融投资问题以及创新问题等进行了细致的实证研究，并提出"多部门管理+企业型模式运行"的管理模式、提高社会边际消费倾向和投资流向园区内的比例、建立科研成果对外传递的中介组织体系等相关措施。②

（2）农业推广组织研究

相关研究主要集中在以下几个方面：一是涉及多元农业推广组织发展的宏观研究。如高启杰针对我国农业推广组织的发展情况，总结出行政型、教育型、科研型、企业型、自助型五种农业推广组织类型，并从系统动力学角度剖析了多元农业推广组织的动力结构及其功能，提出了加强主体与辅助要素、优化多元组织合作环境要素、完善组织间的合作机制、根据农户需求实现合作推广目标等有利于多元农业推广组织体系结构优化的建议。③ 张淑云通过对河北省梨产业技术推广的调查，对当地的多元农业推广组织协同运行机制进行了研究，结果表明：高校、政府推广部门、合作组织、龙头企业相结合的多主体共同参与的农业推广协同运行模式，实现了推广行为社会化、推广形式多样化以及国家扶持与自我发展相结合的目标宗旨。④ 二是涉及具体类别的农业推广组织研究。如高雪莲以河北省元氏县农林牧联合会为例，对自助型农业推广组织的发展模式和绩效进行了分析，研究发现自助型农业推

① 熊桉：《供求均衡视角下的农业科技成果转化研究：以湖北省为例》，《农业经济问题》2012 年第 4 期。

② 马文军：《中国农业科技示范园区可持续发展研究》，博士学位论文，西北农林科技大学，2003。

③ 高启杰：《农业推广组织创新研究》，社会科学文献出版社，2009。

④ 张淑云：《多元化农业推广组织协同运行机制研究：基于河北省梨产业技术推广调查》，博士学位论文，河北农业大学，2011。

广组织存在数量较少、发展规模小、运行机制不完善、组织带头人利他性思想意识薄弱等问题，并提出经营格局开放式转变、组织制度诱致性创新转变、企业化经营的股份制转变等具体建议。① 此外，还有其他学者对不同类型的农业推广组织进行了具体的研究。

（3）农业推广教育与培训研究

李海华等人通过对陕西省杨凌多元化农业推广教育资源与多元化农业推广教育模式等方面的研究，对杨凌示范区的多元化农业推广教育发展情况进行了剖析，并建议从培养农业推广复合型及实用型人才、搭建有助于农业技术推广应用的农博会、建立培育农业技术应用能手的农业科技示范基地等几个方面来不断完善当地的多元农业推广教育。② 樊启洲、郭犹焕分析了现代农业发展对农业推广教育所提出的科技化、多样化、能力化等现实要求，通过研究发现当前农业推广教育存在规模偏小、通才培养欠缺、实践性教学偏弱等问题，并据此提出了推进现有农业推广专业的教学改革、加强实践性学习、扩大推广教育对象的范围等建议。③ 另外，还有不少学者进行了农业推广教育的比较研究，如刘光哲通过对澳大利亚昆士兰州农业推广人员培训模式的分析研究，发现其通过小组讨论、角色替换展示、培训游戏、参与式工具应用、学习与实践相结合等一系列培训活动，营造了一种民主、互动、合作的农业推广教育氛围，寓教于乐并取得了很好的效果。因此，应当借鉴澳大利亚农业推广教育模式的有益部分，来促进我国农业推广教育的转型。④ 杨倩通过对美国"教育、科研、推广体系"

① 高雪莲：《我国自助型农业推广组织的发展模式与绩效分析：以河北省元氏县农林牧联合会为例》，《科技管理研究》2010 年第 4 期。

② 李海华、冯佰利、杨慧霞：《杨凌多元化农业推广教育资源分析与模式研究》，《西北农林科技大学学报（社会科学版）》2005 年第 4 期。

③ 樊启洲、郭犹焕：《关于农业推广教育改革的思考》，《华中农业大学学报（社会科学版）》2000 年第 3 期。

④ 刘光哲：《澳大利亚昆士兰农业推广人员培训模式分析》，《开发研究》2010 年第 3 期。

的历史性和共时性研究，总结出其优势与不足，并联系我国农业推广教育的现状，提出了进一步推进农业统一管理体制、建立有关农业推广的学者的晋升考察标准等建议。[1]

（4）农业推广心理研究

相关研究主要集中在以下几个方面：一是有关农业推广人员心理的研究。如段帆等人对江西基层农业推广人员心理失衡问题进行了调查分析，研究结果发现，工作压力大、经济收入偏低、晋升机会渺茫、家庭压力以及人际关系复杂造成了江西基层农业推广人员的心理失衡，因此应当从心理角度对其进行针对性的疏导。[2] 二是有关农业推广活动中的农民心理研究。如岳靓、孙超分析了农民在农业科技推广过程中积极与消极的两种心态，并指出应当通过规避感染从众、求实逐利、守旧拒险的消极心理，统合利用农民渴求、务实、乐观、合作等积极心理来推动农业推广活动的顺利实施。[3] 刘永忠等学者通过分析农民对科技接受的心理特点，认为应按照农业技术成果的不同属性和推广特点，采用相应的运行机制和推广模式。[4] 三是有关农业推广人员与农民的心理互动方面的研究。如秦红增的《桂村科技》就涉及了桂村乡村科技推广人员与农民之间在认知、行为等心理方面的互动研究，并认为只有了解农民的思维和习惯，农业科技推广人员才能有效地传播农业技术。[5]

（5）农业推广服务体系研究

陈新忠所著的《多元化农业技术推广服务体系建设研究》一

---

① 杨倩：《美国农业院校"教育、科研、推广体系"研究》，硕士学位论文，东北师范大学，2014。

② 段帆、于德润、阳东青：《基层农技人员心理失衡原因分析》，《中国成人教育》2012年第12期。

③ 岳靓、孙超：《农民在农业科技推广过程中积极心理和消极心理分析》，《长春理工大学学报（社会科学版）》2014年第1期。

④ 刘永忠等：《从农民对科技接受的心理特点谈加强农业科技推广对策》，《农业科技管理》2006年第1期。

⑤ 秦红增：《桂村科技：科技下乡中的乡村社会研究》，民族出版社，2005。

书首先对我国农业推广服务体系的发展历程、发达国家的相关经验以及我国各地的农业推广服务体系建设的案例等方面进行了分析和总结，并根据对湖北省多元化农业技术推广服务体系建设的现状分析，提出引导多元农业技术推广机构开展多样化为农服务、以政府为主导以非政府农业技术推广机构为辅等符合湖北省农业推广服务体系建构实际情况的对策建议。① 简小鹰的《农业推广服务体系》则对市场经济条件下农业推广服务体系的建构、需求导向、社区主导型农业推广服务体系以及科技特派员制度的运行环境等方面进行了研究，认为应当建立强调公益性与营利性相关联的农业推广服务的利益机制，完善农业推广信息服务体系，以提升农业推广服务的质量。② 沈贵银对农业推广服务的供给模式进行了深入研究，结果显示优质的多元化农业推广体系结构应当由政府公共财政支出形式、市场交易形式、企业内部交易形式三种制度安排方式建构。③ 张能坤对农业推广服务的创新问题进行了探讨，他在归纳总结不同类型的农业推广服务模式的同时，还对其进行了比较分析，并就其所存在的创新问题针对性地提出了促进推广主体下沉、提高农业推广主体与农户的对接度等具体建议。④

总体而言，自20世纪80年代农业推广研究兴起以来，经过三十多年的发展，与农业推广相关的研究无论从理论视野、研究内容还是方法上都取得了诸多突破性成果。同时可以看到，对于农业推广的把握，既不能脱离其所处的社会文化背景，也不能脱离当地的历史脉络及政治经济条件，只有把农业推广放置于历史与日常生活世界当中才能更好地对其进行研究。

① 陈新忠：《多元化农业技术推广服务体系建设研究》，科学出版社，2014。
② 简小鹰：《农业推广服务体系》，社会科学文献出版社，2009。
③ 沈贵银：《试论农业推广服务供给的制度安排与多元服务体系的构建》，《科学学与科学技术管理》2003年第10期。
④ 张能坤：《农业推广服务模式及创新》，《农村经济》2012年第4期。

（三）改革开放以来不同发展取向的农业推广道路研究

改革开放以来，一方面家庭联产承包责任制的确立，使家庭重新成为农业生产经营的基本单位，农民的生产积极性大为提高；另一方面，随着农业市场化程度的不断加深，农民可以通过市场获取所需的农资产品和农用机械，农民对于商业化农业推广的依赖程度也在加深。这样一来，在生产积极性的促使下，农业生产经营主体为了提高个别劳动生产率以获取更高的利润，竞相采用农业生产创新的最新成果，而这也在客观上刺激了农业推广的快速发展。然而与此同时，改革开放以来随着乡村转型过程中城镇化、工业化、农业现代化进程的加快，乡村青年人口大量流向城市所引发的农业劳动力老龄化程度加深、农村人才流失等问题，也给农业现代化发展带来了诸多不利影响。因此，就是否应当对小农经营进行改造以适应现代化的农业推广，学界展开了激烈讨论。

1. 以规模化农业为发展取向的农业推广道路

面对改革开放以来越来越突出的小农家庭经营分散性问题，国内很多学者站在现代化农业推广的角度，对小农经济"小而散"的弊端进行了猛烈的批评，并主张在市场化改革的前提下，应通过发展集约化、规模化的大农业经营道路，来为现代化农业推广的实施创造良好的前提条件。这部分学者认为，改革开放以来乡村经济社会发生了很大变化，在城镇化、工业化的影响之下农村青壮年人口不断流失，农业劳动力老龄化问题也越来越严重，而这种"老人农业"再加上普遍存在的小农家庭经营模式，使农业发展很难与新技术以及与其相匹配的科学化管理相结合，从而导致现代化农业推广活动难以深入展开。因此，发展规模化农业大生产势在必行。

厉以宁从城乡一体化的角度出发，认为城市相较于农村无论是物质资本、人力资本还是社会资本都处于绝对的优势，农村

"能人"进城后留下老弱病残负责家庭农业耕作，不仅产量小而且收入也低。因此厉以宁主张在建立和完善相关社会救助体系的基础上，应当积极鼓励土地流转，让土地集中到种植能手、农业专业合作社和农业企业的手中进行规模化经营，以克服小农经济小而分散的弊病，而其中最有效的办法就是加快资本下乡。为此他指出，种植大户经营有利于土地的机械化操作，农业合作社擅长新品种的引进和栽培，而农业企业下乡租地，采用高新技术并带资本和技术下乡，更可以解决小农经济效益低的问题。厉以宁以广东徐闻县为例，指出当地得益于资本下乡而引进了新的品种和技术，使当地的农业生产效益有了很大的提高，而将土地流转出去的农民或是外出打工，或是留在农村与企业签订合同成为农业工人，也增加了农民的家庭收入。[①]

此外，在学术界还有其他学者从自己的学术观点出发，积极主张以农业规模化经营替代小农经营，并认为只有规模化农业才能与现代化农业推广实现对接。吴郁玲和曲福田认为，相较于分散的小农经济，通过土地流转而形成的规模化大农业更有利于资金、科技等生产要素的优化配置，提升农业生产的整体效益。[②] 王琦通过研究指出，推进农业规模化经营是发展现代农业的基础，以土地使用为基础的农业规模化经营，有利于使用现代化农业科技增强粮食的生产能力，从而推进农业产业化的升级。[③] 魏晓莎以美国规模化大农业为例，指出美国规模化大农业与农业科技的研发和推广紧密联系在一起，极大提高了农业生产力并推动了现代农业的发展。因此，我国应当借鉴美国的相关经验，采取相应的政策来支持和促进农村的土地流转与经营规模扩大，而规模化的农业也势必有利于

[①] 厉以宁：《双向城乡一体化显露生机》，《决策探索》2012年第11期。

[②] 吴郁玲、曲福田：《土地流转的制度经济学分析》，《农村经济》2006年第1期。

[③] 王琦：《推进我国农业规模化经营应注意的几个问题》，《经济纵横》2011年第8期。

农业科学技术的研发与推广。[①]

从现实来看，农业规模化经营也受到了我国各级政府的认可和支持，如 2013 年中央一号文件就提出构建新型农业经营体系的核心内容就是建立农业规模化经营体系，并在此基础之上加大对于农业现代化要素的投入。[②] 因此，我国各级地方政府也在努力培育种植大户、龙头企业、家庭农场等具有规模效益的新型农业经营主体，并制定各种鼓励政策支持土地的规模化流转，俨然将土地流转视为农业现代化的必然选择，个别地方甚至出现了强制农民流转土地的现象，以此达到土地规模化的目的。[③]

2. 以小农经营为发展取向的农业推广道路

相对于主张在农业规模化经营基础之上进行现代化农业推广的论点，学界有一部分学者针锋相对地提出了应当在维持小农经济的基础之上再进行现代化农业推广的观点。总体而言，这部分学者极力强调小农经济继续存在的必要性和重要性，认为探索现代化农业发展道路的过程中，不能忽视小农经济将长期存在的社会现实，尤其是农业剩余劳动力的"刘易斯拐点"还未到来，未来仍有大量农民会留在农村。因此，规模化大农业并不适合中国国情，维持小农家庭经营对于缓解农民外出就业压力、保障农民基本生活仍具有重要意义，现代化农业推广的实施首先应当尊重的是小农的现代化。[④]

贺雪峰从我国实际国情出发，极力推崇低劳动投入成本的小农经济，并指出"小规模家庭农业生产经营具有降低农村劳动力

---

① 魏晓莎：《美国推动农业生产经营规模化的做法及启示》，《经济纵横》2014 年第 12 期。

② 《中共中央、国务院关于加快发展现代农业 进一步增强农村发展活力的若干意见》，《人民日报》2013 年 2 月 1 日。

③ 孙新华：《强制商品化："被流转"农户的市场化困境：基于五省六地的调查》，《南京农业大学学报（社会科学版）》2013 年第 5 期。

④ 贺雪峰：《小农立场》，中国政法大学出版社，2013；黄宗智：《中国被忽视的非正规经济：现实与理论》，《开放时代》2009 年第 2 期。

再生产成本、保障农民温饱和生存尊严"等优点。[①] 因此，他认为应当推行保护小农的农业现代化道路，以适应我国仍有 6 亿农村人口的现实。同时他批评认为只有规模化大农业才能与高科技、新技术、现代农业联结起来，而小农经济过于低效、应视为农业现代化的阻碍被加以消灭的观点，指出其实际上属于农业现代化激进主义，并没有认识到小农经济与现代化农业同样可以相互补充、共同发展。他指出："无论是农业经济发展的历史实践，还是当代中国农业发展的独有特征，都表明农业商品化、农业资本化与以家庭劳动力为主的小农经济之间并不必然排斥，现代小农经济生产对现代化农业科技的运用和资本投入的增加，构成了新时期小农经济强韧性的重要表现。"[②] 按照他的观点，若从农业资本投入程度和农业科技应用这两方面来衡量的话，当前小农经济的实质也构成了现代化农业的一部分，小农经济与现代化农业推广之间并不构成必然的矛盾。

黄宗智等认为，小规模家庭农业生产经营由于不必支付地租、不用考虑劳动力的工作激励问题、可以使用自家相对廉价的辅助劳动力等优势，实际上其净收益率相较于规模化农业要更高。同时，小农家庭经营为了获取更多的超额利润也会积极引进新品种和新技术，并在其自身所特有的优势下获得效益。例如，"小规模的拱棚蔬菜种植，家庭作为一个充满弹性的生产单位，特别适合其所需要的密集、频繁、不定时的劳动投入，既廉价也高效"。[③] 另外，其指出小农经济同样也可以实现农业机械化，如"谷物、棉花、油菜籽等大田作物的耕作越来越依赖机器'耕—播—收'，以及使用除草剂来节省劳动力的经营方式。一旦其打工所得的

---

① 贺雪峰：《小农立场》，中国政法大学出版社，2013。
② 贺雪峰、印子：《"小农经济"与农业现代化的路径选择：兼论农业现代化激进主义》，《政治经济学评论》2015 年第 2 期。
③ 黄宗智、高原、彭玉生：《没有无产化的资本化：中国的农业发展》，《开放时代》2012 年第 3 期。

'机会成本'超过其购买机器'耕—播—收'的成本，这些家庭小农场便会普遍地购买机械服务"。从黄宗智的研究成果来看，小农经济同样有利于农业科学技术的引入和农业机械化的推广，而且小规模家庭农业生产经营相较于大规模农业生产在效益上更具有优势。[①]

总体而言，拥有"小农立场"的学者反对将农业规模化发展等同于农业现代化发展，认为小规模家庭农业生产经营仍然可以同现代化农业创新成果有机联系在一起，并认为小农经济在具体运作过程中要比规模化大农业更有效率。在当前社会当中，一方面小农家庭会积极了解和应用现代技术来服务于自家农业生产，另一方面技术进步也为中国小农经济的发展提供了支撑，如互联网和大数据对小农经济的影响就是天翻地覆的。[②] 因此，小农经济同样可以与现代化农业推广进行对接。

3. 农业产业化与小农经营并举的农业推广道路

除了上述两种不同取向的农业推广道路以外，学界还存在着第三种观点，即既看到了小农经济维护社会稳定的积极功能以及其存在的必要性，又认为小规模家庭农业生产经营本身存在的局限性也有碍于农业现代化进程，因此试图调和上述两种针锋相对的观点。

陈锡文从我国国情出发，认为将来很长一段时间内仍会有大量农民留在农村从事农业生产活动，保障农民的承包经营权，避免农民无产化，仍然对于维护乡村社会稳定至关重要。而另一方面，陈锡文也认为个体农户家庭经营存在诸多弱点，如规模小、经营分散、难以抵抗国际竞争等。因此，虽然陈锡文一方面认为中国必须坚持农业仍以家庭经营为主体，另一方

---

① 黄宗智：《中国的隐性农业革命（1980~2010）：一个历史和比较的视野》，《开放时代》2016 年第 2 期。

② 隋福民：《规模经营对中国阶段的农业发展重要吗？》，《毛泽东邓小平理论研究》2017 年第 5 期。

面也指出任何国家的农业现代化仅仅依靠农民的自身力量也是不现实的，尤其农业科技创新、农业科技成果的转化和推广更是如此。因此，陈锡文建议，在保障小农家庭经营为主体的前提下，积极鼓励涉农企业在农业生产过程中的各个环节为农户提供社会化服务以及必要的经济和技术支持，并以此为基础来提高农业的科技化、产业化程度，进而促进农业科学技术的推广应用与农业的稳定发展。[1]

另一位学者型官员韩俊也认为，当前我国应当毫不动摇地坚持家庭经营方式，并反对将农业规模化与农业现代化等同起来。他指出，"小规模土地经营者照样可以广泛使用各种现代化生产要素，并利用社会分工将自己的生产纳入专业化、商品化、社会化的轨道。良种、化肥、农药、灌溉技术的使用，与农户土地经营规模关系并不大；而对于农业机械化的使用，小规模农户也会通过购买适宜的农业机械或社会化的机械服务，同样能达到较高的机械化水平和使用效率"，肯定了小农家庭经营在现代化农业推广中的价值。而另一方面，韩俊也承认小农经济小而分散的缺点，并认为有必要通过大力发展集约化经营来对传统农业进行改造。因此，他主张鼓励和支持通过"资本下乡"这一渠道来为广大农民提供农业科技化应用等社会化服务，但也反对工商企业长时间、大面积租赁和经营农户承包地。[2]

可以看出，陈锡文、韩俊等学者希望在农业产业化经营与小农经济之间找到一个平衡点，即在保障家庭联产承包责任制不动摇的前提下，希望通过为农民提供社会化服务来促进农业生产创新成果的应用与推广，进而提高农业生产的效率。

---

① 陈锡文：《在家庭承包经营的基础上逐步实现农业现代化》，《求是》1998 年第 20 期。
② 韩俊：《创新农业经营体制 夯实党的农村政治基石》，《人民日报》（理论版）2009 年 2 月 13 日。

四　研究思路与方法

（一）研究思路

本书主要运用发展人类学的理论视角来分析改革开放以来农民是如何看待、接受和利用农业推广成果，以及农业推广的相关项目在长期的运作过程中又是如何影响乡村社会的。不同于以往只关注现代农业科学技术输入、引入、应用到乡村的过程，以及其对乡村社会产生的影响的科技下乡研究，本书所关注的农业推广研究将会与改革开放以来乡村转型过程中的市场化、农业现代化、城市化、工业化等现实背景紧密地联系在一起。具体而言，笔者将关注改革开放以来市场经济嵌入农业推广程度加深、现代化农业科学知识广泛传播、乡村人口流动加快等社会事实的出现，对于现代化农业推广产生了怎样的影响，以及农民自身又是如何看待改革开放以来的农业推广市场化转型的。

另外，现代化农业推广活动的开展离不开农民的参与，一项农业推广活动能否顺利实施并取得成功，除了其自身的技术性问题以外，也与其是否能够适应当地文化并被农民们普遍接受有着密切关系。因此，笔者将在改革开放以来乡村转型这一大背景下，关注现代化农业推广活动与当地传统社会文化之间的互动关系：一方面现代化农业推广活动如何嵌入到地方社会当中，并对当地的文化网络、地方性知识产生影响；另一方面，地方社会的传统文化又是如何反嵌于现代化农业推广活动，并如何使现代化农业推广活动在当地社会文化语境中逐步"地方化"。而在这一"双向运动"过程中，也使笔者对于农业推广过程中所出现的文化适应性问题能够有一个全面的认识。

值得注意的是，笔者在田野调查的过程中，当地老年农民经常会回忆起农业合作化时期的公益性农业推广活动，并习惯性地与当前商业性农业推广活动进行比较，使笔者对于改革开放以来乡村农业推广开展的起因和特点有了更为全面、深入的认识。因此，笔者认为对于改革开放以来农业推广的研究一定不能脱离其历史脉络，即对改革开放之前的农业推广处于一种怎样的状态也应当有一个深入的了解，以便对中国共产党领导下的现代化农业推广有一个更为全面的认识。有鉴于此，笔者将设一章专门描述和分析改革开放之前农业合作化时期的农业推广概况，并对其所涉及的发展与权力/知识问题进行分析和思考。

在本书中，无论是作为背景的农业合作化时期农业推广的纵向研究，还是涉及改革开放以来农业推广市场化转型的横向研究，都会引入经济人类学的"嵌入"[①] 分析视角。如笔者在田野调查中发现，吴乡自解放以来出现过很多不同性质的农业推广活动，在农业合作化时期，农业推广的展开是与"自上而下"的国家权力密不可分的，而改革开放以来出现的商业性农业推广的运作又与文化网络中的权力结合在了一起。因此，通过"嵌入"分析视角，可以更好地展现农业推广与乡土文化之间相互作用的状况，进而对改革开放以来农业推广的特点和存在的问题有一个更为深入的认识。

需要提及的是，本书的田野调查虽然以吴乡为主，但也不局限于吴乡，南宫市其他乡镇及其具有特色的农业推广活动也是笔者所关注的。因此在田野调查期间，笔者专门买了一辆自行车奔波于南宫市其他乡镇，通过参与观察、访谈等方法获取更多与农

---

① "嵌入"这一概念来源于卡尔·波兰尼的《大转型：我们时代的政治与经济起源》一书，他具体分析了"互惠"、"再分配"和"交易"这三种存在于人类社会的交换体系，并成功提出"嵌入"理论。他认为，19世纪以前人类在交换过程中普遍遵循的是互惠和再分配原则，因此经济是嵌入社会关系之中的，而随着资本主义市场经济的发展，交易成为最为普遍的交换模式，并使社会关系反嵌于市场经济当中。此后，国内很多学者都利用"嵌入"的分析框架来对转型期社会进行研究，并取得了一定的成果。例如，谢小芹、简小鹰：《"互嵌"：市场规则与基层社会——基于农资"赊账"现象的社会学探讨》，《南京农业大学学报》2015年第5期；谭同学：《亲缘、地缘与市场的互嵌：社会经济视角下的新化数码快印业研究》，《开放时代》2012年第6期。

业推广有关的田野资料。笔者认为这样做的好处有两个：一是对其他乡镇的田野调查可以和吴乡进行一个对比，通过比较更好地发现吴乡农业推广有何特点；二是通过向外扩展的田野调查，可以对当地的农业推广有一个更为广泛和深入的认识，同时也有利于更好地思考当地农业推广的"在地化"路径。

总而言之，本书的研究思路就是在呈现和分析改革开放以来农业推广的市场化转型的基础上，将农业推广这一活动放置于当地社会文化脉络当中去研究，从中分析当前农民如何依照自己的文化和习惯来认识和采用农业推广的相关成果。同时，笔者还会将改革开放以来的农业推广变革与市场化、农业现代化、城镇化、工业化等乡村社会转型问题联系起来，以实现对当前农业推广的发展趋势和问题解决的科学把握。

（二）研究方法

1. 参与观察法

参与观察法作为田野调查最为重要的研究方法，是笔者所采取的主要研究方法之一。在田野调查期间，笔者与吴乡政府的各级领导、当地农民同吃同住同劳动，参与到他们的各项活动之中，如吴乡政府的各种会议、民间的各种仪式等。同时积极学习当地的方言，理解他们的思维习惯，努力适应当地人的生活节奏。

2. 文献收集法

笔者在调研之前，就在图书馆、档案馆搜集了南宫市和吴乡的相关文献资料，对当地的经济、文化、社会状况等有了一定的了解。田野调查期间，在当地政府的帮助下，搜集了吴乡近年来有关农业推广方面的各类计划书、报告书等大量原始数据和文献资料。除了官方资料以外，笔者还对家族、庙会组织中的重要人士进行了拜访，搜集到了族谱、各类文书等重要资料。

3. 访谈法

包括正式的列有详细访谈提纲的访谈、半正式的走访以及日常生活中较为随意的聊天。笔者的访谈对象包括吴乡政府的各级领导、村干部、各类"文化农民"① 以及从事农耕劳作的普通农民等。笔者对家族族长、主管农村经济发展的乡镇干部等关键报告人进行定期的访谈,以便了解更多有关农业推广的故事和农村的经济社会情况。

五 本书结构

本书共分为七章。第一章"导论",介绍了研究的缘起、地点、思路和方法,并对与研究主题相关的文献进行分析、归纳和总结。

第二章"历史与记忆:农业合作化时期的农业推广",主要介绍了吴乡互助组时期和农业合作社及人民公社时期的农业推广情况,通过这一章可以了解改革开放之前吴乡的农业推广概貌,并从历史中汲取经验教训,理解合作化时期的农业推广为何需要改革。

第三章"市场嵌入与组织多元化:改革开放以来的农业推广",包括改革开放以来吴乡的农业推广发展情况及其结构性失衡问题,从这章可以看到改革开放以来农村市场经济的发展推动了农业推广的转型,其突出特点是"原有的一元化多线型技术推广体系逐渐向多元化的新型农业技术推广体系转变",同时这也形成了权力交错的多元农业推广组织体系,很大程度上丰富和提升了农业推广的内容和效率。然而,改革开放以来的农业推广同样也存在公益性式微和营利性凸显这一结构性失衡问题,给当地农业社会带来了较大影响。

第四章"市场社会与乡土人情:市场化背景下的商业性农业

---

① 秦红增在其著作《桂村科技:科技下乡中的乡村社会研究》中最早提出"文化农民"这一概念,指拥有普通农户们少有的社会关系、技术、经商才能、胆识、经验和文凭的农民。参见秦红增《桂村科技:科技下乡中的乡村社会研究》,民族出版社,2005。

推广与文化网络"，包括文化网络重建与商业性农业推广的兴起、文化网络与商业性农业推广相互嵌入的情况、乡土场域中农业推广的"理性"与"道义"。这一章描述和分析了文化网络在农业推广过程中所发挥的积极和消极作用，以此呈现"乡村社会中多种组织体系以及塑造权力运作的各种规范"在农业推广中扮演了怎样的角色。

第五章"科学与'土法'：农业现代化背景下的科学知识与地方性知识"，包括地方农事实践、物质性技术与精神性技术、嵌入农业创新采用中的地方性认知。这一章描述和分析了农村乡土场域中的地方性知识是如何与现代化农业推广技术相融合的，从中也可以看到农民除了利用现代化要素来提高农业生产效益以外，依然没有放弃传统农业知识、与农业生产相关的信仰仪式以及依靠地方性认知来认识、应用相关农业创新成果。

第六章"流失的乡村：城镇化和工业化背景下农业推广的发展困境"，包括快速城镇化和工业化对农村社会的影响、农业劳动力老龄化、"教育离农"对农业推广的影响与思考。这一章主要讲述吴乡在"城市文明""工业文明"的熏陶和影响之下，出现了较为突出的青壮年人口流出和"教育离农"问题，导致当地的农业发展面临着严峻的年龄、教育程度失衡的人口结构性问题，并给现代化农业推广活动带来了不利影响。

第七章是"结语"，主要对前面的研究内容进行分析和总结，包括对农业推广中发展与权力之间的关系进行再辨析，探讨乡村转型过程中的农业推广如何与乡土文化相衔接，分析乡村转型过程中农业推广的发展困境如何化解。

第二章　历史与记忆：农业合作化
时期的农业推广

　　南宫地区的农业推广活动历史较为悠久。从民国《南宫县志》记载来看，自西周以来历朝历代的封建朝廷与地方政府都十分重视耕种方式的改善、农业品种的改良与农具的改进，不同时期亦有农业新品种的引进，使得南宫古代农业推广活动带有较为浓厚的官办色彩和技术推广特征。[①] 近代以来，由于农村封建剥削关系的长期存在，以及兵连祸结、灾荒频多、政府管理不善等原因，南宫的农业推广一直缺乏良好的环境。虽然民国时期当地政府也曾引进粮食、蔬菜、林木等新品种，犁、耧、锄等农具也得到了改良，使传统农业具备了某些近代化的色彩，但却未实现传统农业的近代化，农民在耕作方式方面与古代相比并无实质性区别。[②] 1945 年，随着南宫全县的解放，中国共产党取得了当地的政权，同时在土地改革的基础之上，与现代化农业推广相关的农业合作化运动也随之展开，开启了当地农业发展的新时期。

第一节　国家权力与文化网络互嵌：互助组时期的
农业推广（1947～1952）

　　中国共产党自创立农村革命根据地时起，就开始利用建立在

---

　　①　黄容惠、贾恩绂：《南宫县志》，成文出版社，1936。
　　②　河北省南宫市地方志编纂委员会编《南宫市志》，河北人民出版社，1995。

亲缘、地缘等关系基础之上的乡村传统互助习惯来组织变工队及其他形式的互助组织，以解决农民在农业生产中遇到的劳力、畜力、工具不足等困难，同时在互助的过程中注重农业技术的改良和推广，以防止农业生产下降给军需民食造成困难。[①] 因此，在老解放区，农耕互助及开展与之相关的农业推广活动并非新鲜事。就华北地区而言，从 1943 年春毛泽东提出组织起来开展生产活动以后，华北变工队及其他互助组织就普遍发展起来，并在此基础上进行了水利建设、农具改良等一系列的农业推广活动，有效促进了华北乡村的农业生产，为解放后互助组及其相关农业推广活动的后续发展打下了良好的基础。[②] 在抗战期间，南宫作为冀南抗日根据地，中共在尊重当地建立在文化网络基础之上的农耕结合习惯的前提下，积极发挥行政动员力量，号召广大农民组成互助组共同耕作，同样取得了良好效果。同时行政动员与乡土文化相互交织，形成了互助组时期国家权力与乡土文化互嵌的农业推广模式。

一 团结起来：互助组的发展历程

关于南宫县互助组的形成，首先要从当地的一场大灾荒说起。1942 年，在南宫县抗日斗争最艰苦的时刻，一场极端干旱天气突然降临到这个千年古县，并一直持续到冬季。在人们期盼出现"瑞雪兆丰年"的光景来缓解这场旱灾的时候，无奈冬季只是降下了一层薄雪，而偏少的降雪量也使得干旱天气持续发酵，一种不祥的预感笼罩在南宫县农民的心头。1943 年春，救命的春雨一滴未下，大风日夜不停，干旱日趋严重，望着由于干旱而枯萎死去的大片禾苗，无助的农民只能采用"念佛求雨""十字路头哭雨"等民间信仰方式来祈求"老天爷开恩"。然而，一切都是徒劳的，"老天爷"仍未降一滴雨到农民的田地里，大片庄稼还未长起就已

---

① 王士花：《论建国初期的农村互助组》，《东岳论丛》2014 年第 3 期。
② 《毛泽东选集》（第 3 卷），人民出版社，1967。

枯死，随之一场灾荒便降临到南宫县广大贫苦农民的身上。根据相关史料记载，受旱灾影响，1943 年的南宫县出现了严重粮荒，贫苦农民普遍断粮，无奈之下灾民们先靠树皮、棉花籽、草根等物充饥度日，后靠借高利贷和卖牲口、家什来糊口维持，甚至很多农户拆毁自己的房屋卖木头来度荒。一时间，南宫县的很多村庄出现了"村落败垣残壁，树木无叶无皮，田野不见青禾，人们号寒啼饥"的凄惨景象。①

面对这一紧急灾情，当时的中共南宫县委、县抗日政府采取了降低征粮标准、开展借粮斗争、组织群众到外地运粮等方式来帮扶走向绝境的灾民，同时号召大家团结起来一起抗灾，取得一些成效。1943 年 7 月中旬到 8 月初，南宫一带突然连降透雨，旱情结束，挣扎在死亡线上的农民们看到了希望。大雨过后，人们抢种了一些谷子、荞麦、萝卜等晚秋作物。中共南宫党政机关也抓住机会，在发放种子粮、组织群众抢种晚秋作物的同时，还积极鼓励农民自发组成各种形式的劳动互助组织。② 在党的号召下，南宫县二区西赵守寨 23 岁青年妇女李大风办起了全县第一个互助组，互助组内部成员一起打井开荒、抢种庄稼，取得了很好的效果，在他们的示范带动作用下，该村的互助组很快发展到了 35 个。③ 随后，互助组很快在全县推广开来，贫苦农民多以本村为单位，在亲族和邻里之间寻找合作伙伴，一起劳作抢收以便将损失降到最小。在中共南宫县委、县政府和广大农民的共同努力下，1943 年秋收时灾情基本得到了控制。④

1945 年 5 月 2 日，南宫全县解放，随后中共南宫县委和县人

---

① 刘秉禄：《南宫、垂杨两县人民战胜一九四三年大灾荒简述》，载南宫市政协文史资料研究委员会编《南宫文史资料》（第三辑）（内部资料），1990。
② 刘秉禄：《南宫、垂杨两县人民战胜一九四三年大灾荒简述》，载南宫市政协文史资料研究委员会编《南宫文史资料》（第三辑）（内部资料），1990。
③ 河北省南宫市地方志编纂委员会编《南宫市志》，河北人民出版社，1995。
④ 刘秉禄：《南宫、垂杨两县人民战胜一九四三年大灾荒简述》，载南宫市政协文史资料研究委员会编《南宫文史资料》（第三辑）（内部资料），1990。

民政府在结合反奸清算、减租减息斗争的基础上进行土地改革的同时，也积极鼓励互助组这一农业合作方式。1945 年冬季，三区孔家庄农民辛田响应区政府号召，与王振友等 5 户农民办起互助组，共同耕种土地 45 亩，取得良好效果，次年中共南宫县政府将其树立为典型开始在全县宣传推广。[①] 1948 年，随着南宫县土地改革运动的不断推进，南宫县地主、富农阶级多余的土地、牲口、农用工具被重新分配给贫下中农，使广大穷苦农民获得了急需的生产资料。然而，随着生产条件的改善，很多农民产生了退出互助组单干的思想，一时间互助组的发展又陷入了僵局。1950 年，中共中央华北局就互助组问题向中央汇报，并提出"在农业生产恢复较差的地区，组织起来应着重克服劳力、畜力和农具缺乏的困难；在农业生产已经恢复或超过战前水平的地区应着重改良技术，加强经济领导，进一步提高农业生产水平"，得到了中共中央的认可。[②] 在这一背景下，中共南宫县党政机关开始积极着手进行互助组的推广，希望分到土地的农民还可以联合起来进行农业生产合作，并为后续农业生产技术的推广打下良好的基础。

1950 年起，中共南宫县党政机关开始发动村干部和劳动模范积极劝说刚分到土地不久的农民们组成互助组一起劳作，以克服小农经济的局限性。然而，很多农民却对这种组织性的合作抱有各种疑虑，使得互助组的推广在初期并不顺利。曾经经历过互助组推广运动的村民李 XS 回忆：

> 那时候搞互助组村里专门开过会，意思是让大家团结起来，还讲了好多搭伙儿干（组建互助组）的好处。可那时候

---

① 河北省南宫市地方志编纂委员会编《南宫市志》，河北人民出版社，1995。

② 《华北局关于农村生产情况与劳动互助问题向毛主席的报告》（1950 年 7 月 27 日），载中华人民共和国国家农业委员会办公厅编《农业集体化重要文件汇编》（上册），中共中央党校出版社，1981，转引自王士花《论建国初期的农村互助组》，《东岳论丛》2014 年第 3 期。

大家已经分到了地，好多都不愿意加入互助组。要说为啥，反正都各有各的想法。有的是感觉不自由，感觉伙着干还不如自己干得好；有的是怕入了伙自己头牲（牲口）、农具让别人使坏了；还有的怕入了伙到时候脾气不投，早晚也得散。后来村干部经常来做大家工作，可好多人还是愿意自己干。

可以看出，与解放前处于灾荒时期的农民踊跃组建互助组不同的是，随着土地改革的完成，广大贫下中农获得了所需的生产资料以后，他们的合作意愿反而不强了。当然，这种现象并非只出现在南宫县，在华北其他地区也同样存在这一问题。例如，山西省在抗日时期因战争造成过劳力畜力不足的情况，在各根据地政府的号召下，山西各根据地按照当地旧有劳动互助习惯曾组织过多种形式的互助组，并取得良好效果。然而解放以后，随着土地改革的完成和农村经济的好转，互助组反而丧失了以往的活力，很多农民选择退出单干。[1] 在河北省大名县，有些农民认为分得土地后再搞互助组，就是"白给别人帮工""出工米不上算"。[2] 农民生产资料较以前富裕了，然而合作意愿却降低了，这似乎也印证了日本学者内山雅生的一句感慨："华北农村似乎只有在贫困落魄的时候，农民才能显示出合作的态势。"[3]

面对这一形势，中共中央于1951年颁布的《关于农业生产互助合作的决议（草案）》特别提出，"互助合作运动一定要尊重群众的条件和经验，不可用一种抽象公式去机械地硬套，否则将会损害互助合作运动的发展……因此，在工作过程中应避免强迫命

---

[1] 岳谦厚、范艳华：《山西农业生产合作社之闹社风潮》，《中共党史研究》2010年第4期。

[2] 《中共大名四区小湖村支部在互助合作运动中的宣传工作》，载中央人民政府农业部农政司编《农业生产互助组参考资料》（第一集）（内部资料），1952，转引自王士花《论建国初期的农村互助组》，《东岳论丛》2014年第3期。

[3] 内山雅生：《二十世纪华北农村社会经济研究》，李恩民译，中国社会研究出版社，2001。

令的领导方式，而是随时地研究群众的经验，集中群众的意见，并坚持自愿和互利的原则"。① 在中共中央较为柔性的方针政策指导下，南宫县在发动村干部和劳动模范进行互助组推广的同时，也采取了符合当地乡村实际情况的推广措施，具体如下。

首先，尊重农民的个人意愿，将互助组分为常年型、季节型、临时型三种组织方式，农民按照自己的实际需求选择加入到其中的一种类型当中，同时农户保留自家生产资料所有权。按照这一原则，互助组只有生产资料的使用权，同时严格遵循"自愿结合、互助互利、以工换工、以畜换工、年终结账、粮款找齐"等原则来保证互助组内部的公平与效益。②

其次，从农民旧有农耕结合习惯做起，积极调动农民之间基于血缘、亲缘、地缘之上的传统社会关系，使互助组可以更好地被农民所接受。在南宫乡村地区，农民往往以家族成员和邻里为结合对象，形成了"搭伙""攒忙""捎种"等各种形式的农耕社会结合。因此，在尊重农民旧有的农耕结合习惯的前提下，鼓励农民合作在以往松散的结合关系基础上逐渐转化为互助合作的组织形式，成为当地政府推广互助组的重要思路。如村民郝 YF 回忆道：

> 要说互助啥的其实在乡下也不是啥新鲜事，那时候生产条件落后，穷苦人又多，干活的时候缺农具、缺头牯（牲口）那也是很常见的事儿。所以赶上农忙的时候，就会找自己"当家的"（本家族人）或邻居借着使，或者两家搭伙儿一起出头牯出劳力，也就一块把地种了。"土改"后干部们来劝大家结成组，说以前"当家的"、街坊邻居之间就搭伙种地，也没啥不好的，现在搞互助组就是和以前一样，让大家团结起来一起把地

---

① 中共中央文献研究室编《建国以来重要文献选编》（第 2 册），中央文献出版社，1992。
② 河北省南宫市地方志编纂委员会编《南宫市志》，河北人民出版社，1995。

种好。后来还给大家算过笔账，意思是伙着干比单干好在哪。后来大家一听也挺有道理，再加上（"土改"后）分了的东西入了组也还是自己的，有的（人）就和自己"当家的"、邻居伙成了互助组。

　　最后，就是积极借助乡村"文化网络"的力量来推动互助组的发展。从已有研究来看，互助组阶段一个显著特点就是国家对于乡村文化网络中社会关系和文化规范的再利用。如于建嵘通过对岳村的调查研究发现，互助组时期的家族式互助行为不仅不是国家所反对的，而且还在很大程度上受到了肯定，当地政府工作人员为了发展互助组还会动员各个家族在内部互助关系的基础上建立互助组。[①] 在南宫农村地区，家族、庙会等组织在农民生活中占有一定地位，虽然土地改革后传统乡村组织受到了一定限制，但是其文化内核即农民所认同的象征和规范依然保持着相对稳定性。如笔者所调查的村落之一 X 村，就属于"文化网络"较为稳固的一个村落，村内有薛姓、李姓、董姓三个大家族，同时还有张姓、杨姓、王姓等几个小家族，其中薛姓家族是全村人口最多、威望最高的家族，并建有祠堂。大年三十和清明节各家族成员也有同族共食以及共同拜年的习惯，家族中的"大辈儿"和族长也具有一定的威望。同时，该村还有韩五爷庙、关帝庙等庙会组织，村民之间基于传统组织之上的交往较为频繁。互助组推广时期，当地干部就积极利用"文化网络"中的有益成分进行互助组的推广，如发动村中威望较高、阶级成分较好并有一定思想觉悟的家族"大辈儿"来进行说理，起到了较好的效果。关于这一点，该村村民薛 ML 回忆道：

　　　　那时候俺们村干部劝大家搭伙儿搞互助组的时候，就常

---

　　① 于建嵘：《岳村政治：转型期中国乡村政治结构的变迁》，商务印书馆，2001。

叫已经加入互助组的（本家族的）"大辈儿"来一起给大家做工作。俺们村姓薛的多，能占全村人的七成以上，都是一个祖先传下来的。所以"大辈儿"说话，大部分人也是听的。记得那时候村干部就和俺"当家的"大伯一起来俺家给俺爹做工作，给他讲道理，后来俺爹想明白了以后，就和其他几个"当家的"搭成互助组一起劳动了。

在南宫县党政机关、村干部和劳动模范的共同努力下，互助组这一合作方式被越来越多的贫下中农所接受。截至1952年底，全县有季节性互助组2680个，共计12507户5万余人，耕地面积17.86万亩；常年互助组1343个，共计6050户2.4万人，耕地面积8.75万亩。[1] 参加上述两类互助的农民占全县总农户的25.5%，以农民自由结合为主的临时性互助组还是占有较大的比例。

从南宫县互助组的发展历程来看，当地农民建立在旧有农耕结合习惯之上的血缘、亲缘、地缘关系被中共南宫县委和县人民政府巧妙运用，并成为组建互助组的重要源泉和力量。在南宫县土地改革时期，家族、庙会等农村传统组织虽然受到一定限制，但是以"伦常"标准划分亲疏远近的人际关系并没有发生改变，农民固有的农耕结合习惯依然在农业生产中发挥重要作用，即"在村庄纵向社会结构发生急剧变革的同时，村庄横向社会结构并没有发生什么变化"。[2] 因此，在互助组推广运动中，将具体的政策指导方针嵌入农村的乡土文化当中，有利于农民更好地接受互助组，同时农村乡土文化中的有益成分被互助组这一组织方式所吸收，也有利于互助组不断完善并更好地适应乡村社会。因此，国家权力和当地文化网络互嵌成为互助组时期农业生产合作及农业推广活动开展的保障和特点。

---

[1]　河北省南宫市地方志编纂委员会编《南宫市志》，河北人民出版社，1995。

[2]　谭同学：《桥村有道：转型乡村的道德权力与社会结构》，生活·读书·新知三联书店，2010。

二　互助组时期的农业推广活动及其成效

在互助组推广活动进行的同时，以互助组为载体的农业推广活动也随即展开，以求改善以往由农业生产技术落后、耕作水平低、物质条件匮乏所导致的农业低产问题。相较于以往的农民单干以及基于旧有习惯的农耕结合关系，互助组具有一定的规模性和稳定性，可以将土地、牲口、工具等生产资料最大限度集中起来进行农业劳作，也为后续农业推广活动的有序开展打下了良好的基础。从相关历史资料、数据统计以及笔者的访谈来看，互助组的发展有力配合了后续各项农业推广活动的开展以及农民之间农业技术的交流，并有效促进了农业生产效率的提升，显示了把农民组织起来的优越性。主要表现为以下几点。

首先，新农具的推广与应用。作为农业耕作的重要方式，新农具的推广成为互助组时期农业推广活动中的重要一环。在推广步骤上，主要采取典型试用、组织参观、逐步推广来教育农民，在农民了解、接受新农具以后，通过银行长期信贷以较低价格将新农具卖给互助组。这一方法产生了一定效果，仅 1951 年一年，华北地区就推广了 6000 余部解放步犁，50000 余架喷雾器，66000 余架架管式水车。[①] 在南宫县，地方政府在努力推广互助组的同时，也积极向互助组输出新式农具，以图最大限度解决旧式农具生产效率低下的问题。1950 年南宫县引进以畜力提水为主的水车，解决了解放初期农业灌溉靠人力提水、工具笨重且效率过低的问题，增加了水浇地的灌溉面积；1951 年又引进改良畜力犁的解放步犁，使耕地的效率大为提高。[②] 互助组尤其是常年互助组具有相对的规模性和组织性，因此也有利于各式新农具的推广。

在新农具推广过程中，大、中型农具需要互助组成员集体购

① 王士花：《论建国初期的农村互助组》，《东岳论丛》2014 年第 3 期。
② 河北省南宫市地方志编纂委员会编《南宫市志》，河北人民出版社，1995。

买。然而，很多农民对新农具的性能缺乏基本的了解，因此对新农具的实际效果抱有一定的疑虑。面对这一情况，当时南宫县政府主要采取了两条路线并行的新农具推广道路。一条路线是采取行政推广的方式，主要培养和组织相关的技术人员亲自下乡进行新农具的示范，让广大农民亲眼看到新农具的好处，同时为想购买新农具的互助组提供必要的培训、修理等服务；另一条路线则采取文化推广的方式，如利用庙会、集市等传统文化活动进行新农具的推广，同时利用家族、邻居、亲戚等传统熟人关系作为媒介在互助组内外进行新农具的宣传。关于当时的新农具推广状况，曾经参加过常年互助组的薛 LS 回忆道：

> 记得早先时候村里不少人还用木犁，降地（种地）的时候又慢又费事儿。后来县里来的干部给大家推广新式步犁，说要比旧犁耕得好、耕得快，还亲自在大家跟前拿新犁和旧犁给大家做示范。结果大家伙儿一看，那新犁的铧是铜的，而且前面带轮子，犁把也长，人和头牲（牲口）用起来都很便当，地犁得也深。后来俺和俺们组的人一合计，就买了一台。打那以后村里"当家的"、街坊邻居们都过来瞧稀罕，有时候外村来俺们村走亲戚的也来跟我打听这新步犁咋样。后来一看这新式步犁确实好，也就都合计着买了。

其次，生产环境的改良与新品种的推广。根据解放初期的测土情况来看，南宫县的土壤均为潮土类，全县耕地轻土壤占 70%、沙土壤占 26%，耕地高低不平且土壤肥力低下，加之缺水与土地盐碱化程度较高等客观因素的影响，造成南宫县长期以来"旱涝不保收，风调雨顺不高产"的窘境。① 面对这一情况，自 1950 年起，当地政府每年组织群众冬春季积造农家肥，夏季积造压绿肥。

---

① 河北省南宫市地方志编纂委员会编《南宫市志》，河北人民出版社，1995。

1952 年开始施化肥，是年全县化肥总投量 30 吨，亩均施量 0.03 公斤，肥料质量的改善和施量的增加一定程度上改善了土壤质量和耕作条件。[①] 同时，一方面互助组内部成员组织起来积极平整土地、合伙打井，一定程度上也改善了生产环境；另一方面，当地政府也积极进行新品种的育种工作。1950 年春，南宫县正式成立棉花良种繁育区，建立良棉加工厂，并于第二年大力推广 2B 棉花，其占到棉花播种总面积的 83%，由于新棉的出棉率较高，全县当年棉花亩产平均增加了 11%。[②] 此外，不少互助组还设立"小农场"进行选育良种与防治病害的实验，并相互交流经验，很大程度上推动了新品种的顺利推广。

第三，生产资料相对集约化、规模化的互助组为农业推广提供了较好的平台。从南宫所处的生态区位来看，全县处于平坦的华北平原之上，其地形非常适合进行规模化的机械耕作。然而，南宫干旱的气候、农民的贫困以及小农经济的局限性却一直制约着现代化农业推广在当地的有效落实。因此，只有走合作化道路，将个体分散的小农联合起来，才能克服小农经济的局限性，并为现代化农业推广铺平道路。从南宫县的互助组本身来看，其推广的重要目的之一也是给现代化农业推广活动创造良好的环境。从前面所提及的新式农具推广、新品种推广以及农田基础设施建设等方面来看，没有互助组成员的相互合作与支持是很难完成的。同时，建立在互助组基础之上的农业推广活动，也极大改善了当时农民的生产条件。关于这一点，薛 ML 老人感慨道：

> 旧社会那会儿，那就是靠天吃饭，老天不长眼就得挨饿。解放前俺家穷得很，就因为这个自己的妹妹就曾送给过别人，自家养不起啊……解放前那会儿真是穷得啥都没

① 河北省南宫市地方志编纂委员会编《南宫市志》，河北人民出版社，1995。
② 河北省南宫市地方志编纂委员会编《南宫市志》，河北人民出版社，1995。

有，解放后毛主席帮着咱穷人，"土改"的时候分了地，搞互助的时候有了新农具，大家一起搭伙儿干，做活也快了，不像单干那会儿缺这少那的，遇上农忙还得去求别人。

那么，互助组时期的农业推广活动，对于当时的农业生产率的推动又是怎样的呢？从表2-1可以看出，在1949~1952年互助组推广运动时期，南宫县的各主要作物每年的亩产相较前一年都呈上升态势。以1952年为例，冬小麦相较1949年亩产增长了30.5%，谷子、高粱、棉花则分别增长了27.6%、68.2%、67.3%。可以看出，虽然不同作物的播种面积和总产量都分别有所波动，但是单位面积产量却都有所提升，表明互助组时期的农业生产率还是有较大提高的。

表2-1　南宫县主要种植作物面积产量统计表（1949~1952年）

年份	冬小麦			谷子			高粱			棉花		
	播种面积（百亩）	亩产（公斤）	总产量（万公斤）	播种面积（百亩）	亩产（公斤）	总产量（万公斤）	播种面积（百亩）	亩产（公斤）	总产量（万公斤）	播种面积（百亩）	亩产（公斤）	总产量（万公斤）
1949	2097	41.0	860.0	2157	68.1	1470.5	1200	33.0	369.0	2486	10.4	259.0
1950	2472	42.5	1510.0	1887	70.0	1321.0	1355	53.0	718.5	3264	10.4	338.0
1951	2054	46.9	963.0	2251	79.9	1797.5	1289	54.0	695.5	3692	13.9	514.0
1952	1136	53.5	875.0	2614	86.9	2273.5	1223	55.5	673.0	4122	17.4	716.0

数据来源：河北省南宫市地方志编纂委员会编《南宫市志》，河北人民出版社，1995。

从南宫县互助组的发展历程来看，互助组的推广采取的并非是单一的行政动员方式，而是将具体的政治策略嵌入农村的乡土文化当中，通过利用文化网络当中的熟人关系与文化规范，使具体的政治策略能够被农民所接受。因此，农村的乡土文化实际上也是反嵌于与互助组相关的农业推广实践当中的。互助组的这一特征也使得与之相关的农业推广同样显示出政治与文化相互嵌入的特点，使得具体的农业推广活动可以较为便利地被农民所接受，进而采用最新的技术和工具来提高农业生产效率，这也是互助组时期农业推广较为成功的原因之一。然而，需要指出的是，互助组时期由于生产资料以及生产管理的部分决策仍归属于私人，按其性质来说仍属于"社会主义萌芽"阶段。① 互助组并未改变小农经济及其分散经营的特点，且规模多限于农民基于血缘、地缘和亲缘的熟人关系之上，互助关系的扩展范围有限，同时也表明其组织的文化属性反而局限了互助组的发展，因此互助组本身也是一个矛盾体。② 如南宫县大量存在的临时互助组以及在农业生产困难解除后部分组员倾向于单干的现象，就引起了当地政府的重视，同时一场更进一步的合作化浪潮也即将掀开帷幕。

第二节　曲折的发展：农业合作社及人民公社时期的农业推广（1953~1982）

互助组在一定程度上集中了有限的生产资料和人力资源，使农业生产具有了一定的规模性，并给新农具和现代化生产技术的推广打下了良好的基础，农业生产水平有所提高。然而从本质上来看，互助组仍只是建立在个体土地所有基础之上的农业合作方式，并不涉及所有制关系的改变③，农民在互助的过程中依然根据旧有农耕结合关系和习惯进行劳力互助和生产资料的共享。互助组这一性质造成了其规模相对偏小，且当农民具备独立从事农业生产的能力以后，单干的倾向就会显现出来，导致互助组的涣散，

---

① 宋涛：《初级农业生产合作社过渡到高级农业生产合作社的必然性》，《教学与研究》1956 年第 6 期。
② 岳谦厚、范艳华：《山西农业生产合作社之闹社风潮》，《中共党史研究》2010年第 4 期。
③ 佘君、丁桂平：《农业合作化运动必然性问题再思考》，《党史研究与教学》2005 年第 4 期。

并对现代化农业的进一步发展造成了阻碍。面对这种情况，组织性和社会主义性质更强的农业生产合作社模式在互助组推广运动期间就已经纳入中共高层的视野当中。

1951 年，中央人民政府农业部根据各地所呈报的农业合作化状况分析认为，"农业合作社通过土地劳力入股，合伙经营的方式可以合理使用劳力和合理利用土地，克服了互助组中经常存在的集体劳动和分散经营的矛盾，并能集中大家的力量投资扩大再生产，便于进一步提高生产力"。[①] 1952 年，中央人民政府政务院发布了当年的农业生产决定，其中就包括"在群众互助经验丰富而又有较强骨干的地区，应当有领导、有重点地发展土地入股的农业生产合作社"。在这一形势下，河北省委于 1952 年先后下发了《关于试办农业生产合作社的通报》《关于加强党对农业生产合作社政治领导的指示》等重要文件，为河北省农业生产合作社的发展道路指明了方向。同时，按照毛泽东合作化思想的路线，在合作化的基础上逐渐推进以机械化及其他农业技术改造为代表的现代化农业推广，也成为合作社成立之后急需展开的工作。[②] 此后，南宫县的农业合作社运动拉开了序幕，在劳动力不断组织化以及生产资料不断集约化、公有化的过程中，国家权力开始嵌入农村的社会、经济活动之中，成为人们生活方式和经济活动的组成部分。[③] 同时，围绕着行政领导部门开展工作的各级农业推广组织也逐渐形成，以政府为主导的农业推广活动开始嵌入农业生产当中，推动着农业现代化的曲折前进。

① 中央人民政府农业部农政司编《农业集体化重要文件汇编》（上册），中共中央党校出版社，1981，转引自王士花《论建国初期的农村互助组》，《东岳论丛》2014 年第 3 期。
② 谭首彰：《毛泽东与中国农业现代化》，湖南大学出版社，2009。
③ 陆益龙：《嵌入性政治对村落经济绩效的影响：小岗村的个案研究》，《中国人民大学学报》2006 年第 5 期。

一　农业合作化中的人与技术：国家权力嵌入型农业推广组织的发展历程

　　1952 年 1 月 4 日，南宫县迎来了一个不同寻常的日子。这一天，在中共南宫县委的支持下，四区巩家洼县劳动模范巩玉波伙同本村村民巩占津、宋文元等 21 户农民开办了全县第一个初级农业生产合作社，并在大家的一片喝彩声中举行了建社大会。与以往互助组不同的是，入社农户的土地都按照评定的等级入股，统一经营；牲畜按大小、强弱，农用工具按类型和数量来评定合理报酬，采用统一使用劳力、评工记分的方式；年终结算分配则采取"地四五、劳五五"的方法。这样一来，合作社集合了 100 口人、11 头牲畜、313 亩土地，劳动规模上有所增强。① 对于这个刚起步并作为试点的初级农业合作社，当时的县委、区委也是极为重视，并派专职驻村干部前往指导工作并提供支持。经过一年的实践和观察，当地政府认为初级农业合作社相较于互助组在规模、管理以及农业技术推广方面都有较大优越性，并决定次年在全县有序开展农业合作社的推广工作。②

　　1953 年，成立农业生产合作社正式纳入南宫各级党委的重要日程当中，合作社的推广工作拉开了序幕。当年，南宫县的初级农业生产合作社就发展到 171 个，到高级社推广前夕（即 1955 年底），初级农业生产合作社发展到 734 个，入户农民 27651 户，占到全县总农户数的 37.6%。③ 在初级农业合作社不断发展的同时，为了保证农业技术顺利在合作社推广并产生相应的规模效益，相关农业推广组织的建设工作也开始同步进行。1953 年初夏，南宫县按照区划建成了城关第一技术推广站、苏村第二技术推广站、王道寨第三技术推广站、垂杨第四技术推广站、段芦头第五技术

① 河北省南宫市地方志编纂委员会编《南宫市志》，河北人民出版社，1995。
② 河北省南宫市地方志编纂委员会编《南宫市志》，河北人民出版社，1995。
③ 河北省南宫市地方志编纂委员会编《南宫市志》，河北人民出版社，1995。

推广站五个区农业技术推广站，每个农技站配备技术干部一人，具体掌管各区划内的农业技术推广工作，推广内容主要包括引进新品种、推广新作物的栽培技术以及传统种子的提纯复壮等。同时，区农技站下属的各乡都要建立一个生产经验交流组，以便及时交流经验和接受上级的技术指导。

在组织构成方面，乡生产经验交流组由一名正组长和一到两名副组长组成，其中正组长主要负责主持领导定期的组会，副组长则负责介绍经验研究工作。组会为每月三次（一般定为每月初九、十九、二十九），届时区农技站的技术干部会向各乡的组长了解技术推广情况并传授具体农业技术，同时对以往的生产经验进行总结。另外，副组长定期也要进行碰头会议，同样也是一个月三次（一般定为每月初十、二十、三十），在会议上交流各组的情况，并讨论与农业生产相关的问题以及应当采取何种技术措施。①这样，通过站、组二级推广部门之间的交流可以及时发现问题，保障当地能够行之有效地开展各类农业推广活动。关于初级社成立时期的农业推广活动，当地农民记忆比较深刻的就是忙于推广的技术干部和他们所带来的"新鲜事物"，如王道寨农民李 JY 回忆：

> 区农技站建成那会儿，就有干部拿着种子来生产队给大家做宣传，告诉大家新品种怎么种。那时候大家对技术干部还是半信半疑的，怕选的种不行。但种下以后，发现确实比以前的种子产量要高，慢慢地大家也就相信技术干部了。要说技术干部可真好，就说农药吧，以前村里打虫子就是用烟熏，也没多大作用，一闹虫灾大家就去庙里磕头，可庄稼还是被害虫糟蹋。后来干部们教大家用农药专门打虫子，才好了很多，像"六六六粉""敌敌畏"就是那会儿用上的。

---

① 参见南宫县革命委员会《南宫县技术推广站交流工作总结简报（1957 年）》（内部资料）。

　　1956 年，为了进一步推动农业合作化发展，中共南宫县委响应中央和省委的号召，在初级农业合作社尚处在发展阶段的时候，又在范家寨乡创办了巩家洼高级农业生产合作社试点。高级社在管理上实行取消土地分红并将土地全部归为集体所有的方式，牲口、农具等生产资料则评价入社，并实行"三包一奖""四固定"的管理方法。① 此后，在很短的时间内，当地政府通过一系列政治指令，不断增加和扩大高级农业生产合作社的数量和规模，联村社也不断出现，许多农民在当地政府的号召下纷纷入社。1956 年底，仅仅用了一年的时间，南宫县高级农业生产合作社就达到 250 个，入社农民达 74039 户，占全县总农户数的 99.9%。② 1958 年10 月，中共南宫县委又根据中共中央《关于在农村建立人民公社问题的决议》，将刚组建不久的高级农业生产合作社全部按原有区划合并为城关、苏村、大高村、垂杨、段芦头五个"政社合一"的人民公社，同时高级农业生产合作社的一切生产资料和部分社员的一些生产生活资料无偿收归人民公社，国家权力嵌入农业生产的程度进一步加深。③

　　在合作化浪潮推进的同时，行政型农业推广组织的建设工作也在如火如荼地开展：一方面是农业推广站的建立。1958 年秋季，南宫县种子站、化肥站、家畜改良站等农业推广部门相继建立，使得行政型农业推广力量进一步加强。另一方面是社、队等群众性农业推广组织的建设。截至 1958 年底，县级以下的公社及下属生产单位都普遍建立了群众性科研组织。其中各公社均建立了科技辅导站，共配有脱产和半脱产技术人员 515 名；各生产大队均建立农业科技组，各配农业技术人员 2~5 人；各生产队选出至少一名不脱产或半脱产的人员做生产队技术员，来接受上级的农业推

---

① 河北省南宫市地方志编纂委员会编《南宫市志》，河北人民出版社，1995。
② 河北省南宫市地方志编纂委员会编《南宫市志》，河北人民出版社，1995。
③ 河北省南宫市地方志编纂委员会编《南宫市志》，河北人民出版社，1995。

广指令并指导农业生产。① 同时，公社及其下属的群众性农业推广组织受县党政部门和县农业技术推广中心的双重领导，一套"自上而下"的行政型农业推广组织模式就此形成。同时，由行政部门领导的各级农业推广组织开始深入农村基层，影响农村的日常生产劳作。对于当时行政型农业推广组织的出现，曾经担任过生产队技术员的薛 XS 回忆道：

> 那时候的技术推广就是"上传下达"，你像俺们大队，就专门有个大队技术员，每个生产队也要选出一个人做技术员。平时公社的技术员有什么推广任务就会告诉大队技术员，然后大队技术员再传达给各生产队的技术员。如果生产队有啥问题呢，就会反映给大队的技术员，让他再向上汇报。每年冬天大队的技术员也要去乡里进行培训，学习完后再回到大队教给大家新技术，指挥大家咋种。

不过，农业技术员由于受到各级党政部门的领导，因此其自主权也比较有限，行政干部通过行政命令对农业推广进行干预的事情也时有发生，如另一位做过大队技术员的张 DS 回忆道：

> 那时候社里和队里支部书记的权力可大得很，说怎么做社员们就得怎么做，有的时候就是自己说了算。有的干部急于求成，提出的想法也不符合实际，但是也得按着做，都由着他们的性子来，老百姓也插不上话，就算插上也没人听。比如俺们社那会儿种玉米，生产干部说要推广密植，有的社员感觉不行，但是干部就要干，还批评有的社员思想太落后。可最后还是失败了，苗死了一大半，损失特别严重。

---

① 河北省南宫市地方志编纂委员会编《南宫市志》，河北人民出版社，1995。

由于人民公社后来的吃饭食堂化以及"一平二调"共产风盛行给农业生产和人民生活带来了极大损害，中共南宫县委于1961年根据党中央和河北省委补充规定文件精神，对人民公社进行了整顿，主要包括：将原来的5个人民公社细分为32个，并对生产队、大队的规模进行了调整（一般25户左右为一个生产队，一村为一个大队），进一步明确了以生产队为基本核算单位，并将土地、劳力、牲口、农具固定给生产队。① 同时，原有的群众性农业推广组织根据社、队的变化进行相应的重组，以便配合整顿以后社、队的农业生产活动。此后，南宫县的行政型农业推广组织体系基本稳固下来。此后，在一些错误思想影响下，南宫县行政型农业推广组织的各项工作虽然受到了一定的干扰，但在当地党政机关及部分基层干部的共同努力下，南宫县的各项农业推广活动仍在艰难中曲折前进，并取得了一些优异成绩和可喜的成果。1970年以后，全县的农业推广运动逐步进入正轨，为了把农业推广提升到一个新的高度，在南宫县委的支持和指示下，各大队先后建立良种场或农事试验场，并配备场长和技术员进行具体的管理和技术指导工作，农业推广组织体系也得到了进一步的完善。②

表2-2统计了1973年南宫县各公社农事试验场的基本情况，可以看出，当时全县各公社的农事试验场平均达10.8个，土地平均达541.1亩，配备的技术员平均达10.7个，表明其已初具规模；在机器配置方面，大多数公社的农事试验场都至少配备了一种机器，其中柴机已经在多数公社试验场广泛使用，机械化程度已有一定的基础。此外，为了配合农业生产的机械化，1971年起，各公社开始组建拖拉机站，为公社下属的生产队提供服务。1972年3月，南宫县农机科研所成立，配有12名工作人员，负责全县农技

---

① 河北省南宫市地方志编纂委员会编《南宫市志》，河北人民出版社，1995。
② 南宫县革命委员会：《关于农业技术推广经验总结、计划（1969年）》；南宫县革命委员会：《南宫县农场基本情况（1973年）》。

科研、示范推广、技术引进和相关咨询等任务。[1] 因此在 20 世纪 70 年代，南宫县的良种繁育体系比较完善，农作物的耕作也较为规模化，农业现代化水平有了较大提高。

表 2-2　南宫县农事试验场基本情况（1973 年）

公社	农场个数（个）	土地（亩）	场长（人）	技术员（人）	人数（人）	机器配置（台）		
						电机	柴机	拖拉机
城关镇	4	88.0	4	4	36			
南杜	7	232.0	7	7	46			
北胡	13	395.0	13	13	98		1	
西丁	9	149.0	9	9	48	6	3	
小石	15	1645.8	15	16	174	6	4	
大召	9	323.0	9	9	43		4	
十里	13	329.0	7	7	59	2	1	
苏村	7	305.0	7	7	62	2	5	
大村	7	486.0	7	7	75	5	6	
陈村	9	256.0	9	7	47			
南便	13	313.0	13	12	74		1	
独水	12	340.0	12	12	59	4	5	
高寨	13	283.0	10	10	63		10	
高村	12	604.0	12	12	118		8	
大洋	15	550.0	15	18	114		15	
大屯	11	315.0	12	10	67		8	
王道寨	15	641.4	15	15	131	2	8	1
开河	10	478.0	10	10	90		5	
孙村	11	445.5	11	11	71	1	4	
邱村	8	144.9	8	8	36		7	
垂杨	23	1406.0	23	23	294	12	12	
乔村	7	256.0	7	7	52	4	6	

---

[1]　河北省南宫市地方志编纂委员会编《南宫市志》，河北人民出版社，1995。

续表

公社	农场个数（个）	土地（亩）	场长（人）	技术员（人）	人数（人）	机器配置（台）		
						电机	柴机	拖拉机
双炉	12	736.0	11	11	120	2	7	
明化	7	244.0	7	7	43		4	
红庙	14	853.7	14	14	143			
吴村	12	357.0	12	12	63	1	3	
郝屯	7	298.0	7	9	94	2	1	
段头	11	1022.0	11	11	143		10	
王门庄	11	1748.0	11	11	136		18	
侯町	5	107.0	5	5	24			
徐马	9	274.0	9	10	67		9	
董庙	12	980.0	12	12	161		8	
仔仲	15	1383.0	15	15	118		17	
合计	358	17857.0	349	353	2934	49	188	1

数据来源：南宫县革命委员会：《南宫县农场基本情况（1973年）》。

1976年以后，南宫县各级农业推广组织得到了进一步的恢复和发展，尤其是改革开放以后，各级行政型农业推广组织的发展问题受到了党中央的重视。1980年，中共中央一号文件决定"要恢复和健全各级农业技术推广机构，重点办好县一级机构。逐步把技术推广、植保、土肥等农业推广机构结合起来，实行统一领导"。[①] 在这一政策的指导下，南宫县公社科技站以及生产大队农业科技组重新进行了组建。同时，县委制定科学制度，通过聘请专家、技术员讲授专业知识，党校开设针对乡镇干部的科技培训班等方式来提升农业推广组织内部人员的农业知识技术水平。如1980年期间，各公社及县总工会、农林局、水利局等部门就举办

---

① 全国农业技术推广服务中心编《前进中的中国农技推广事业：中国农业技术推广工作回顾与展望》，中国农业出版社，2001。

过短期轮训班 320 次，技术讲座 67 次，参加人员达 17.35 万人次。[1] 1983 年，随着统管、统分的家庭联产承包责任制在南宫全县的全面推行，以及企业型、科研型等多元化农业推广组织的出现，以往一元化的行政型农业推广组织模式就此告一段落。

从南宫县行政型农业推广组织的发展历程来看，其主要特点就是行政部门的领导权力要大于农业推广组织的业务指导权，农业推广组织受制于行政领导部门，形成了一种技术与行政相缠结的关系。[2] 这实际上也体现在农业合作社出现以后，各级行政型农业推广组织对于农业生产发挥着嵌入性政治功能，使得农业推广活动带有浓厚的行政指导味道。[3] 这种政府领导、自上而下的农业推广组织模式，选拔和安排了大批专职人员从事农业技术推广工作，保障了农业技术推广的技术人才支持，有力促进了农业生产现代化水平的提升。然而，这种国家权力嵌入型农业推广模式由于政府干预过多，其运行的过程中往往也存在与乡土社会的文化规范和习惯相分离的问题，影响了农业推广的效率。

二 薛斌与植棉技术推广的往事：农业技术员与农民互动的个案

笔者在有关合作化时期的农业推广调查中，感触最深的就是经历过那个年代的农民对于农业技术员的深刻记忆。在农民的印象当中，农业技术员是一群经常活跃在田间地头，负责向农民推广新品种以及传授各项农业知识的干部，是他们让农民们及时掌握了行之有效的技术，提高了大家科学种田的能力。如村中的一位老人就向笔者感叹道："早先时候农民哪懂什么技术，把地种了顶多也就是浇

---

[1] 河北省南宫市地方志编纂委员会编《南宫市志》，河北人民出版社，1995。

[2] 李红芹：《国家与市场视角下的农技站变迁：以河南 T 县农技站为个案》，硕士学位论文，华中师范大学，2009。

[3] 陆益龙：《嵌入性政治与村落经济的变迁：安徽小岗村调查》，上海人民出版社，2007。

点水、施些肥，然后再耕耕地，剩下就靠天吃饭了。解放后有了技术员以后，又是推广新品种、又是教大家学习新技术，农民才懂了只有讲科学才能把地种好，所以说那时候的干部真是为老百姓着想啊！"因此，有关农业技术员如何具体与农民展开互动并使农民掌握相应的农业技术，成为笔者感兴趣的地方。在田野调查期间，笔者在驻扎的 X 村经常可以从很多老人口中听到一个技术员的名字——薛斌。相传此人农业技术水平很高，同时还流传着很多他传授技术的故事，其中大家最为深刻的就是他对该村棉花种植技术改良方面的贡献。虽然在 20 世纪 90 年代的时候这位很有口碑的技术员去世了，但从有关他与植棉技术推广的故事当中，仍可以呈现出农业合作化时期农业技术人员与农民之间互动的一个缩影。

薛斌出生在 X 村一户比较富裕的家庭，自幼年起就受过良好的教育，后来在河北农学院①就读，毕业后离开家乡前往山东临清农场做了一名农业技术员。打那以后，薛斌除了清明和过年回家祭祖以外，基本就很少回家了。1949 年的一天，薛斌突然从临清农场回到了村里，关于他的到来，有人传言他在山东当过国民党，后来投诚于共产党，现在回到家里想过清闲的日子了；也有人说，他没有加入国民党，只不过在旧社会的农场工作过。关于他离开村子以后的经历大家有所议论，但是有一点大家是肯定的，那就是他是一名经验丰富的农业技术员。正因为这一点，刚回到家的薛斌很自然地成为村里一名不脱产的技术员，负责具体的农业技术指导，帮助农民解决生产中的一些疑问和困惑。

X 村传统上一直以棉花、高粱等作物种植为主，尤其是棉花，是 X 村乃至南宫地区占有重要地位的经济作物。新中国成立以后，政府十分重视棉花的种植，但由于棉花品种过于老化、种植与管理过于粗放等原因，南宫县棉花的产量十分有限。针对这一情况，南宫县政府决定采取新品种推广、种植技术改良等方式来解决现

---

① 今河北农业大学。——作者注

实存在的问题，而全县各级农业技术员则成为农业推广的具体实施者，其中就包括已经成为技术员的薛斌。1950 年，南宫县引进斯字 2B 棉，并在王道寨等良种繁育基地进行试验后发现，斯字 2B 棉的产量要高于传统棉花品种，并决定第二年在全县推广斯字 2B 棉。接到上级指令以后，作为技术员的薛斌承担起了本村新品种的推广任务。然而，最初的推广之路并非一帆风顺，主要表现为一些农民对新种子的推广并不感兴趣。其中，有些墨守成规的农民害怕因新品种要用到新技术还需要再学习太麻烦，不如直接就种老品种省事，如薛斌的一个"当家的"侄子直言不讳地对他说："我说叔儿啊，你说这新种子好，可是老种子咱熟悉不是，种起来也顺手。这新种子种不好的话这地还不白瞎？"有的农民则出于保守的目的，认为只要好好种地，不偷懒勤出工，就能有好的收成，没必要去改变什么。面对这一情况，作为技术员的薛斌积极与村干部和村里党员合作，一起去做这些农民的工作，向农民介绍新品种的好处，并拿其他村种植新品种获得高产的情况给大家摆事实。关于当时的场景，一位老人回忆道：

> 当时为了让大家伙儿接受新种子，薛斌和其他干部们就开会给大家做工作，遇到想不通的还专门去家里和人家谈。记得当年他和村干部也来过俺家，给俺和家里人讲新种子的好处。要说按辈儿算的话，其实他还得叫俺爷爷，所以一想人家肯定也不会害咱，再说他也保证到时候会手把手教咱，也就同意先种种试试。

经过不断地努力，X 村大部分的村民决定选择新品种进行栽植。第二年，选择新品种的村民果然取得了好的收成，在看到实际好处以后，其他观望的村民也开始种植新品种，斯字 2B 棉也随即在 X 村成功推广开了，同时村民们也对薛斌这名技术员有了更多的信任。

新品种推广以后，如何改变农民以往的粗放管理方式，也成为薛斌所关心的问题。如在南宫地区，村民长期受"稀谷稠麦半苗子花"留苗陈规的影响，棉花一直习惯于稀植，因此十分影响棉花产量的提高。对此县政府专门下达过推广指令，要求各级技术员引导农民进行合理密植。于是，薛斌又开始深入田间地头，教授农民如何去合理密植以提高产量。一位曾经接受过薛斌指导的村民薛 QF 回忆道：

> 那时候他（薛斌）手把手教农民们咋去浸种、咋去密植，让大家明白了原来棉花还能这样种。老百姓们看到他教的新法子确实不错，也都相信技术了。

不过，有的时候因为新技术与农民以往的认识相抵触，会招来一些村民的疑虑，但通过薛斌具体的技术示范，最终也能将村民的疑虑打消。如在技术推广前，X 村村民在棉花种植中没有剪疯枝的习惯，于是薛斌就开始教大家剪疯枝来提高皮棉产量。然而，一些村民对此却犯了嘀咕，感觉这样做反而会影响棉花的产量，薛 QF 回忆道：

> 那时候人们不懂得剪掉疯枝可以让产量提高，总感觉枝子多产得多，后来他（薛斌）提出剪掉疯枝，有些人问他："你这么干到底行不行，把枝子剪了多可惜，这能多产棉桃啊。"看到大家有的抱有疑虑，他就先在一个组的田里试种给大家看，等到了收棉桃的时候，大家发现剪掉疯枝的棉花确实产量高了不少，也就真信了，打那以后全村人都学会剪疯枝了。

1958 年，X 村按照上级指示建立了 X 村大队农业科技组，薛斌也成了大队的技术员，同时下属的各生产队也选出各自的技术员。X 村还建立了一块 26 亩的大队试验田，专门进行作物品种的对比试验，以选出品质好、产量高的新品种。此后，薛斌就开始和其他技术员忙于试验田里的品种筛选工作，通过实际观察和数据对比来选定一个优质品种进行推广，其中就包括棉花品种的选种工作。关于当时的棉花选种和推广工作，一名参与过大队农场试验的村民回忆道：

> 大队试验田建立以后，他（薛斌）就经常和其他技术员在里面搞实验、测数据，具体就是把同一类不同品种的种子一同种在地里，然后对比不同品种的生长情况、产量来决定选取哪个品种进行推广。就说棉花吧，那时候就引进过很多品种，像岱字棉、徐州1818都是在试验田做完对比试验以后推广的。具体做法就是将引进的品种和以前的品种的种子一起种下，记录好日期，然后观察它们在生长过程中的一些特点和问题，每次观察都要做好记录。等两个品种都长成以后，再测量它们的株高、节位、蕾数等具体数值，再比较哪个品种产量最高、品质最优，最好的那个就选出来。然后他（薛斌）再召集各生产队的技术员一起开个组会，把选出来的新品种的特点和栽种时需要注意的事项告诉他们，以便他们回去再教给生产队的社员们。干这个工作心得细，所以那会儿他（薛斌）经常要往地里跑，也挺辛苦。

就这样，薛斌通过自己的实践和努力，逐渐赢得了大家对他的信任，只要X村的社员一有技术上的问题，就会直接请教他。同时，在信任的基础上，社员们对薛斌也持有尊重的感情，如村中另一位老人在回忆中就感叹道："那时候像薛斌这样的技术员在老百姓心里都是值得尊重的干部，而且确实也给老百姓们做过很多实事儿。"改革开放以后年事已高的薛斌从技术员的位置上退了下来，但是村里谁有了技术上的问题依然会找他请教，他依然在村里是一个有威望的人。1995年，薛斌去世，从此大家再也看不见这名优秀的技术员，但是他所传授的技术却流传下来，村中很多经历过农业合作化时期的老人们仍对他充满着敬意。

从薛斌在 X 村推广植棉技术的历程可以看到，农业技术员作为当时行政型农业推广组织的技术传播者，直接担当了基层农业推广的任务。面对 X 村传统农业的多风险性和低效性，只有通过现代化的管理和科学技术供给才能实现当地的农业转型发展，但是农民的保守性又给农业技术推广带来了阻碍。在这一情况下，薛斌作为专业技术员，通过开会、入户走访、技术示范等方式让农民对技术产生信任感，再通过言传身教的方式让农民顺利掌握技术。在农民不断学习到新技术的同时，也增强了对薛斌等技术人员的信任。在人民公社时期，随着 X 村农业推广组织的进一步完善和各类农业试验的进行，一整套"试验—示范—推广"的农业推广路线更加清晰起来，同时各项农业推广活动也在"公社—大队—生产队"三级体系当中按照"上传下达"的方式进行流动，形成了当时独具特色的国家权力嵌入型农业推广体系。薛斌作为这个体系中的一分子，则如同细胞一般维持了农业推广这个肌体的活力，并实现了其平凡人生的不平凡之处。

三　喜忧参半：国家权力嵌入型农业推广活动的曲折发展

在农业合作化运动期间，农业技术改造成为国家增加农作物产量、促进农业生产效率提高、满足工业化快速发展所推行的一项重要革新政策和促进农业现代化发展的重要战略措施，而在农业技术改造过程中，农业合作社成为各项农业技术推广活动的载体。[1] 南宫县在初级社建立以后，以区农业技术推广站为代表的农业推广组织就已经嵌入到具体的农业生产当中来。人民公社建立

---

[1]　常明明：《农业合作化运动中农业技术改造考察》，《中国农史》2015 年第 4 期。

以后，随着"三级所有，队为基础"的农村生产资料所有制正式形成，与之相匹配的公社农业科技辅导站、大队农业科技组、生产队农业科技小组等各级农业推广组织的建立则标志着更为完善的行政型农业推广体系也正式建立起来，同时也标志着国家权力嵌入农业推广中的程度大大加深了。有学者认为，这一时期的农业生产活动把改变旧有农业生产关系放在了首位，国家政治权力的嵌入使得农村生产力处于相对边缘的状态。[①] 然而应当看到的是，国家权力嵌入型农业推广虽然存在着一些不足，但依然在农业技术改造方面取得了较大成绩，其农业推广活动也在行政指令的轨迹当中曲折前进。下面对南宫县农业合作社以及人民公社时期的国家权力嵌入型农业推广所取得的成就及其中存在的问题进行分析。

第一，良种推广。1953 年南宫县农业技术推广站成立以后，全县就开始有组织地进行传统品种的提纯复壮和新品种的引进及栽培工作，并由农业技术员负责具体的推广工作；1958 年建立县种子站，并以国营农场和农业生产合作社的留种地为推广基地进行就地繁殖，以此为基础各项农业推广工作顺利展开；1970 年各大队先后建立良种场或农事试验场，良种推广工作更加深入到基层当中。[②] 有关具体的良种推广过程，一般都是先在试验场进行试种，对不同品种的作物种子进行产量、质量等方面的比较，选出优质种子进行示范后进行规模化推广。

关于农业合作化运动时期的品种改良的相关活动（见表 2-3），主要存在以下几个特点：一是多数新品种的推广集中在 20 世纪60~70 年代。如南宫县小麦、玉米等粮食作物在 20 世纪 50 年代依然播种的是传统品种，直到 20 世纪 60 年代以后才逐渐被其他新品种所替代，粮食作物的品种改良与推广才进入了一个新的时期。二是新品种的换代较快，推广种类较多。在新中国成立初期，南

① 陆益龙：《嵌入性政治与村落经济的变迁：安徽小岗村调查》，上海人民出版社，2007。
② 河北省南宫市地方志编纂委员会编《南宫市志》，河北人民出版社，1995。

宫县的各主要作物都以传统品种为主，种类较少且换代较慢。20世纪50年代末以后各主要作物的新品种开始不断涌现出来，且整体而言在产量方面要高于传统品种。三是新品种的改良受到了当地环境的制约。以小麦为例，在20世纪70年代中后期水利条件改善之前所推广的小麦品种虽较多，但是产量增幅却不大，直到水利条件改善以后所推广的新品种才实现了较高的亩产。四是部分作物新品种的推广重产量而轻质量，导致在推广上受挫。以高粱为例，合作化时期曾推广过多种杂交种类，产量较高，但是质量却不如传统品种，导致最后所有新品种反而又被传统品种所替代。可以看出，国家权力嵌入型农业推广时期的新品种推广实际上也是喜忧参半的，如农民李XS就回忆道：

> 生产队那会儿好多大队都有自己的试验田，技术员就在里面研究什么种子更好，选出来以后再推广给老百姓。要说新种子的效果，试验出来的种子有的确实比早先种的种子产量要高，有的其实也差不到哪去，还有就是产量高点，但是质量不如传统品种好。那时候主要是耕地的条件也跟不上，缺肥料缺水，都是旱田，农民们文化（水平）也不高，真推广了有时候农民也管理不好，所以试验出来的新种子就算种上去的话也受影响。

表2-3 农业合作化运动时期农业品种改良的内容与效益

品种	品种改良的内容及效益
小麦	新中国成立初期，全县小麦品种主要是碧码1号、碧码4号和当地旱作传统品种鱼鳞白、紫草芒，亩产在20~50公斤之间；20世纪50年代末至60年代初引进新品种北京8号、石家庄54、农大311，相较于传统品种产量有一定提升，但增幅不大；20世纪60年代后期至70年代初，引进新品种衡水714、北京10号、丰产3号，产量仍有限；20世纪70年代中后期，随着水利条件的改善，引进新品种小红麦、泰山1号、泰山4号、泰山5号、泰山7号，小麦亩产量上升至70余公斤

续表

品种	品种改良的内容及效益
玉米	新中国成立初期，全县玉米品种主要是金皇后、白马牙等春播品种，产量较低，亩产一般在 50~100 公斤之间，这些品种一直沿用到 20 世纪 50 年代末；20 世纪 60 年代初引进冀综 1 号，产量有小幅度上升；1966 年引进罗马尼亚杂交种，该品种颗小棒子大，试种亩产 250 公斤以上，但因种源不足未能广泛推广。此后，以此为转折全县开始繁育、播种杂交种，先后引进胜利 105、京早 7 号、郑单 1 号等，玉米亩产量逐年上升
谷子	新中国成立初期，全县种植的主要品种有红毛衫、紫根谷、河南华农 4 号；20 世纪 60 年代初至 70 年代初，先后引进邯郸白、柳条青、宽城 21 号、胎里黄、沙井古、南宋谷、衡研 103、铁杆早、铁头碰、青到老、日本谷等。其中作为夏播品种的铁头碰和青到老因为杆矮、抗倒伏，生育期 85 天左右，成熟时期产量较高且品质较好，所以很快在全县得以推广
高粱	新中国成立初期，全县高粱种植主要为传统品种大散码，亩产 50 斤左右；20 世纪 60 年代至 70 年代，先后引进晋杂 5 号、朝阳红、反修高粱、千斤白、隆千红、原杂 10 号、原杂 12 号等杂交品种。虽然以上杂交品种产量要高些，但由于品质、经济价值不如传统品种，因此 20 世纪 70 年代末杂交品种又被传统品种所代替
棉花	清光绪十八年（1892 年）引进陆地棉，在此之前主要以中棉种植为主；1950 年引进斯字 2B 棉种，由于其产量和品质均高于传统棉花品种，因此次年开始在全县推广；20 世纪 60 年代中期引进徐州 1818 进行推广种植，并基本取代斯字 2B 棉；20 世纪 70 年代引进鲁棉 1 号，该品种丰产性能好、易管理，因此得以在全县推广，并创亩产历史最高水平
大豆	传统品种有小黄豆、大黄豆、黑豆等；20 世纪 70 年代引进冀豆 4 号等优种并在全县广泛推广，至今仍有使用
花生	传统品种有一窝猴、小花生、大花生等，亩产一般在 50 公斤左右；20 世纪 60 年代初引进伏花生，亩产一般都在 100 公斤以上
芝麻	传统品种有霸王鞭，20 世纪 60 年代引进夏播品种冀芝 1 号，产量虽高，但品质不如传统品种，改革开放以后逐渐又恢复为当地传统品种

资料来源：河北省南宫市地方志编纂委员会编《南宫市志》，河北人民出版社，1995；南宫市地方志编纂委员会编《南宫市志》，中国文史出版社，2014。

第二，农业机械化的推广。1954年河北省农业厅给南宫县下拨了两台大型拖拉机，用于支持农业合作社示范点，并建立拖拉机站，农田机械化作业正式拉开了帷幕。1957年，在河北省农业厅的大力支持下，南宫县的农业机械化水平有了显著提升，其中拖拉机的数量达到60台，同时还配备了柴油机6台，棉花播种机12部，中耕器31部，镇压器39部，圆盘耙45部，有力支援了当地的农业生产。[①] 此后，南宫县在"农业的根本出路在于机械化"的理念下开始不断提升自己的农业机械化水平，如具备一定条件的公社积极筹备和组建拖拉机站、组织技术人员推广各类机械的操作方法等。截至1982年，即南宫县家庭联产承包责任制推行前夕，全县大中型拖拉机已达到280台，合计13827马力；小型拖拉机285台，合计3216马力；农用排灌动力机械设备7307台，合计1034945马力；植物保护机械271台，合计4621马力。另外，有拖拉机的单位达到387个，其中公社所有34台，生产大队所有148台，生产队所有68台。[②] 关于当时的农业机械化情况，吴乡Z村的一名村民回忆起了当时拖拉机的使用情况：

> 记得拖拉机刚来的时候，老百姓都很新鲜，都跑过来看这机器到底是咋耕地的。结果一看，这拖拉机确实好，在田里跟长了腿一样，一会儿就把地耕好了，比人工方便多了，后来公社就开始建拖拉机站。不过那时候拖拉机还是太少，一般都是各大队的生产队先用农具、头牯（牲口）干着，如果实在忙不过来再让拖拉机站派人开拖拉机过来帮帮忙，再给人家付点费用。

第三，土壤改良工作。南宫县初级农业合作社成立以后，当地各级政府开始更加规模化地进行农田土壤的改良工作，主要包

---

① 河北省南宫市地方志编纂委员会编《南宫市志》，河北人民出版社，1995。
② 南宫县统计局编《河北省南宫县国民经济统计资料汇编（1982年）》（内部资料）。

括以下几种措施：一是防涝治碱。1953~1957年，为了防涝治碱提高土壤质量，南宫县政府开始组织农民扩挖西高村渠、西流渠等8条排水沟渠，并积极治理清凉江、西沙河等河道，使易涝面积减少了10万余亩，盐碱地减少到7.76万亩。[1] 二是增施肥料。1952年南宫县开始使用化肥，但是使用量一直不大，效果不明显。进入20世纪70年代以后，全县化肥施用量开始逐渐增加，1974年亩均施用量达到11.4公斤，较1952年的0.03公斤提高了379倍，同时化肥种类也由以往单一的氮肥向钾肥、磷肥、复合肥配合使用发展。[2] 三是秸秆还田。1975年县科委为生活之用在大石柏大队开发沼气，同时沼气所产生的残渣、残液用作肥料来保田地的肥力。1981年以后，农民在当地技术员的指导下用高温发酵法将麦秸积造成肥料，使得农家肥施用量有所增加，并提升了土壤质量。[3] 关于这一时期的土壤改良工作，很多农民对于肥料的使用印象深刻，如农民李XS回忆：

> 早先没化肥的时候，人们都是用粪便啊、草木灰啊、老房子的墙角土啊啥的做肥料，效果也不太明显。后来合作社的时候俺们村开始用化肥了，都是上垂杨那的供销社去买。那时候老百姓都不知道咋去用这化肥啊，所以技术员还得亲自下乡教大家怎么用化肥，比如每亩用多少量，怎么给庄稼追肥，你像小麦要追"返青"肥，棉花要追"盛花期"肥，玉米要追"大喇叭口期"肥。

第四，水利工程建设与农田灌溉技术的改良。南宫县自古以来就是比较缺水的地区，这也制约着南宫县农业的发展。1949年，全县水浇地仅200余亩，且基本都是菜地。1956年，随着高级农

---

[1] 河北省南宫市地方志编纂委员会编《南宫市志》，河北人民出版社，1995。
[2] 河北省南宫市地方志编纂委员会编《南宫市志》，河北人民出版社，1995。
[3] 南宫市地方志编纂委员会编《南宫市志》，中国文史出版社，2014。

业生产合作社在全县的普遍建立，有组织的大规模打砖井开发地下水的运动也随之展开，1958 年砖井眼数达到 24892 眼，浅层水得到了较好利用；1965～1973 年又兴起机井建设，深层地下水得到了一定程度的开发，农田灌溉水平也有了一定的提高。在此基础上，当地政府组织社员通过挖渠、疏通渠道等措施最大限度地利用地表水，进而扩大了浇地面积。① 这样，当地逐渐形成地表水、浅层水、深层水齐开发的态势。另外，在水利工程建设的同时，这一时期南宫县的灌溉技术也开始不断改进。如南宫县传统上采取土垄沟、大畦、大水漫灌等灌溉方法，用水量大而用水率却偏低。因此，1969 年全县在动员社员们进行平整土地的基础上，开始学习石家庄栾城县的小畦、小垄沟灌溉方法，使得亩次用水率由以往的 60% 左右上升到 75% 以上。此后，各生产大队也开始积极探索行之有效的灌溉技术，如白家庄生产大队为提高灌溉水平，首筑混凝土板衬砌防渗垄沟两公里，有效提高了用水率；刘邱村大队引进并成功改造了半硬质塑料管喷灌机，有效解决了以往输水管道易损坏、易漏的问题。②

第五，耕地的园田化管理。所谓园田化始于"大跃进"时期，就是对土地进行集中规划，将原有的小块土地整合为大方地，然后进行土地平整再划分为小畦，布设沟渠林路，并在此基础上深耕土壤、分层施肥，从而最终实现选育良种与农业的科学管理。③ 南宫县自古以来都是以旱作为主，土地也大多高低不平，土地资源的统筹规划势在必行。然而，由于传统小农经济时期乃至互助组时期生产资料为个体所有，农田的规模化治理与耕作一直无法有效开展。1958 年，随着人民公社运动的广泛开展，土地为合作社和人民公社所有，这为南宫县的园田化道路建设创造了必要的

---

① 河北省南宫市地方志编纂委员会编《南宫市志》，河北人民出版社，1995。
② 河北省南宫市地方志编纂委员会编《南宫市志》，河北人民出版社，1995。
③ 周亚：《园田化：集体化时期现代农业的规划与建设——以山西为中心的考察》，《山西大学学报（哲学社会科学版）》2013 年第 3 期。

条件。在这一年，规模化平整土地的工作正式开始，共平整土地6000余亩，但由于经验不足，效果并不明显。[1] 1956 年，时任县长王计怀带领全县各人民公社社长赴石家庄正定县学习平整土地经验，并于当年年底按照正定所学经验平整土地 4000 余亩，取得了良好的效果，同时也为后续的土地平整以及园田化建设打下了良好基础。[2] 1968 年，县革命委员会生产建设部组织农业技术干部任成志、王公轩等人前往崔村大队参与当地的园田建设，与该大队的 500 多名社员一起平整了村西的 400 余亩土地，并将其建设为高标准园田。[3] 此后，县委以试点带动全面，按照"井成排、田成方、路成线、树成行、排灌结合渠成网"的方式进行平地园田化运动。[4] 关于园田化运动时期平整土地的场景，X 村村民薛 MS 感慨道：

> 人民公社那会儿平地的时候那可是壮观，记得每年种麦前还有年底的时候，全县得有好几万壮劳力带着工具去平地，有推车的、有用铁锹掘的、有背箩筐运土的，那真是干劲儿十足。平地也不分干部还是群众，都下来劳动，你像俺们那会儿的公社书记燕春钢，是河北农业大学毕业的，一到平地的时候就背着箩筐过来，和老百姓一起劳动，给大家伙儿留下印象挺深的。后来改革开放以后分了地就没有这种组织大家伙儿一块上阵平地的事儿了，不过现在老百姓自己也养成习惯了，都自己平整土地，浇地前也都弄成小垄，就是以前那种大家伙儿一起合作平地的事儿再也看不到了。

第六，耕作制度的改良。南宫县在解放以前长期实行轮作倒

---

① 河北省南宫市地方志编纂委员会编《南宫市志》，河北人民出版社，1995。
② 河北省南宫市地方志编纂委员会编《南宫市志》，河北人民出版社，1995。
③ 河北省南宫市地方志编纂委员会编《南宫市志》，河北人民出版社，1995。
④ 河北省南宫市地方志编纂委员会编《南宫市志》，河北人民出版社，1995。

茬制，复种指数很低。新中国成立以后，南宫县开始推行复种轮
作制，通过耕作制度的变革来提高土地的利用率。表 2-4 显示了
农业合作化时期轮作制度变迁的四个阶段，可以看出，在新中国
成立初期，南宫县虽然开展了复种轮作制的推广，但是效果并不
明显。从 1958 年开始，得益于生产条件的改善以及灌溉技术的提
升，南宫县各种形式的复种轮作制才得以真正推广开来，且发展
速度十分迅猛，到 1974 年以后，一年两熟制成为全县的主要轮作
制度。关于农业合作化时期复种轮作制的推行，村里多数老人认
为这样确实提高了土地利用率，但是有些不合理的轮作方法也造
成了一些问题，如 L 村的李 MG 就认为：

> 那时候搞轮作，土地利用效率确实比以往高了不少，比
> 如播种小麦的时候油菜也一块儿播下去，收了麦子以后再种
> 玉米、高粱。但问题是粮食作物复种太多的话太消耗地力，
> 轮作倒茬还受影响，比如说一些晚秋作物成熟了但是却影响
> 了小麦的播种。还有那时候为了粮食，轮作大队还压缩棉花
> 的种植，结果棉花产量受影响不说，粮食也没种好，产量也
> 不高。但也没办法，那时候都是干部们说了算，"以粮为纲"
> 嘛。到了改革开放分了地以后，老百姓愿意种啥就种啥，就
> 开始多种棉花少种粮食，每亩地的产量才算提高了。

表 2-4 南宫县轮作制度的变化（1949~1980 年）

时期	轮作制度的变化	期间粮食复种指数
1949~1957 年	开始由一年一熟轮作制向两年三熟轮作制转变，但由于生产条件落后，加上干旱缺水等因素的限制，复种轮作制并没有得到很好的推广，多数地区的种植形式仍以"大对垄"（即平播间作）为主，一年一熟制仍占主导地位	126%

续表

时期	轮作制度的变化	期间粮食复种指数
1958~1966 年	1958 年，两年三熟制所占耕地面积超过了一年一熟制，并逐年增加。这期间又开始向一年两熟制转变，但两年三熟制仍占主导地位	143%
1967~1973 年	这一时期的耕作制度比较复杂，一年两熟和两年三熟并行且两项共占耕地面积的 59%。这一时期水利条件有所改善，为推广冬小麦创造了条件，在此基础上冬小麦与杂交玉米、杂交高粱两茬平播，使土地得到了比较充分的利用	150%
1974~1980 年	走向以一年两熟为主的时期，由于水利条件逐步改善、化肥施用量增加，全县开始推广石家庄地区的"三密一稀""七尺半一带"的小麦种植方法，为套春作物的耕作打下良好基础。同时，麦收后种夏玉米、高粱、豆子等。夏粮面积和复种面积均骤增至 50 万亩以上	178%

资料来源：南宫市地方志编纂委员会编《南宫市志》，中国文史出版社，2014。

第七，农业种植技术的改良。南宫县在解放以前种植技术比较落后，很多农民播下种子以后就很少再去精细化管理，因此管理十分粗放。解放以后，中共南宫县委曾大力推广现代农业技术，但受制于落后的生产条件、农业推广组织的不成熟等因素，效果一直不是很明显。20 世纪 70 年代以后，水利条件的改善、"生产队—生产大队—公社"三级行政型农业推广组织以及所属试验田的广泛建立，为农业种植技术的改良和推广打下了良好的基础。

1971 年，南宫县开始大力推行合理密植，通过积极改良播种农具，提高施种量和留苗密度，改变当地种植传统上"稀谷稠麦半苗子花"的留苗陈规。如夏播谷子，改过去的"一尺二寸两腿耧"为"一尺八寸三腿耧"，提高了留苗密度，使其亩施种量由以往的 0.5 公斤增长到 1.5 公斤；小麦则由以往的"一尺二寸五两腿

耧"改为"一尺二寸三腿铁管密植耧"，使其亩施种量由以往的 4
公斤增长到 10 公斤左右；棉花则由过去习惯的"七（成苗）补，
八（成苗）不补"改为十成全苗，同时推广移苗器进行补苗，以
代替 20 世纪 60 年代的幼苗移栽法，成活率普遍提高到了 95% 以
上。[1] 另外，各级农业技术员还积极推广科学的农业管理方法，改
变农民以往落后的种植习惯并提高农业产量。如高粱管理上改灌
浆期打叶为不打叶，使其成熟期提前一周左右，亩增产 5%；玉米
管理上采取隔行去雄的方法，使其成熟期提前三天，亩产量至少
增产 10%。[2] 提到当年的移苗技术，Z 村的张 FS 老人回忆道：

> 那时候大队技术员专门过来指导大家怎么移苗，还教大
> 家怎么用移苗器，大家伙儿学会以后发现用移苗的办法又方
> 便成活率又高，也就推广开了。最开始是棉花，后来就是高
> 粱、玉米，都用移苗的方法，效果都很好。后来小麦育苗的
> 时候也用过这方法，但是发现太费工，也就没再进行下去。
> 现在大家种地还都用移苗的方法，一般老百姓家里也都有移
> 苗器，又省劲儿又快，所以说公社那会儿还是给老百姓留下
> 了好法子。

第八，病虫害防治。解放以前，病虫害问题一直困扰着南宫
县的农业生产，人们对虫害没有好的治理办法，为此农民专门建
立虫王庙来祈求虫害的减少。1955 年化学农药推广以后，南宫县
的虫害问题得到有效控制，其中困扰当地已久的蝗虫也在 1957 年
基本绝迹。[3] 1957 年，垂杨昆虫研究所成立，并在试验田内进行各
种防虫实验来总结有效的防虫方法，其中该所发明的杨枝杀虫法

---

① 河北省南宫市地方志编纂委员会编《南宫市志》，河北人民出版社，1995。
② 中共南宫县委员会：《吴乡公社年报表：土地产量变化情况表》（内部资料），
　　1975。
③ 河北省南宫市地方志编纂委员会编《南宫市志》，河北人民出版社，1995。

有效防治了危害当地棉花种植已久的棉铃虫，受到中国昆虫协会的称赞并在全国推广。[①] 1958 年，南宫县与中国民航合作，首次用飞机进行喷药治虫，实现了规模化治虫。20 世纪 70 年代以后，各公社以及所属的生产大队利用建成的试验田，积极对病虫害进行观察并总结防治经验，使病虫害防治更加科学化、组织化。[②]

综上，对于国家权力嵌入型农业推广时期所取得成就的分析可以看出，随着土地及生产资料逐渐归合作社和人民公社所有，以及以行政力量为支撑的农业技术员队伍体系的建立，都为规模化、现代化农业推广活动的实现提供了物质、人力上的保障。在这一时期，南宫县的农业推广活动取得了较多的成就，在农业技术员和生产干部的努力下，农民逐渐掌握了很多科学化、现代化的农业耕作技术和管理方法，改变了以往农民由于缺乏技术而"靠天吃饭"的局面。然而，由于部分生产干部独断专行、不尊重客观规律、以行政干预生产等问题的存在，也影响了农业推广的效果，农业合作化时期的国家权力嵌入型农业推广呈现出"喜忧参半"的曲折发展态势。

四 前进中的曲折：国家权力嵌入型农业推广中所存在的文化脱嵌问题

国家权力嵌入型农业推广的特点是政治行为、政治权力和政治活动嵌入到具体的农业推广之中，使得各项农业推广活动在行政干预下按计划进行。这种形式的农业推广，其优势是可集中土地、农具、劳动力等生产资料和人力资源，为规模化的农业推广活动创造条件，解决了互助组时期由于生产资料私人所有而对土地集中规划、农业技术集中推广所造成的阻力问题。在初级农业合作社建立和运行时期，农业推广活动在各级党政部门以及合作

---

① 温广代：《对发明"杨枝诱杀法"的回忆》，载南宫市政协文史资料研究委员会编《南宫文史资料》（第五辑）（内部资料），1999。

② 河北省南宫市地方志编纂委员会编《南宫市志》，河北人民出版社，1995。

社的指导下还是有序进行的，然而步入高级农业生产合作社阶段以后，随着土地所有权正式归集体所有，党政部门以及各级生产干部对于各项农业推广活动拥有了绝对领导权，也引发了农业推广过程中由"政治挂帅"和生产干部专权所导致的文化脱嵌问题，并给农业生产造成了影响。

表2-5统计了南宫县国家权力嵌入型农业推广时期各主要种植作物的面积产量情况。可以看出，在初级农业合作社成立初期，南宫县各主要种植作物在亩产和总产量方面较之前都有所增加，并保持着相对稳定的态势。

然而1956年高级农业合作社普遍建立时期，部分主要种植作物的产量下降较大，如1956年，谷子亩产为71.8公斤，较上一年的95.4公斤减少了23.6公斤；玉米亩产为26.9公斤，较上一年的51.3公斤减少了24.4公斤。此后，南宫县的粮食播种面积虽总体上不断扩大，但主要经济作物棉花的播种面积则被挤压，各主要种植作物的亩产量和总产量也长期处于极不稳定的状态。例如，在1966~1968年间，南宫县的农业生产受到了较大影响，各主要种植作物的产量较上一年都有较大幅度的减少。以冬小麦为例，1965年其亩产为66.2公斤，1966年则减少至42.5公斤，1967年、1968年两年更是分别跌至27.9公斤、27.7公斤，成为这一时期产量最低的两年。另外，南宫重要的经济作物棉花，在20世纪60~70年代间的多数年份亩产不足20公斤。可见，国家权力嵌入型农业推广模式虽然有利于南宫县农业生产向合作化、组织化和现代化转变，但国家权力的过度嵌入也引发了当地农业生产的低效问题，反而影响了农业推广的效果。

那么，为何具有组织性、规模性的国家权力嵌入型农业推广有时却存在着低效问题呢？又是什么因素制约了这一时期农业推广的效果呢？对于这些问题学者们有着各自的解释。按照陆益龙所提出的"嵌入性政治"这一学术观点来看，政治嵌入到农业生产当中反而导致了生产资料和生产能力的破坏，同时也对正常的

表 2-5 南宫县主要种植作物面积产量统计表（1953~1982 年）

年份	冬小麦			谷子			玉米			高粱			棉花		
	播种面积（百亩）	亩产（公斤）	总产量（万公斤）	播种面积（百亩）	亩产（公斤）	总产量（万公斤）	播种面积（百亩）	亩产（公斤）	总产量（万公斤）	播种面积（百亩）	亩产（公斤）	总产量（万公斤）	播种面积（百亩）	亩产（公斤）	总产量（万公斤）
1953	1866	45.1	842	2393	49.8	1192	259	21.6	56	1104	42.8	472	4201	14.3	601
1954	2341	57.2	1338	1983	83.8	1662	347	35.2	122	775	56.8	440	4226	19.1	805
1955	1900	53.4	1014	1959	95.4	1773	363	51.3	186	649	53.0	435	4849	22.5	1091
1956	1975	66.9	1321	1806	71.8	1297	430	26.9	116	472	25.7	122	5049	20.1	1013
1957	2020	63.3	1278	1991	98.3	1957	420	40.9	122	505	59.0	198	4677	25.1	1193
1958	2835	56.3	1595	1320	70.0	924	289	44.7	119	217	55.7	103	3754	22.1	827
1959	3347	61.7	2065	1693	72.8	1233	504	45.9	231	176	70.2	124	4378	23.9	1047
1960	3567	38.2	1361	747	53.1	397	528	31.5	166	151	52.7	80	4604	14.9	683
1961	3120	30.0	936	1261	73.3	925	713	44.4	316	486	59.2	288	3117	13.3	413
1962	2910	44.3	1290	1145	71.2	965	743	50.8	378	538	49.8	268	4208	13.1	550
1963	2400	44.4	1066	1137	68.6	904	793	46.4	369	614	31.9	205	4331	15.0	648
1964	2568	41.8	1051	1163	94.1	1095	838	53.1	445	536	31.5	112	4353	17.8	778
1965	2436	66.2	1613	1302	76.0	989	754	30.8	232	447	42.8	196	4122	24.3	1000
1966	2458	42.5	1044	1753	129.5	2253	1062	113.8	1208	1235	51.4	634	2095	15.6	326
1967	2789	27.9	779	1761	107.0	1884	1123	91.4	1208	687	55.2	380	2566	13.9	358
1968	2931	27.7	810	1943	104.3	2026	990	58.2	576	672	51.9	349	2851	14.8	424

续表

年份	冬小麦			谷子			玉米			高粱			棉花		
	播种面积（百亩）	亩产（公斤）	总产量（万公斤）	播种面积（百亩）	亩产（公斤）	总产量（万公斤）	播种面积（百亩）	亩产（公斤）	总产量（万公斤）	播种面积（百亩）	亩产（公斤）	总产量（万公斤）	播种面积（百亩）	亩产（公斤）	总产量（万公斤）
1969	3205	39.2	1255	2228	139.9	3116	1041	89.3	930	827	55.6	460	2393	21.7	519
1970	3828	46.1	1756	2048	117.1	2399	1392	89.5	1246	637	50.7	323	2371	18.0	425
1971	4083	32.1	1308	2045	144.3	2950	1538	107.8	1658	453	66.1	300	2377	21.4	509
1972	4030	58.1	2340	1990	25.5	1506	1739	54.3	944	393	43.3	170	2380	11.3	269
1973	4060	42.6	1720	1760	136.1	2382	1058	67.9	1247	1953	126.2	245.4	2300	7.8	179
1974	5265	68.2	3593	770	139.0	1071	694	139.7	969	3803	131.1	4985	2313	16.6	387
1975	5257	69.2	3637	1017	125.9	1281	1825	89.6	1636	1803	72.4	1305	2311	13.9	321
1976	5312	75.4	4003	1124	116.4	1309	1650	94.9	1565	1879	78.1	1467	2006	11.9	239
1977	5211	65.5	3416	1314	122.8	1614	1740	111.7	1943	1644	90.1	1493	2001	12.2	243
1978	5300	76.9	4075	1109	130.9	1451	2277	107.5	2447	1062	74.8	795	2000	12.3	245
1979	5269	85.2	4489	1105	152.9	1689	2706	126.4	3421	556	78.2	460	2103	12.5	262
1980	5074	72.1	3657	1002	115.6	1158	2789	122.3	3412	337	70.2	237	2412	25.8	622
1981	4650	40.0	1860	1265	156.2	1975	2338	150.4	3517	229	105.9	243	2409	30.5	736
1982	4070	64.1	2611	1178	171.3	2018	2131	152.9	3259	176	97.7	172	3004	50.6	1521

数据来源：河北省南宫市地方志编纂委员会编《南宫市志》，河北人民出版社，1995；南宫县统计局编《河北省南宫县国民经济统计资料汇编》（内部资料）。

社会关系和生产秩序造成了干扰。[1] 高照明则从技术、制度与经济的关系角度出发，认为国家片面发展工业却忽视以工业扶持农业，并不断抽走农村的资本积累，造成品种改良、耕作技术改良以及农业机械化等农业推广活动的效果大打折扣。[2] 然而，笔者认为这些问题或许从文化的角度来看会有更深入的认识，即农业合作化时期某些生产干部行为不当，导致农业推广活动与当地文化日益脱嵌，并影响了农业推广的效果。具体可以归纳为以下几点。

第一，在农业推广过程中忽视地方性知识。所谓"地方性知识"是由格尔茨提出的一个概念，强调从当地的"文化脉络"当中去理解知识，并在求"异"的原则上尊重不同地方的文化及其知识体系。[3] 南宫县作为一个历史悠久的千年古县，农业文化底蕴深厚，从具体农业耕作到与之相关的风俗习惯，都有一套与当地文化相关联的知识体系。如农民在长期的探索过程中逐渐培育出当地传统品种，形成了诸如中耕等对农作物进行管理的农耕实践经验，以及前往虫王庙祈求丰产的农耕习俗等都是其地方性知识的具体呈现。然而农业合作化时期随着国家权力嵌入农业生产中的程度日益加深，当地很多地方性知识往往被冠以"落后"的标签进而成为被改造的对象，如对传统品种无差别地弃用、对传统耕作方法的忽视等，都给当地的农业生产带来了不利的影响。如一位李姓村民回忆起当时的技术推广时就说道：

> 要说合作社那会儿搞技术推广，有的确实好，但你要说问题那也真不少。就说新品种推广吧，那时候不管啥作物都搞新品种，有些新品种确实产量高些，但是品质和传统品种

---

① 陆益龙：《嵌入性政治对村落经济绩效的影响：小岗村的个案研究》，《中国人民大学学报》2006 年第 5 期。

② 高照明：《农业合作化运动评析：从技术、制度与经济的关系角度》，《江苏科技大学学报》2005 年第 1 期。

③ 巴战龙：《地方知识的本质与构造：基于乡村社区民族志研究的阐释》，《西北民族研究》2009 年第 1 期。

一比就差很多。就说高粱吧，早先种的都是当地品种"大散码"，产量虽然一般但是品质好。后来社里为了提高产量就开始推广杂交种子，什么朝阳红啊、隆千红啊、原杂 10 号啊，品种可多哩！可那些新品种除了产量高点，其他和"大散码"一比那真是不沾（不行），品质差得远了。但是人家干部说种，大家也就都种了，直到（20 世纪）80 年代那会儿大家才又改回当地品种，以前的那些杂交种也就都不种了。还有就是"大跃进"那会儿，"放卫星"也厉害，说白了就是吹牛皮、瞎指挥。就说种地吧，老百姓翻地的时候讲究中耕，天旱的时候可以松土保湿，天冷时可以通气保温，这叫"锄头上有水也有火"。可你猜那会儿队里咋搞的？干部过来说要深耕至少三尺，说这样能提高产量，好多老百姓感觉这根本就行不通，可能有啥办法，结果种的小麦差不多都绝收了。

第二，农业推广活动与乡村文化网络的脱嵌。在互助组时期，政府主导的农业推广巧妙地利用了家族、邻里等传统关系去发动农民团结起来参与到农业推广的各项活动当中。然而 1953 年初级农业合作社成立以后，生产干部的权力开始变大，通过行政手段对农业生产进行干预的事情也逐渐增多。尤其是高级农业生产合作社成立以后，党政部门对于农业技术推广有了绝对领导权，同时在管理上只按照劳力强弱进行分组劳作，而非如同互助组时期将家族、邻居等感情纽带当作可利用的关系基础去组织生产，使得农业推广过程中的合作原则带有浓厚的非人格化特点[1]，并造成了农业推广活动与乡村文化网络的脱嵌。

如薛姓村民薛 ML 认为，在互助组时期，农民对于技术是可以选择的，为了尽快让农民接受新技术，干部们常利用家族、邻里

---

[1] 弗里曼、毕克伟、赛尔登：《中国乡村，社会主义国家》，陶鹤山译，社会科学文献出版社，2002。

等传统社会关系进行新技术的推广，同时农民也会通过与自身相关的血缘、地缘、亲缘关系来相互观察、学习新技术。然而这一切在农业合作社成立以后发生了根本的改变，主要表现为农业推广越来越被政府权力所控制，他这样回忆道：

> 解放头些年搞互助组的时候土地还都是自己的，所以技术员推广新品种、新农具还得老百姓认可才沾（才行），否则东西再好老百姓不认也推广不了。记得那时候村里干部经常联络村里的"大辈儿"或者其他有威望的人一起给那些思想保守的人做工作，为了打消大家顾虑还会给大家做示范。记得俺参加的互助组当时就用了新农具，效率挺高，俺"当家的"、邻居啥的看见了就向俺们请教，也用新农具干活了。高级社成立以后，老百姓就没啥决定权了，以前村里有威望的人也都得听干部的了。

第三，农业集体化运动对于农耕结合习惯的消解。在华北农村社会，农家之间在耕作、收获等农耕作业过程中会组成各种形式的社会结合关系。[1] 在互助组时期，南宫县生产干部就曾巧妙利用群众旧有的农耕结合习惯来进行互助组的推广，进而在此基础上进行各项农业推广活动。然而，随着初级农业生产合作社的普遍建立，农业合作化运动也随之全面展开。[2] 1956 年，高级农业生产合作社的推广标志着高度集中的计划经济体制确立，同时在这一阶段，农民的土地、农具、牲口等一切生产资料全部为合作社所有。高级社建立的初衷是扩大农民在农业生产上的合作规模，便于今后更具规模的农业推广活动可以有效实施。然而，高级社发展过快过猛，且并没有考虑到农民的实际接受能力，反而造成

---

[1] 张思：《近代华北村落共同体的变迁》，商务印书馆，2005。
[2] 陈爱玉：《论我国农业合作化道路的经验与启示》，《世纪桥》2008 年第 4 期。

了很多农民"不合作"的现象，同时以往的农耕结合习惯也在农业合作化浪潮中逐渐消解，给后续农业推广活动造成了诸多不利影响。如张 DS 回忆道：

> 高级社那会儿老百姓的土地都归了合作社，好多农民都没啥干劲儿了，反正啥都是公家的了，干不干有啥区别，结果到后来都是出工不出力，"磨洋工"的特别多。记得那时候棉花到了收获的时候，也没人去及时收，浪费了好多，要是在以前大家搭伙也就干完了。还有农民之间相互学习技术的事儿也看不见了，都是干部和技术员怎么指挥就怎么干，反正庄稼收了也不是自己的，马马虎虎就算了，你说就这状态，再好的技术推广又有啥用？

综上可以看出，处于农业合作化时期的国家权力嵌入型农业推广虽然在技术革新、新品种推广等方面取得了很大进步，但是农业生产却长期处于极不稳定的状态。从文化上究其根源，那就是国家权力嵌入到农业推广当中以后，原来有利于农业生产的地方性知识、文化网络中的农耕结合关系等乡土文化却脱嵌于农业推广，从而影响了农业推广活动的实际效果，造成了农业推广的低效问题，而这些问题直到 1983 年家庭联产承包责任制在南宫县推行后才最终得以解决。

本章小结

在农业合作化时期，中共南宫县委及县人民政府在当地开展了一系列的农业推广活动，在不同阶段的合作化运动基础上所开展的农业推广活动都有不同的特点：在互助组时期，当地政府巧妙利用了文化网络中的各类关系以及农耕结合习惯，使政府组织的各项农业推广活动在"乡土人情"的保障下可以顺利、有序地展开；在农业生产合作社及人民公社时期，政治运动、政治行为以及政治权力嵌入到农业推广当中，使各项农业推广活动在"上行下效"的政令之下实现了规模化开展，然而按行政命令行事的农业推广活动忽视了农民的话语权，造成了农民在整个农业推广活动过程中处于被动的地位，也影响了农业推广活动的质量。

总体来看，高级农业生产合作社及人民公社时期农业推广的国家权力嵌入性力量最为强势，在强大的国家力量的作用下，这一时期建立了较为完备的农业推广服务体系，并促进了当地农业现代化的发展。然而，由于过于依赖行政化的推广方式，国家权力嵌入型农业推广同样也存在着生产干部独断专行、农业推广政令脱离实际等弊病，进而造成了部分农业推广活动存在着忽视地方性知识、脱离文化网络等突出问题。另外，农业合作化运动所带来的农耕结合习惯的消解也极大影响了农民的合作生产积极性，并给农业推广活动的有效开展带来了诸多不利影响，因此整个农业合作化时期的农业推广活动始终处于曲折发展的态势。1983年，随着家庭联产承包责任制在当地的普遍推行以及市场机制的引入，农业合作化时期以行政力量为主的"一元化"农业推广模式才告一段落，并开启了改革开放以来农业推广的新时代。

第三章　市场嵌入与组织多元化：改革开放以来的农业推广

在农业合作化时期，农业推广始终处于国家行政权力的管控之下，因此行政指令多、"官办"色彩浓重成为这一时期农业推广的突出特点。在这一环境下，也产生了生产干部独断专行、群众经济责任意识薄弱、工作好坏难以衡量等问题，严重影响到了农业推广的实际效果。为了突破以往体制对于农业技术推广的束缚，1983年南宫县在家庭联产承包责任制普遍推行的基础上，开始推进以往单一行政型农业推广模式向以市场为主导的多元农业推广组织合作的方向转变，当地的农业推广就此翻开了新的篇章。然而，随着商业性农业推广的蓬勃发展及市场嵌入农业推广当中的程度日益加深，以往以公益性为特点的体制性农业推广组织迅速衰落，造成了改革开放以来农业推广的结构性失衡问题，并给当地的农业社会带来了不利的影响。

第一节　改革开放以来农业推广的发展

改革开放以来南宫迎来了农业推广的市场化转型，多元化的农业推广组织体系也随之建构起来，市场嵌入农业推广的程度不断加深。在这一转型时期，农业推广的内容也呈现出日新月异的态势，同时与农业合作化时期相比较其效益也取得了较高的成就。

一 市场嵌入：改革开放以来农业推广的转型

1982 年，为了进一步推进农村集体经济的发展和完善农村社会建设，南宫县委、县政府根据 1982 年中央一号文件《全国农村工作纪要》的精神开始改变人民公社政社合一的体制，明确政社分开，乡村均建立经济联合社，实行"有统有分，统分结合"的管理体制。是年，南宫县全面推行农业生产责任制，农民逐渐拥有了除土地以外的主要生产资料，并拥有了土地的自由使用权。[①] 1983 年，中共中央印发《当前农村经济政策的若干问题》，进一步肯定了家庭联产承包责任制的作用和贡献，并明确其是"马克思主义农业合作化理论在我国实践中的新发展"。在这一精神的指引下，南宫县积极推行家庭联产承包责任制，全县 2362 个生产队普遍与 88587 户社员签订了承包合同，承包土地 8946 万亩，标志着家庭联产承包责任制在南宫县正式确立。[②] 村民薛 BG 回忆起当时的场景时说道：

> 1983 年那会儿队里给大家分了地，大队的头牲（牲口）、农具啥的都折价按人头分给大家使去了，还有队里的一些农机具有的卖了把钱分给大家了，反正意思就是以后自己种自己的地了，原先生产队向国家交的农业税也都由各家各户自己交了。分了地后有些人很高兴，感觉总算自由了，但有些人还真不适应，感觉自己在队里干了大半辈子，突然要自己干了，心里总是不踏实。但是后来上面都要求大家搞土地承包，也就都自己干了。

可见，对于家庭联产承包责任制的推行，部分早已习惯于集体生产的农民在心理上还是比较忐忑的。尤其是随着农村生产关

---

① 南宫市地方志编纂委员会编《南宫市志》，中国文史出版社，2014。
② 南宫市地方志编纂委员会编《南宫市志》，中国文史出版社，2014。

系的变革，以户为单位的生产组织由于经济实力较为薄弱、家庭
成员文化水平偏低，还面临着诸多的生产问题和技术问题。为此，
家庭联产承包责任制推行以后，在南宫县政府的鼓励和统筹下，
原条件较好且保留了大中型农机具的大队变为集体所有的生产服
务组织，为农民提供大型农机具耕播、收割、浇灌等有偿服务。
与此同时，很多具有技术优势、资金优势和大型农机具优势的个
体户在政策的允许和支持下，也开始向缺少技术和大型农机具的
农户提供有偿服务，项目包括农业技术咨询指导、农机具修配、
农资产品推销等。① 这样，随着各种有偿技术服务组织崭露头角，
标志着市场开始嵌入到农业推广当中。吴乡的一名老干部回忆起当
时的变化时说道：

> 刚开始搞家庭联产承包责任制的时候，农民虽然承包了土
> 地，有了劳动自主权，但是多数农民还是不富裕，而且也不懂
> 太多的技术，要是完全靠农民自己去干也是有困难的。所以乡
> 里虽然把地承包出去了，拖拉机站啥的也都散伙了，但还是
> 保留技术员为农民提供方便，也认可有些经济基础和技术条
> 件的农户给老百姓提供一些有偿服务，这样既能让一部分人
> 致富，又能让大家伙儿得到帮助，也算一举两得了。

1984 年，农业部颁布《农业技术承包责任制试行条例》，明确
提出"改变过去单纯依靠行政手段推广农业技术的办法，引入农
业技术承包责任制，克服农业技术推广过程中吃'大锅饭'的弊
端"。② 在这一政策的影响下，南宫县政府引入市场机制，不同部
门之间在农业推广方面也积极开展合作，将当地的农业推广带入
了一个新的时期。1989 年，南宫市开展各项有偿技术承包服务，

---

① 河北省南宫市地方志编纂委员会编《南宫市志》，河北人民出版社，1995。
② 陈新忠：《多元化农业技术推广服务体系建设研究》，科学出版社，2014。

农技承包的费用一般以前三年的平均产量为基数，按照增产增收的幅度来确定，一般为增产增收部分的 2%~3%。在这一合作基础之上，当年共组织 123 名农业技术员承包了 16 个乡镇 1.2 万户农户的技术服务工作，内容涉及新品种推广、防虫治虫、施肥新技术等。至 1991 年，南宫全市共建立了 1600 多个各类农业技术服务组织，① 有力推动了当地农业推广的市场化转型。

1993 年，南宫市农资市场全面开放，在各级政府的支持下，企业、科研单位、高校以及个体户等都更加主动地参与到有偿农业推广当中，多元化农业推广体系日趋成熟。在具体的农业推广营销过程中，多元农业推广组织在市场利益的驱动下积极与农民进行互动，尤其是企业、个体户等直接进行农资产品推销的经营主体，为了便于推销农资产品更是积极开展各类商业性农业推广活动，以便实现自身的盈利。当时一些公司在销售棉花新品种的同时还负责配套服务，经常派技术员到田间地头指导农民如何使用专用化肥和新农药等配套技术。而进行农资销售的个体户则积极"下乡"，向农民介绍并推广各类农资产品。一时间，市场主导的农业推广活动开始渗透在乡村的田间地头里。关于这一点，吴乡一名老干部回忆起当时农资市场的迅猛发展时感慨道：

> 家庭联产承包责任制推行以后，原来公社、大队的试验场、农技站啥的也就都慢慢解散了，再加上乡镇财政短缺的问题，那些公益性的农业推广也就成了包袱，越来越不受重视。这么一来，老百姓也就只能依靠市场了。你像农资商店吧，这在改革开放以前可是搞资产阶级啊，根本就看不到，可改革开放以后差不多每个大点的村都有几家农资商店了。还有就是好多企业也都专门下乡推销他们的农资商品，各种各样的化肥、种子啥都有，别说老百姓，就是我们这些以前

---

① 南宫市地方志编纂委员会编《南宫市志》，中国文史出版社，2014。

经常搞技术推广的干部们也是眼花缭乱的。

在农业推广的市场化转型下，政府也由以往农业合作化时期的农业推广指挥者转变为服务者。尤其是 2000 年以后，随着招商引资成为评定乡镇政府政绩的重要指标之一，乡镇政府开始通过各种途径吸引各种类型的经营主体参与到农业推广中来。2001 年，南宫市乡镇一级政府设立农业综合服务中心，具体接待和服务各类农业推广经营主体，同时也标志着以市场嵌入为特点的农业推广体系在当地日趋成熟起来。一位吴乡在职干部在谈及政府与不同类型非政府农业推广组织的关系时说道：

> 实际上现在公益性的农业推广活动已经很少见了，而且乡镇有经验的农业技术员也越来越少了，所以需要企业、科研单位还有个体户参与到农业推广中来，这样才能解决老百姓农业生产中的实际需求。我们乡政府就积极鼓励各类农业推广经营方来我们乡投资，项目开展了既能帮老百姓致富，又能让老百姓见识和学习到新技术。比如乡里投资的中国农业大学矮化鸡育种项目，就和中国农业大学的教授签订了合同，让他们进行专业的技术指导；乡里的错季品种桃树的推广种植，由负责桃树种植的合作社专门请技术员来进行指导。我们乡政府则为他们的项目提供各种便利，协助项目的实施和管理，让项目能更好地在乡里落实。

从改革开放以来农业推广发展的历程来看，随着乡村基层政府职能的转变以及农资市场的蓬勃发展，市场嵌入农业推广的程度愈来愈深，农民对于农业推广的选择范围也越来越大。其中，各类有偿服务农业推广组织的出现，很大程度上满足了家庭联产承包责任制推行以来个体农民家庭对于技术的需求。在商业性农业推广力量的推动下，农民更为便利地获得了各项农业生产资料，同时为了提高个别劳动生产率以获取更高的利润，农业生产经营主体也竞相采用农业创新的最新成果，反过来也促进了多元农业推广组织的发展与农业推广的市场化转型。因此，"市场嵌入"与"组织多元化"成为改革开放以来农业推广的新趋势。

二　权力的交错：改革开放以来多元的农业推广组织体系

高启杰等学者认为，在计划经济时代，我国农业推广组织体系具有典型的"一元化多线型"特征，即以政府设置的农业推广机构为主，其他非政府形式的农业推广组织必须服从于行政型农业推广机构的安排和指挥。直到 20 世纪 90 年代以后，随着"我国农业技术推广体系市场化改革的深入，原有的一元化多线型技术推广体系才逐渐向多元化的新型农业技术推广体系转变"。[1] 从改革开放以来南宫市的农业推广发展历程来看，1993 年农资市场全面开放以后，越来越多的组织和机构参与到了乡村农业推广活动当中，使当地的农业推广组织日益多元化，不同农业推广组织为了实现各自的利益而在合作的过程中相互博弈，各方农业推广组织的互动也呈现出农业推广进程中不同权力的交错。这里，笔者以吴乡自改革开放以来所形成的多元农业推广组织体系为例，对不同农业推广组织[2]的特点以及它们之间的互动状况进行描述和分析。

（1）行政型农业推广组织

在农业合作化时期，吴乡有一套较为完善的行政型农业推广组织体系，其中吴乡公社设有农业科技辅导站，各大队均建立农

----

[1]　高启杰、姚云浩、马力：《多元农业技术推广组织合作的动力机制》，《华南农业大学学报（社会科学版）》2015 年第 1 期。

[2]　中国农业大学教授高启杰曾对农业推广组织的类型进行过具体归纳，具体参见高启杰《农业推广组织创新研究》，社会科学文献出版社，2009。笔者根据吴乡的实际情况参考借用了其中的组织名称及概念。

业科技辅导组，并配有专门的农业技术员来对农民进行指导。改革开放以后，以前的行政型农业推广组织逐渐解体，而现在吴乡的农业推广工作主要由乡政府所辖的农业经济办公室来负责，其农业推广工作内容主要包括：农业发展规划、农业产业开发和建设、农技推广、农机管理、动植物防疫工作等。从组织结构上来看，农业经济办公室设有组长一人，副组长两人，组员八人，所有成员作为包村干部都要在与当地农村干部合作的基础上，负责2~4个村落的农业推广工作。关于农业经济办公室的日常农业推广工作情况，担任组长的马 XL 说道：

> 现在我们这个办公室比较重视的工作就是招商引资，尤其对一些比较有实力的涉农企业我们都是很欢迎的，毕竟很多农业发展方面的资金、技术问题还是得有企业的投入才能解决。不过因为老百姓的文化水平有限，所以企业在搞推广的时候，我们也要下村去联络各村干部，一起去帮助村民了解并接受企业提供的新品种、新技术。另外，我们还要负责定期发放一些与农业技术相关的手册给农民，让他们及时了解一些必要的农业技术知识。

（2）企业型农业推广组织

企业型农业推广组织是吴乡最为重要的农业推广力量，主要以涉农企业所设置的农业推广机构为主，主要工作内容就是为其所推广的农业项目提供基础设施建设、宣传以及其他相应的服务。如吴乡政府于 2016 年开展的"智慧桃园项目"，就委托了不同的公司为这一项目提供相关的技术服务，有效推进了该农业项目的顺利开展。其中在优质桃繁育实验基地方面，当地政府就委托山东一家温室工程有限公司设计智能温室 1 座，智能暖棚 4 个，用以培育优质错季桃树。另外，当地政府还委托青岛一家信息科技股份有限公司提供技术支持，建设物联网云平台，使项目具备园区安全、科学管理的环境，以及专家在线、电子商务和历史追溯等现代化管理功能。关于企业型农业推广组织的作用，吴乡副乡长感叹道：

> 现在如果没有企业的投资，很多农业推广项目真的就搞不起来。就拿这两年乡里搞的错季桃树种植项目来说吧，桃树品种都是从山东引进来的，种植管理都需要专业知识，乡里又缺少懂这方面技术的人才，所以只能依靠有相关经验的企业过来提供技术服务，这样才能使项目顺利开展下去。其实现在乡里的很多其他项目也都是走"企业+农户"的模式，一般就是企业提供种子、农资、技术、市场销售等生产要素，统一管理和销售，然后农户提供土地、劳动力、田间运输。这样老百姓在企业的投入和帮助下，才能掌握新品种的种植。

（3）科研型农业推广组织

科研型农业推广组织是除企业型农业推广组织以外，吴乡的另一股重要的农业推广力量，主要包括以大学、科研机构为代表的农业推广组织。如吴乡2016年启动的"矮化种鸡繁育基地项目"就是由中国农业大学教授带领的科研团队负责相关专业技术指导的，同时还在该乡的L村建设了中国农业大学矮化鸡孵化实验基地，专门作为这一科研团队的研究场所。另外，在H村错季种植项目当中，吴乡积极与山东F县果业管理局合作，邀请并聘用了果树专家徐明举团队来为这一项目提供技术服务，使该项目得以顺利开展。关于科研型农业推广组织的作用，该乡农业经济办公室的一名科员说道：

> 现在农村最大的问题就是缺少有知识、有文化的技术人才，像很多科技含量较高的农业新品种的种植和管理，单靠农民自己盲目地摸索肯定行不通，必须要有专门懂这方面的能人过来指导才行。就像现在乡里来的徐专家，他的讲座我

就听过，怎么种树啊怎么管理啊啥的，人家讲得头头是道，现在乡里的桃树种植项目的技术问题让这个大专家负责，我们乡里也放心了很多。

（4）自助型农业推广组织

自助型农业推广组织是一类以会员合作行动为基础形成的组织机构。① 在吴乡，自助型农业推广组织与乡村文化网络存在着密切的联系，主要表现为农民之间的合作主要依靠家族、邻里等传统组织或人际关系，如 H 村以运营桃树种植为主的村办集体企业就是吴乡较为典型的自助型农业推广组织。在项目组织管理方式方面，该村办集体企业主要采取土地、技术、劳动力、管理分别占股的方式，鼓励村民积极参与到项目中来。在项目运营管理方面，则由村委会统筹管理，并挑选本村入股村民组成管理小组负责项目的具体实施。由于 H 村属于家族势力比较强大的村落，因此实际上这一村办集体企业的组织成员同样也属于该村某一家族的成员，从而使当地的自助型农业推广组织带有浓厚的乡土色彩。关于当地的村办集体企业情况，该村的包村干部说道：

> 现在搞新品种的推广，一方面需要企业和科研单位提供资金和技术，另一方面就需要发动村里的干部和党员去做老百姓的工作，让他们知道新品种的好处，而后一项工作有时会更重要一些。H 村搞的桃树种植就是村委会具体管理的，在初期的运作方面也是靠村主任、村支书还有其他本村党员去发动其他村民入股的，因为都是一个村的，不是"当家的"就是邻居，所以工作还是要好做一些。现在已经流转了 223 亩的土地，全都种上了露地桃，现在该村正在做土地预流转工作，以后全村的土地都会种上桃树，搞成蜜桃观光园。

---

① 高启杰：《农业推广组织创新研究》，社会科学文献出版社，2009。

综上所述，改革开放以来吴乡出现了不同性质的农业推广组织，同时各组织之间相互合作，共同促进了各类农业推广活动的有效开展。另外，从不同农业推广组织之间的合作还可以看到农业推广过程中不同权力之间的交错，如企业、科研机构等非政府型农业推广组织若想在乡村开展农业推广项目，必须得到以当地政府为代表的行政型农业推广组织的认可和支持才能实现运作。同时，基层行政型农业推广组织缺少相关的技术和管理人员，因此很多时候又依赖于企业型农业推广组织、科研型农业推广组织所提供的专业技术和知识。在农业推广项目"上马"的时候，还需要依托以文化网络力量为基础的自助型农业推广组织，通过其组织内部的关系运作来达到农业推广的最终目的。具体到前文所述的 H 村桃树种植项目来看，项目的引进和推广离不开乡政府农业经济办公室与涉农企业、科研团体之间的互动与合作，而村民入股合作形成的村办集体企业也为项目的运作管理提供了组织载体。因此，多元农业推广组织互动过程中权力的相互交错成为改革开放以来农业推广的一个显著特点。

三　日新月异：改革开放以来农业推广的内容及效益

改革开放以来市场嵌入型农业推广活动的蓬勃发展，促使很多企业、科研单位、高校等积极投身于农资产品和农业技术的研发、推广之中，经营农资产品的个体户也不断增加，使得农业推广活动涉及的范围更加广泛，内容也更为丰富。关于改革开放以来农业推广模式的变化，吴乡的一名领导用了"日新月异"来形容其发展速度之快。那么，市场嵌入型农业推广又给农民带来了哪些实际效益呢？根据笔者的访谈，农民们认为给他们带来的变化可以归纳为以下几点。

（一）农资产品日益丰富

早在 1993 年农资市场全面开放之前，南宫县就已经有村集体、个体户等经营主体进行不挂牌的农资产品销售了。农资市场全面开放以后，各类农资商店如雨后春笋一般在很多村落的街头冒了出来，销售种子、化肥、农药、地膜等农资产品，极大满足了农民的生产需求。在笔者驻扎的总人口 1500 余人的 X 村，就有四家农资商店分布在村落的不同角落之中，其中一名从事农资产品销售多年的薛老板在与笔者的交谈中提到，农资市场全面开放以后，农资产品的更新换代很快，如"全杀"农药、抗虫棉、化肥等农资产品都有效促进了当地的农业生产，他讲道：

> 我这个农资店是（20 世纪）90 年代初开的，对于农资产品的发展，我的感觉就是品种越来越多，也越来越方便了。就说农药吧，以前打药需要根据害虫的种类来配药，也就是得买好几种药才能把各种各样的害虫全杀死。比如棉花，棉蚜虫得用"1509"，棉铃虫就得用杀灭聚酯，麻烦不说，而且都是剧毒农药，对人体有伤害，经常发生农民打药中毒的事儿。后来有了对付所有害虫的农药"全杀"，既安全又能把所有害虫都杀死，也就方便多了。再比如抗虫棉，老早以前的棉花不抗虫，所以常招棉铃虫，种上棉花以后要打好几回药，就这样也不能把虫子全打完。后来 1997 年那会儿从美国引进了抗虫棉"33B"，这状况才算改变了。后来好多种子公司留了种子专门研究怎么生产抗虫棉，这样慢慢地销售抗虫棉种子的公司就多了起来，抗虫棉也就广泛种植了。还有就是化肥，我开店那会儿氮磷肥、钾肥、锌肥等各类型的化肥都有售了，因为农民施用量较大，所以卖得也很好。后来农业局还派技术员专门到地里取样土化验，根据土壤情况制定配方，然后让 BB 肥厂按配方生产专用肥，效果就更加明显了。

随着更多品质优良的种子、化肥、农药、地膜等农资产品的不断普及，南宫县（市）的农业生产也有了较大提高。如图 3-1

所示，改革开放初期的 1980 年，南宫县小麦、玉米、棉花、谷子等当地主要作物的亩产分别仅为 72.1 公斤、122.3 公斤、25.8 公斤、115.6 公斤；2015 年，以上各主要作物的亩产则分别达到 587.5 公斤、800.0 公斤、305.0 公斤、438.0 公斤。从亩产增长倍数来看，三十年的时间里各主要作物的亩产分别提高了 8.1 倍、6.5 倍、11.8 倍、3.8 倍，农业增产较为明显。

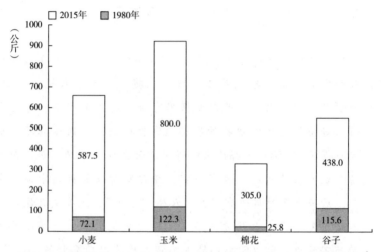

图 3-1　1980 年、2015 年南宫县（市）各主要种植作物的亩产

数据来源：河北省南宫市地方志编纂委员会编《南宫市志》，河北人民出版社，1995；南宫县统计局编《河北省南宫县国民经济统计资料汇编（2015）》（内部资料）。

（二）农业机械化的普及

在农业合作化时期，大中型农机具都由专门的农机站统一管理，使用时只能以生产队为单位进行租用。家庭联产承包责任制推行以后，由于各乡镇的农机站相继解散，农户需要机械化耕作只能向个体户或者从事有偿服务的村集体租用。20 世纪 90 年代以后，随着农民生产生活水平的不断提升，不少具有一定经济实力的农户开始自己购买农机具供家庭生产使用，农机具的种类和数量才逐渐增多，农业机械化水平也进而得以提高。

表 3-1 统计了自 1980 年以来，南宫县（市）的农业机械化发展情况。数据显示，南宫县（市）农业机械总动力的千瓦数呈递增趋势。2015 年，南宫市的农用运输车、农用排灌机械、植保机械等农业机械的数量较五年前虽有所下降，但农业机械总动力有所增长，达 891831 千瓦，较 2010 年多出了 40929 千瓦。同时，相较于 1980 年改革开放初期，2015 年南宫市的农业机械发展速度也是惊人的。以拖拉机为例，2015 年全县共有 20564 台，较 1980 年增加了 36.8 倍；农用排灌机械 2015 年为 31900 台，较 1980 年增加了 4.4 倍。在农业机械总动力方面，2015 年的数值为 891831 千瓦，比 1980 年提高了 7.4 倍。有关农业机械化的普及，一位张姓农民回忆起他购买拖拉机时的情形以及本村农业机械化发展的状况：

> 其实在俺们村，（20 世纪）90 年代那会儿还有不少农户用头牯（牲口）耕地，你像俺们家那时候就有一头牛。后来村里有些人买了拖拉机，耕地一下子就快了，你像牛这种大头牯，一晌午也就耕个两亩地，但是拖拉机就能耕十几亩，比牛效率高多了。而且像农村盖房子拉砖、运东西啥的，用拖拉机也方便很多，所以那时候家里就合计怎么着也得自己买一台。记得是 2002 年那会儿，家里拿攒的一些钱去南宫市买了一台拖拉机，花了得有一万来块钱，那时候俺们家一年也就挣个三千来块钱啊，所以说拖拉机对一般农户来说还是贵得很。

表 3-1 南宫县（市）农业机械化发展情况（1980~2015）

年份\种类	拖拉机（台）	农用运输车（辆）	农用排灌机械（台）	植保机械（台）	农业机械总动力（千瓦）
1980	559	19	7260	263	120103
1985	1316	130	11477	320	190599

续表

年份 \ 种类	拖拉机（台）	农用运输车（辆）	农用排灌机械（台）	植保机械（台）	农业机械总动力（千瓦）
1990	3153	160	20550	1809	231808
1995	4534	1603	20333	14155	287942
2000	9232	10318	25345	19704	504558
2005	13568	13995	27957	33698	650686
2010	18343	17295	33559	53488	850902
2015	20564	15300	31900	52600	891831

数据来源：南宫县统计局编《河北省南宫县国民经济统计资料汇编（1980~2015）》（内部资料）。

（三）机井建设与管理

在农业合作化时期，农业灌溉一直是困扰南宫县农业生产的瓶颈。虽然在 20 世纪 50 年代南宫县曾组织过大规模的"打井运动"，但由于所打的多为砖井，水层较浅，仍不能满足全县的农业灌溉需要。到 1979 年，南宫全县的砖井虽然达到了 1.5 万眼，但旱地仍占到了耕地总面积的 56.0%。[1] 1980 年，由于砖井水位下降幅度较大、部分砖井荒废等问题日益凸显，当地政府开始大力倡导钻打机井，当年就打浅井 4471 眼，深井 842 眼，此后砖井逐渐消失，机井数量逐年增加。[2] 至 2015 年，南宫全市的机井就达到了 7131 眼，其中深井就占 4718 眼。[3]

在机井管理上，家庭联产承包责任制推行以后，机井均由集体统一管理，多数实行单井责任承包制，少数实行多井单户或联户承包责任制。各农户在灌溉以后，按照电表度数向本村会计或电工直接缴付灌溉耗电费用，然后再上缴给浇地公司。若为联户

---

[1] 南宫县统计局编《河北省南宫县国民经济统计资料汇编》（内部资料）。
[2] 南宫市地方志编纂委员会编《南宫市志》，中国文史出版社，2014。
[3] 南宫县统计局编《河北省南宫县国民经济统计资料汇编》（内部资料）。

共用，则每月月底前由联户组组长把本组浇地户所耗电量费用收齐交给电工。① 机井的建设以及相关管理模式的推广，极大改善了当地的灌溉情况。1996 年，南宫市的水浇地面积首次超过了旱地面积；2015 年，全市水浇地面积达 892950 亩，占全市耕地总面积的 95.5%。② 谈及当地灌溉技术的变迁，从事农耕劳动多年的张 MQ 老人说道：

> 公社那会儿用的都是砖井，那个得用人和头牯（牲口）提水，浇个菜园子还行，要是浇大片庄稼就不行了。后来又打了浅机井，浇水的范围才扩大了些，但是离井远的地方还是浇不到。到了（20 世纪）80 年代以后，深水井才开始慢慢多了起来，浇地也越来越方便了。到现在就是抄电表交费，各户浇各户的，水也管够，再也不像以前那样缺水搞得庄稼长不好了。

（四）农业新技术的推广

在家庭联产承包责任制推行之前，农业新技术的推广主要由行政型农业推广组织来完成，在此之后，政府、企业、科研单位等多元农业推广组织都参与到农业新技术的研发和推广当中，并取得了很多成果，提升了农业生产效率。例如，20 世纪 80 年代末开始推广棉田地膜覆盖技术，使得棉花生育期提前了一个月，有效提高了棉花的品质和产量。与此同时，地膜还广泛用于蔬菜种植，如以西葫芦、茄子为主的地膜菜发展迅速，在产量最高的2004 年曾达到种植 1.5 万亩，总产 3.5 万吨。20 世纪 90 年代，以"棉+X"为模式的棉田间作技术在南宫市广泛推广，形成了"棉花+西瓜""棉花+土豆"等间作模式，有效提高了土地利用率。③

---

① 南宫市地方志编纂委员会编《南宫市志》，中国文史出版社，2014。
② 南宫县统计局编《河北省南宫县国民经济统计资料汇编》（内部资料）。
③ 南宫市地方志编纂委员会编《南宫市志》，中国文史出版社，2014。

此外，棉花简化管理技术、滴灌技术、无公害蔬菜技术等农业新技术在20世纪90年代也开始推广，并取得了一些成效。^① 在谈及当前各式各样的农业新技术推广时，一名乡镇老干部认为现在的农业技术推广活动很多都带有较为浓厚的商业气息，关于这一点他说道：

> 农业合作化那会儿农业推广活动都归公家管，上边教啥底下就干啥。改革开放以后就不同了，政府办的试验场、农技站啥的都没了，好多干部也都不怎么懂农业技术，只能依靠企业啊、科研单位啊一类的组织来传播新技术了。一般来说，企业推销他们的农资产品，也都有自己的配套技术，所以他们在推销产品的时候也负责进行技术宣传，好让农民尝到甜头，然后增加自己的销量。当然光靠企业自己也不行，毕竟现在好多农民对于新技术的采用还是比较谨慎的，所以经常就有一些企业、科研单位找上门，就希望乡政府牵线搭桥，好推广他们的农资产品和配套技术。

（五）蔬菜瓜果等新种植作物的推广

在农业合作化时期，南宫县主要种植小麦、高粱、棉花等大田作物，其他经济作物种植较少，而且品种也很有限。20世纪80年代中后期，南宫县（市）开始积极引进以蔬菜瓜果为主的新种植作物，以优化当地的种植结构。如1986年，南宫市开始在大高村、凤岗、北胡、西丁、垂杨等乡镇推广食用菌棚栽培技术，并成立新业食品有限公司来进行食用菌产品的经营运作，先后引进平菇、姬菇、黑木耳等新品种，有效提高了当地农民的收入；^② 20

---

① 相关信息由吴乡政府经济办公室提供。
② 南宫市地方志编纂委员会编《南宫市志》，中国文史出版社，2014。

世纪90年代中期，北胡、西丁、凤岗三个办事处又联合办起了集体企业南宫市绿海农夫产品生产中心，引进无公害韭菜等品种进行推广；2000年，南宫市又引进芦笋种植，首先在明化镇推广种植，此后又逐渐扩展到周边乡镇，不仅提高了农民收入，还有效利用了沙荒地资源。此外，南宫市以往种植较少的辣椒、韭菜、瓜类等经济作物，自20世纪90年代起也得到了广泛推广。[①]

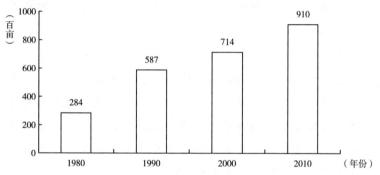

**图3-2　1980年、1990年、2000年、2010年南宫县（市）
蔬菜瓜果的播种面积**

数据来源：南宫县统计局编《河北省南宫县国民经济统计资料汇编》（内部资料）。

图3-2统计了1980年以来每隔十年一统计的南宫县（市）蔬菜瓜果播种面积的变化，可以看出每一时期的蔬菜瓜果播种面积都有较大幅度的增加。1980年南宫县蔬菜瓜果的播种面积为284百亩，到1990年推广面积则达到了587百亩，扩大了一倍多；2000年、2010年蔬菜瓜果的种植面积分别达到了714百亩和910百亩，相较1980年分别扩大了2.5倍和3.2倍。可见，南宫县（市）以蔬菜瓜果为主的新种植作物推广发展较为迅速。

然而，新种植作物虽然发展较快，且新种植作物的收益要高于大田作物，但整体而言南宫市依然以棉花、小麦等传统大田作

---

① 南宫市地方志编纂委员会编《南宫市志》，中国文史出版社，2014。

物种植为主，很多农民对于新种植作物的推广种植仍持有观望态度。关于这一问题，一名近年开始从事辣椒种植的农民道出了其中的一些原委：

> 记得在（20世纪）90年代那会儿，就有好多新种植作物推广了，像韭菜、芦笋啥的。虽然这些新作物比较挣钱些，但是和老百姓习惯种植的棉花、玉米、小麦相比，种植的农户还是少很多，种植面积上也比不上。这主要因为农民最担心销路问题，你像棉花、玉米、小麦啥的，种的人多，所以也有专人收，况且那些东西一时半会儿收不了也不会坏。但是像蔬菜瓜果一类的，要是没人收，销路出了问题，没几天就变质全砸自己手里了，俺们村以前就出现过有人种桃子结果人家毁单造成损失的。还有一点就是太累，你像我种辣椒的，比以前种小麦、玉米要费不少工，又脏又累，年轻人宁可出去打工也不愿意干这个。

综上，从改革开放以来市场嵌入型农业推广的效益可以看出，自家庭联产承包责任制推行以后，以营利为目的的商业性农业推广组织开始积极介入农业生产当中，并主动与当地政府和农民们打交道。毋庸置疑，市场的嵌入使得农业推广充满了活力，极大满足了农民的生产所需，提高了当地的农业生产效率。然而，应当看到的是，在商业性农业推广活动蓬勃发展的同时，曾经处于主导地位的公益性农业推广却日渐凋零了。

第二节　公益性式微与营利性凸显：
农业推广的结构性失衡

改革开放以来商业性农业推广虽然取得了较大成就，但体制性农业推广的衰落导致当前农业推广体系依然存在着较大的结构性失衡问题，即农业推广呈现出公益性式微与营利性凸显的二元格局①，并给当地农业社会的发展带来了诸多不利影响。

一 公益性式微：体制性农业推广的衰落

自新中国成立以来，我国农业推广体系建设和推广路线经历了两次重大改变，即农业合作化时期的国家供给和改革开放以来的逐步市场化。② 在南宫市，自家庭联产承包责任制推行以来，农业生产的资本化、市场化程度不断加深，越来越多的商业性农业推广组织也如雨后春笋一般涌现出来，极大满足了农村家庭的生产需求。然而相比之下，在农业合作化时期建立的体制性农业推广体系却日益衰败，主要表现为 1983 年以后，南宫县许多公益性农业推广组织或机构开始解体，极大削弱了公益性农业推广的实力。尤其是 1991 年中共中央颁布文件提出农业技术推广市场化的相关决定以后，南宫市农业推广机构的经费被大幅度削减，很多农业技术员也纷纷离岗，基层农技体系呈现"线断、人散、网破"的局面③，而这也导致了日后公益性农业推广的长期低迷，并给当地的农业发展带来了诸多不利的影响。

笔者在吴乡的田野调查中发现，无论是传统的大田作物，还是后来引进的新作物，农民对于作物生产所需的技术都有迫切的需求，尤其是一些技术含量较高的经济作物，更需要专人进行相应的指导才能确保种植成功。然而，由于 20 世纪 90 年代农技体系的"断奶"改革，很多农民根本无法有效地得到公益性农业推广

---

① 关于改革开放以来农业推广存在的结构性问题，有其他学者从农技推广的角度进行过分析和研究，具体参见《中国农业技术推广体制改革研究》课题组《中国农技推广：现状、问题及解决对策》，《管理世界》2004 年第 5 期；冯小：《公益悬浮与商业下沉：基层农技服务供给结构的变迁》，《西北农林科技大学学报（社会科学版）》2017 年第 3 期。

② 冯小：《公益悬浮与商业下沉：基层农技服务供给结构的变迁》，《西北农林科技大学学报（社会科学版）》2017 年第 3 期。

③ 周曙光、吴沛良、赵西华：《市场经济条件下多元化农技推广体系建设》，《中国农村经济》2003 年第 4 期。

组织的技术支持。因此，"早就没有干部下乡指导了""都是各种
各的地，有问题都得自己想法子去"成为广大小农对20世纪90
年代以后农业推广窘境的直观感受，如一位从事种植业多年的老
人就抱怨道：

> 生产队那会儿经常有技术员专门过来指导大家，农民有
> 啥问题也可以向技术员反映。可现在呢？哪看得见乡里派过
> 人指导大家怎么把地种好？都撒手不管了。刚分地（家庭联
> 产承包责任制推行以后）头些年还好，还能看见技术员帮老
> 百姓办些事，可之后再也见不着了，到现在乡里谁是管农业
> 技术的干部咱也压根儿就不知道！

在吴乡，虽然当地政府专门设有农业经济办公室来具体负责全
乡的农业推广工作，但由于该部门并非专业的农技推广部门，加之
其组织内部缺少专业型农业技术人才、成员工作职能不明确等原因，
其在农技推广方面所发挥的作用十分有限，多数时候其所扮演的农
业推广角色都是在为其他非政府农业推广组织提供服务和帮助。关
于当前体制性农业推广衰败的表现，主要有以下几个方面。

首先，基层政府对于公益性农业推广的漠视。农技体系市场
化改革以后，基层政府把原有的公益性农技服务部门视为负担，
为了节省财政开支，往往削减甚至停拨其经费；同时，亦有乡镇
通过专职岗位安排冗员、部门合并等方式不断削减公益性农业推
广部门的职能。如吴乡政府一位管理农村经济的干部说道：

> 说到公益性农业推广缺失，这确实是现在大多数农村的
> 一个问题。我记得1996年乡里开始"定编、定岗"的时候，
> 与农技推广相关的岗位实际上就被砍掉了。现在名义上管农
> 技推广的部门就是乡里的农业经济办公室，但也就是给村里发
> 放一些农技科普资料啥的，其他就没啥了。因为经济办公室负

责的面太多，像招商引资啊、乡镇企业监督啊啥的，都很忙而且也很重要，所以像农技推广一类的工作就被忽视掉了。

其次，基层行政型农业推广组织的人才匮乏。随着公益性农业推广的日益弱化，基层农业技术人员的发展空间受到了极大的挤压，很多原有的农业技术干部甚至转岗进行其他非技术性的行政工作。另外，后续的农业技术人员培养也没有跟上，很多掌管农业工作的干部却不懂农业技术的现象也比较普遍。对于这一问题，一名乡政府的老干部无奈地说道：

> 在搞合作化的时候，每个公社和大队基本上都有技术员，各项农业技术推广工作也能得到保障。可是现在乡里懂技术的干部又有几个？还有就是现在的大学生毕业后好多（人）考到乡镇工作，有的还在农业部门里，可他们好多（人）连地都没下过，你还能指望他们能给老百姓干点什么事儿？说白了，吸引人才还得看待遇，但是真有技术、有能力的谁会来咱这穷乡僻壤的。

最后，农技干部专职工作全职化。主要表现为虽然乡镇一级的农业机构和农业干部都有其自身的行政或事业编制，但其负责的农业工作往往会被其他行政工作所挤兑，根本无法从事本职工作。[①] 这一现象在南宫市的乡镇较为普遍，如吴乡的农业经济办公室名义上有一名主管农技服务的干部，但是他坦言自己干得最多的反而是其他行政工作，而非自己的本职工作。他说道：

> 虽然我在乡里是掌管农技服务工作的，但是平时其他工

---

① 《中国农业技术推广体制改革研究》课题组：《中国的农技推广：现状、问题及解决对策》，《管理世界》2004 年第 5 期。

作也脱不开身。别的不说，就说环保工作吧，每年都要亲自下去排查小作坊，甚至还要连夜蹲点，一搞最少也得十天半个月，临近冬天那就基本上都忙活这个了，压力大得很。毕竟乡里不比市里，有专门的岗位就专门干岗位上的事，乡里的干部是甭管啥岗位，只要上面有任务下达就都得去干，像环保就是全乡干部出动，所以也没办法。

因此，从以上几个方面来看，改革开放以来的农业推广无论在组织上还是在内容上，均显现出公益性农业推广资源日益远离农民、远离农业，导致体制性农业推广力量在实际的农技传播方面日渐式微。

二　营利性凸显：商业性农业推广的快速发展

改革开放以来，因体制性农业推广的"断奶"改革，政府公益性农业推广组织在专业人才匮乏的局面下，很难再在农业技术创新与传播方面发挥更多的实质性作用，故乡政府通常将农技推广的任务委托给其他商业性农业推广组织，通过政府以外的农技推广力量来保障当地的农业发展。在这一背景下，越来越多的企业型、科研型农业推广组织开始来乡村开拓市场，他们在与当地政府进行合作的基础上，通过旗下的代理商和技术员进行推广，逐渐填补了由于政府公益性农业推广萎缩所留下的空白。在吴乡，涉农企业由于人力有限，一般都委托农资代理人或农资店主兼做公司的宣传员，来为农民提供相应的种植知识和技术指导。另外，涉农企业也会定期入村进行宣传，同时在农资商店张贴广告，以吸引更多的农民前来购买。

在吴乡规模稍大一些的行政村落，都不难发现几家农资商店，农资商店店主基本都是本村人，因此知道如何与当地农民打交道。同时笔者发现农资商店内所张贴的各类农资产品广告，除了介绍产品的性能以外，不少广告还会详细介绍与产品相配套的知识和种植流程，不少海报还会留有二维码以及免费技术咨询热线，其贴心的服务给笔者留下了深刻的印象。例如，河北省科学院直属企业河北 BJ 农业有限公司在营销用于棉花生产的农资产品时，专门制作了免费提供农技服务的广告牌，摆放在吴乡各村庄的农资商店中，内容大致如下：

> 河北省科学院直属企业 BJ 农业有限公司联合河北省农科院及当地农业局，打破"种棉花靠经验，打药看别人"的传统做法，为您提供科学的技术管理服务：
>
> 1. 在当地建有"棉花全程技术服务站"，通过棉花专家实时检测当地棉田病虫害情况，根据当地气候、栽培习惯，提出可行性棉花种植解决方案。
>
> 2. 以"短信测报"的形式提醒您用药、施肥、管理的最佳时间，使您不必多打药、多施肥、多干活。
>
> 3. 通过"棉花知识大讲堂"为您普及棉花种植技术、植保解决方案。
>
> 4. BJ 农业携手当地农业局棉花专家深入田间为您进行现场指导、答疑解惑。
>
> 5. 通过《技术服务导报》为您提供农业信息，给您带来更多有价值的信息。
>
> 6. 通过"免费技术咨询热线"的形式为您答疑解惑。
>
> 7. 其他。
>
> 免费技术咨询热线：XXX-XX-XXXX 转 X

从上述广告内容可以看出，为了让广大农民消费者更加信任自己的产品，与产品配套的免费农技服务的形式也开始多样化，从"专家现场指导"到"免费技术咨询"，无不显示出商业性农业推广组织开拓市场的力度和实力。关于涉农企业、农资商店的农技推广服务，一位从事种植业多年的农民薛 SL 说道：

现在老百姓买种子、买化肥都得去村里的农资商店买，那里是啥种类的农资产品都有，很方便。而且他们也很积极，你像好多农资商店的那些老板，经常开着车下乡宣传，好把经营范围扩大。还有好多企业的专职技术员们，也是常下来推销他们的农资产品，而且特别耐心地讲解他们产品的优点还有用法，还保证售后会有专人过来进行配套的技术指导。你像俺们这些老百姓大多也确实没啥文化知识，虽然也知道他们是想多挣我们钱，但也不得不听人家的。

除了依靠扎根于乡土的农资商店外，与当地基层政府的合作也成为各类商业性农业推广组织重视的领域，如吴乡的"智慧桃园项目""矮化种鸡繁育基地项目"等农业推广项目，都是涉农企业、科研单位通过与当地政府合作而得以开展的，通过对当地政府农业推广组织力量的嫁接与利用，来传播和推广其名下的新品种及配套技术，从而获取商业利益。因此，"政企合作"成为改革开放以来商业性农业推广快速发展的关键性实践机制，关于这一点，笔者还以吴乡 H 村的"智慧桃园项目"为例。

H 村"智慧桃园项目"主要种植品种为早熟错季桃树，是吴乡近年来重点扶持的一项农业推广项目，计划流转土地共 2921 亩，并计划将其打造为该乡现代化农业发展的招牌。该项目采取多方融资及入股的商业化运营模式：在项目融资方面，共投资 250 万元，其中中央扶持资金 100 万元，市财政扶持资金 30 万元，上级部门专项扶持资金 50 万元，国顺科技有限公司投资 15 万元，其余55 万元则由后期挂果的收入支撑；在入股方面，则采取土地占股10%、资金占股 32%、劳动力占股 40%、技术占股 8%、管理占股10%的方式进行分配。① 这样，各级政府、涉农企业、科研单位以及农民都参与到这个项目当中。由于该项目对技术要求较高，因

---

① 项目相关数据由吴乡农业经济办公室提供。

此需要依托各类商业性农业推广组织的技术支持，如桃树选种方面由果树专家徐明举团队负责，物联网云平台技术支持服务由青岛一家信息科技股份有限公司提供，智能温室设计由山东一家温室工程有限公司负责，温室技术培训由山东一家农业技术科技有限公司提供。可以看到，商业性农业推广组织在项目运营的整个流程当中占有十分重要的地位。对于当前农业推广商业化发展的趋势，该乡主管农业的副乡长说道：

> 现在乡里最大的问题就是经济不太好，老百姓收入有限，所以怎么把经济抓起来是乡政府最关心的事儿。但是你也看到了，我们这个乡最大的问题就是没资金、没人才，所以必须要多引进项目，尤其是有实力的企业和科研单位我们尤其欢迎。当然，人家过来投资也是要看效益的，毕竟只有盈利人家才愿意干，所以我们也是想方设法地给人家公司提供便利和优惠，让人家感觉我们这儿是有前途的地方。说实话，为了招商引资乡政府也做了不少努力，比如乡里书记带头去外地跟人家企业融洽、干部们联系乡友们过来投资啥的，就是为了让更多的项目来咱这乡里落户，让农民增收。

综上可见，随着政府公益性农业推广日渐式微，以企业、科研单位为代表的商业性农业推广组织迅速发展起来，并通过与政府、农资营销代理人合作来达到产品流入乡村并盈利的目的。商业性农业推广的快速发展，同样也带动了商业性农技推广市场的繁荣，而乡村的各类农业经营者也或主动或被动地卷入到竞争日趋激烈的农业推广市场当中，加深了其社会化、资本化的程度。

三　农业推广的结构性失衡给农业社会带来的影响

在当前吴乡公益性农业推广日渐式微、商业性农业推广日益崛起的社会变迁背景下，以营利为目的的多元商业性农业推广组织的力量开始渗透到乡村社会当中，他们在与当地基层政府合作的基础上，积极展开各自的乡土营销战略，极大满足了农民农业生产需求的同时，也推动了农业推广市场的日益繁荣。然而，因商业性农业推广组织最终还是以营利为目的，故其所开展的农业推广服务始终离不开农资销售这一主题。然而，由于农资市场盲目性、自发性等问题的存在，商业性农业推广始终也暗藏着市场秩序紊乱这一"杀机"，主要表现为某些缺乏诚信的商家会利用假农资产品来欺诈农民，并给其农业生产造成损失。笔者在 X 村调查时，几乎所有农户都表示曾被不良商家"坑过"，但也无可奈何，如一名曾经买到过假化肥的农民说道：

> 其实现在卖假化肥、假种子的事情太多了。有的农资商店有时就搞虚假宣传，本来这化肥质量没那么好，被他吹得有多好，结果农民高价买回去和普通化肥也没啥区别；有的更恶劣的就直接卖假化肥，结果撒在地上根本就起不到啥作用。但一出现这些事，他们就会找借口说你没有按他们说的方法去施用，或者其他什么理由，反正老百姓又没啥知识，也辩不过他们，只能干认倒霉。

可以看到，由于公益性农业推广力量的缺失，面对存在风险的商业性农业推广，农民为了维持正常的生产没有更多的选择，常会出现被蒙骗的情况。为了规避商业性农业推广所潜在的风险，农民采取的办法往往是利用周边的熟人圈子，尽量避免不可预测的欺诈行为。如农民在购买相关农资产品的过程中，都会通过"当家的"、邻里、亲戚等传统关系网络来打听哪家农资商店的哪种农资产品更靠谱。同时，改革开放以来随着庙会组织等乡村组织的恢复，农民之间跨村落的关系网络也随之扩展，成为农民获取相关农业信息的另一个有效渠道，如 X 村一位村民就回忆起他通过外村一朋友买化肥的事情：

现在骗人的太多，所以在买之前都得跟人家打听打听，再决定去哪买、买什么。我上次碰见了邻村的一个朋友，说他们村的一农资店的化肥不错，而且是他亲戚的店，我愿意买的话可以便宜点卖给我，而且也能赊账。我一听也不错，就专门去那个村买了，结果一用效果还真不错。

然而需要指出的是，面对商业性农业推广的强势介入，农民借助文化网络的力量还是较为有限的，很多情况下商业性农业推广组织反而会嫁接和利用文化网络作为其牟利的工具，使农民在与各类商业性农业推广组织打交道的时候处于劣势。如某些农资商店贩卖不合格的农资产品，正是某些不良涉农企业利用了农资店主是本村人这一乡土关系，而这种间接的利用也使这些涉农企业在农资交易中处于优势地位。另外，由于乡政府农业推广组织中缺少懂技术、懂营销的人才，多数情况下要依靠商业性农业推广组织来提供相应的技术和知识，因此有时会造成某些涉农企业利用自己所掌控的"知识霸权"来谋取不当利益。关于这一点，吴乡一位负责农业经济的干部说道：

现在乡里主管农业推广工作的农业经济办公室，里面虽然也有几个大学生，但都不是学农科出来的，所以涉及技术方面的工作，有时候乡里也很难去解决。像现在乡里"上马"的好多农业项目，技术和管理方面的事情都是公司说了算，咱乡里确实也不懂，在一些问题上也插不上话。不过这样有时候也会出事。比如以前有些公司找到乡里说要推广新品种或者其他什么农资产品，但是实施以后的实际情况跟他宣传的有很大差距，事情一出农民受损失不说，乡政府也成了罪人，所以我们现在对于来投资的公司还是要留些心眼的，就怕他们忽悠我们。

总而言之，改革开放以来商业性农业推广的蓬勃发展，给农民带来了丰富的农资产品和更好的技术服务。然而，缺少公益性农业推广组织的支持以及商业性农业推广组织的市场自发性问题，也给农民们带来了很多不同以往的不安感。实际上，无论是以政策为导向的公益性农业推广还是以市场为导向的商业性农业推广，都具备自身的特点和优势，二者应当寻求一种合作和互补。然而，遗憾的是，改革开放以来农业推广在不断增强其市场性特征的同时，其公益性特征反而愈来愈淡了，伴随着政府主导的公益性农业推广组织的萎缩、小规模种植户在农技服务中被边缘化[1]，商业性农业推广组织为追逐利益而丧失诚信的问题不断涌现出来，也从根本上显露出当前农业推广的结构性失衡问题，即营利性凸显与公益性式微[2]，而这也会给农业推广工作带来长期的困扰。

本章小结

改革开放以来，随着家庭联产承包责任制的推行，原先的国家权力嵌入型农业推广体系逐渐瓦解，而以企业、科研机构等为代表的商业性农业推广组织则如雨后春笋一般出现在乡村社会当中，农业推广力量实现了由以政府推广为主的"一元化"向"多元化"的转变。在具体的农业推广项目当中，不同性质的农业推广组织相互合作，呈现出农业推广过程中不同权力的交错。在这一转型背景下，改革开放以来的农业推广也取得了不小的成就，主要表现在农资产品日益丰富、农业机械化的普及、机井建设与管理、农业新技术的推广、蔬菜瓜果等新种植作物的推广等方面，使当地的农业推广呈现出日新月异的局面。

---

① 孙新华：《规模经营背景下基层农技服务"垒大户"现象分析》，《西北农林科技大学学报（社会科学版）》2017年第2期。
② 冯小：《公益悬浮与商业下沉：基层农技服务供给结构的变迁》，《西北农林科技大学学报（社会科学版）》2017年第3期。

　　然而不可忽视的是，改革开放以来农业推广的市场化转型仍然存在着结构性失衡问题，即公益性式微与营利性凸显。一方面，20世纪90年代的"断奶"式改革，使农业合作化时期所建立的各类公益性农业推广组织和机构相继瓦解，体制性农业推广力量日益衰败；另一方面，随着农资市场的全面开放，商业性农业推广组织得到了快速发展，并成为改革开放时期一股重要的农业推广力量。在这一结构性失衡的影响之下，农资市场的盲目性、自发性等问题也日益凸显，商业性农业推广组织的信誉也越来越受到挑战。因此，如何在市场经济发展的背景下重建公益性农业推广体系，并寻求公益性农业推广与商业性农业推广之间的合作与共生，成为当前现代化农业发展所需要解决的迫切问题。

　　就当前吴乡的实际情况来看，以市场为主导的商业性农业推广力量还处于上升发展的态势，而由于政府公益性农业推广组织内部专业技术人员的缺乏，基层政府依赖于商业型农业推广组织提供技术支持的局面还会长期存在，这也表明改革开放以来农业推广的结构性失衡问题在短期内还无法解决。值得注意的是，改革开放以来随着乡村文化网络的重建，农民开始通过家族等关系网络来获取所需的资源。然而，文化网络中的关系资源也会被商业性农业推广组织所利用，使农民在农技市场中反而处于不利的地位。关于商业性农业推广与文化网络之间的互动关系，笔者将在下一章重点论述和分析。

第四章　市场社会与乡土人情：市场化背景下的商业性农业推广与文化网络

　　改革开放以来，南宫市农村的经济、社会和文化等方面都发生了巨大变迁，其中日益凸显的社会事实是：农村市场经济蓬勃发展，小农越来越深地卷入到市场经济体系当中，并成为必须依靠市场和货币完成再生产的社会化小农。① 同时，在"解放思想"的潮流之下，传统文化也得到了重生，新中国成立以后一度式微的家族、庙会等传统组织又得到了复兴，在此基础上农村的文化网络又重新建构起来，农民的社会关系也得到了进一步的扩展。

　　在这一背景下，市场经济中的各类经营主体与文化网络中的各种关系开始频繁互动，并对乡村农业推广的发展产生了较大影响。主要表现为：一方面，以营利为目的的商业性农业推广经营主体用市场化思维审视文化网络的价值，并将文化网络中的各种关系视为社会资本而加以利用，从而使商业性农业推广行为嵌入到文化网络当中；另一方面，当地基层政府、农民也利用文化网络中的关系作为与商业性农业推广组织沟通的便利渠道，以此获取更多的市场资源，因此文化网络中的各类关系也反嵌于市场当中。这样一来，现代化农业推广始终在冰冷的市场关系和充满温情的乡土关系的张力中曲折发展，呈现出村庄内部市场交换与乡

---

　　① 徐勇、邓大才：《社会化小农：解释当今农户的一种视角》，《学术月刊》2006年第 7 期。

村人际关系的二元性。[1]

第一节　文化网络的重建与商业性
农业推广的兴起

文化网络的重建是改革开放以来南宫市乡村社会较为显著的变化，其表现是家族、各类乡村组织的复兴，以及亲属和其他人际关系互动的加强。而重建的文化网络在农业生产过程中发挥了相应的社会整合功能，使乡村社会在市场化浪潮中仍存续着"温情"，从而使农民在市场化背景下依然保有合作的空间，并为商业性农业推广与文化网络的互嵌打下了基础。

一　传统的再现：市场嵌入情境下文化网络的重建

杜赞奇在对清末至民国时期华北乡村社会的研究中提出了"文化网络"这一概念，用以描述华北乡村社会中的多种组织体系以及塑造权力运作的各种规范。他指出，由宗族、庙会等形成的组织体系以及非正式的人际关系网构成的文化网络，不仅成为角逐权力的场所，更是接近各种资本的工具，村落秩序得以有效维持都是通过文化网络内部组织关系和其他人际关系的良性运作而得以实现的。[2] 在南宫县，家族组织、庙会组织等构成的文化网络一直是农民们获取社会资本的重要渠道，尤其在农业生产过程中，农民可以从文化网络中获取必要的社会支持以保证生产的顺利进行，如旧时的"搭套""换工""代耕"等农耕结合习惯就常在家族、近邻等社会关系中进行。[3]

---

① 秦红增：《村庄内部市场交换与乡村人际关系》，《广西民族学院学报（哲学社会科学版）》2004年第5期。
② 杜赞奇：《文化、权力与国家：1900~1942年的华北农村》，王福明译，凤凰出版传媒集团、江苏人民出版社，2010。
③ 张思：《近代华北村落共同体的变迁》，商务印书馆，2005。

改革开放以后，曾一度被抛弃的文化网络又重新恢复起来，主要表现为自 20 世纪 90 年代以来，家族组织、庙会组织等传统组织形式又重新出现在农村社会当中，围绕着各组织的仪式活动也重新开展起来。笔者在南宫市吴乡进行调查时就发现，当地的家族、庙会等都有不同程度的恢复，修谱祭祖、举办庙会等活动也日益兴盛，在此基础上乡村文化网络又重新构建起来。关于这些变化，笔者选取当地文化网络恢复较具有代表性的 X 村来具体呈现和说明。

X 村位于吴乡中部，共 364 户，1536 人，全村有薛、李、董、王、张、杨等几个姓氏，其中薛姓为该村的大姓，约占全村的 71%，村落经济以农业生产和外出务工为主，有耕地 3569 亩，主要种植棉花、小麦、玉米等作物。[①] 该村各姓原有自己的家族组织，同时亦有庙会组织等地缘性组织，各组织相互交织形成了该村较为缜密的文化网络。新中国成立后的一段时期，X 村的各类传统组织曾一度式微，文化网络也遭到严重的破坏，直到 20 世纪 90 年代随着各类传统组织的重新恢复，文化网络才逐渐又重建起来。下面具体论述和分析当地传统组织的恢复情况与特点。

1. 家族组织

据传，该村原居住着吴姓大族，元末明初的时候由于战乱，当地吴姓人口大减，呈现一片荒芜的景象。明永乐二年（1404 年）薛英携家人由山西平阳府迁移至此，该村遂改名薛家吴村，薛姓人口世代繁衍，逐渐成为该村的主族。此后李姓、董姓、张姓等其他姓氏也迁入该村，逐渐形成了今天的村落姓氏格局。[②] 在 X 村，每个姓氏都是一个家族，其中以薛姓家族的势力最为强大。据该村老人回忆，薛姓家族通过经商、为官等，在村中乃至全乡的地位一直都很显赫，不仅有自己的祖坟，还有自己的祠堂。每

---

① 相关数据由吴乡 X 村村委会提供。
② 南宫市地名委员会办公室：《南宫市地名志》，河北科学技术出版社，1989。

年的清明节和大年三十，族人都要去祭祖，仪式完毕以后还要合族聚餐，以显示同族的团结与亲密。1945 年南宫县解放以后，随着土地改革运动的进行，薛姓家族中属于地主、富农阶级的家庭被批斗，祠堂也被没收充公。尽管家族势力遭受到了严厉打击，然而在互助组时期，当地政府依然会依靠传统的家族关系进行各项农业推广活动。1958 年，薛家具有家族象征地位的祖坟也被铲平。此后，薛姓家族的祠堂被拆毁，其他很多家族的族谱也被没收而付之一炬，不过薛姓家族想尽各种办法将家谱保留了下来，为其家族子孙保留下一份宝贵的财富。①

20 世纪 90 年代以后，南宫市很多农村都出现了家族复兴的迹象，人们通过修谱、续谱、恢复节日性祭祖活动等方式来重新追忆自己家族的历史，寻找自己的归属感。这一场景也同样发生在 X 村。关于家族复兴以及村民家族意识增强这一变化，X 村薛氏家族的族长薛 CW 说道：

> 我们这儿自古以来家族意识就很强，像我们薛姓吧，家族好多人都是世代经商、做官，有头有脸的人也多。就说我们薛家祠堂吧，当年可是吴佩孚给题的字呢，祖坟也都是砖坟，特别的气派。解放以后，都提倡讲阶级，不讲家族了，祖坟也平了，祠堂也毁了，人们也就不提那回事了，不过平时大家还是有家族意识的，比如哪辈儿和哪辈儿，大家还是分得清。改革开放以后，政府也不咋管老百姓私事了，我们薛氏家族的人就商量着修谱、续谱的事儿。我因为上过高中，还曾经是小学老师，在村里同辈分当中算学历高的，所以就被大家选为族长了，具体负责这些事儿。虽然我们家族不比以前了，穷人也不少，但是大家对入谱这件事儿还是很看重的，都争着入谱。到了大年三十的时候，我就会把"家

---

① 相关历史信息由薛氏家族族长薛 CW 提供。

谱"挂在正厅的墙上，大家到齐后按辈排好列，一起给自己的祖宗们磕头。不过也有意外的时候，比如以前薛家那些信教的人不愿意给"家谱"磕头，我就很生气地和他们讲："给你们爷爷奶奶们磕头有什么丢人的，你们要是不磕头，就把你们从家谱里全都剔出去。"他们一听这个就妥协了，也跪下拜"家谱"了。

2. 庙会组织

X村曾有真武庙和关帝庙分别分布在村西头和村东头，并由各头村民所形成的庙会组织来负责具体的庙会事务。后由于各种原因该村的村庙都被拆毁，庙会组织也随之解散。然而，民间信仰并没有就此终止，据该村老人们回忆，村庙拆毁后很多农民依旧会偷偷跑到庙的原址祭祀。1993年，在村民的集资下，村东头的关帝庙重建起来，随后在1996年，村西的真武庙也在村民的支持下得以重建。在村庙建立的同时，庙会组织也相继成立。目前，关帝庙由为人热心的张LW担任"管事儿的"来负责庙会具体事务，真武庙"管事儿的"则由薛氏家族族长薛CW担任。在平时，两个村庙大门紧闭，只有阴历十五的时候才开门供村民们敬拜神仙。

一般情况下，东头的村民平时只拜关帝庙，而西头的村民只拜真武庙，因此这两个村庙也形成了各自的庙会组织。关于两个村庙与庙会组织的建立，家住西头的村民李QY回忆道：

> 村里最早建的是东头的关帝庙，结果西头外出打工的总是出事，摔死的、撞死的、电死的都有，后来大家就寻思应该把西头的真武庙也建起来，才能避免灾祸，于是村里人就凑钱把真武庙建在西头的地里了，打那以后果然也不怎么出事了。现在两个庙都有各自"管事儿的"人，负责庙会的事情，还有专门管账的、负责庙会置办东西的人，所以每到庙会的时候都会办得有条不紊。

3. 其他人际关系网

文化网络除了包括多种组织体系以外，也包括其他的非正式的人际关系网。[①] 在南宫农村社会，亲戚关系、发小或朋友关系等一直是农民比较重要的社会关系资源，尤其在家庭联产承包责任制推行以后，以家庭为单位进行劳动生产的农户为了获取更多的社会资源，更加重视对非血缘性的组织和人际网络关系的利用。在 X 村，外村人际关系网络会通过"走亲戚""朋友串门"等方式得以维持，在笔者进行访谈的过程中，就常碰到访谈对象的家中正好来了亲戚、朋友，或者访谈对象出门去外村的亲戚、朋友家串门的事情。其中有一次笔者前往薛氏家族族长薛 CW 家，恰好碰见他几个从威县来他家串门的亲戚同他一起吃饭喝酒，正当笔者尴尬之时，薛 CW 热情地把笔者招呼进来坐在一起一同吃饭。后来当谈及外村亲戚、朋友关系的重要性时，薛 CW 评价道：

> 都说远亲不如近邻，但是真碰到事儿，这远亲说不定比亲兄弟还顶事儿呢。就像我这些亲戚们吧，虽然都在威县，但是也常走动，遇到事儿了也都能相互搭把手。毕竟一个村儿就那么大，要是跟外村的亲戚们、朋友们不走动，那关系就太窄了。现在村里去市里跑公交的，到外地做技术工的，好多都是托的外村有关系的亲戚才办成的。所以，这世道还是得多和别人打交道，这样才能多些路。

综上所述，X 村重建的文化网络有这么几个特点。第一，农民多重组织身份的特点。如有些村民既是家族组织的成员，又是庙会组织的成员，像文中所提到的薛 CW，既是薛氏家族的族长，又是庙会组织"管事儿的"。这一特点使得村民可以通过参

---

① 杜赞奇：《文化、权力与国家：1900~1942 年的华北农村》，王福明译，凤凰出版传媒集团、江苏人民出版社，2010。

加多种组织来获取更多的社会支持。第二，组织间通过相互协调来达到多元共生。由于各组织的运作规则不同，彼此之间有时也会产生矛盾，但是都可以通过相互协调来加以化解。第三，文化网络的扩展性日益凸显。在市场经济的影响下，乡村文化网络中的关系往往会跨村落存在，如跨村落的非正式人际关系网日益成为农民们不可或缺的社会资源。总之，重建的文化网络为农民获取相应的社会资源提供了一个便利的渠道，使农民在市场化浪潮中有了自己的文化性和社会性依靠。

二 借缘生利：商业性农业推广及其乡土营销战略

20世纪80~90年代，随着公益性农业推广的日渐没落，以市场为主导的商业性农业推广迅速填补其空白，为农民提供生产所需要的农资产品和技术服务，因此这一时期南宫市的商业性农业推广发展较为迅速。然而，由于商业性农业推广是以推销农资产品来获取利润为目的的，因此在市场运作的过程中，有时会有商人为了多获利而对农民进行欺诈，使其蒙受损失。长此以往，农民开始对商业性农业推广抱有警惕性，在购买相关农资产品、选择农技推广服务时也显得越来越谨慎。对于这一情况，X村一位老农薛FG就回忆起了自己曾经的遭遇：

> 记得早些年那会儿还不兴买种子，都是自个儿种完庄稼和棉花以后留种子，但是种子的品质肯定要差一些。后来开始有卖种子的了，个头饱满品质也好，种完后产量明显提高了不少。但是那时候搞农资的还不像现在这么多，所以有时还不好买到。有一次有个流动商贩跑到俺家说他有好的小麦种子，让俺用同样重量的粮食去换就行。俺看他人也挺实诚的，没咋怀疑也就换了，后来才发现是假种子，俺那叫一个气啊！现在俺是不会轻易相信别人了。

事实上，不仅是农民，很多乡镇干部也对商业性农业推广的某些欺诈行为深感气愤和无奈，如一名在乡政府从事农业经济工作多年的干部就讲道：

> 现在搞农资销售和技术服务的鱼目混珠，有时根本分不清谁是正经做生意的，谁是骗子，别说老百姓了，就连我们乡政府的干部也被忽悠过。记得早些年的时候，有公司来乡里找到干部推销他们的棉花种子，说得都很好，还签了合同，乡政府就鼓励大家种那家公司的种子。开始想得还挺好，但是等出棉桃的时候才发现不管是产量还是质量都跟原先宣传的不一样，老百姓多掏了钱却没种好棉花也是气得很，但是那家公司就一跑了之。农民感觉都是乡政府（从中）做的梗，有的人就把收的棉花全运过来扔到乡政府大门口堵着，搞得乡里干部们也很难堪。

可以看出，虽然改革开放以来商业性农业推广给农民带来了很多便利，但是部分商家不诚信，增加了商业性农业推广的风险性。因此，很多农民不再轻易相信农资企业对其农资产品和服务的介绍和推广，这也使农资企业不得不改变自己的经营策略，以扭转自己的不利境遇。其中一个重要策略就是对原有乡土社会的熟人关系进行嫁接和利用，将农资销售尽量嵌入到乡村的人际关系网络当中，通过乡村"熟人关系"的媒介作用来取得农民的信任，进而顺利打开乡村市场。关于这一策略的实施，农资公司一般采取以下几种做法。

一是努力与村庄内农资商店的老板搞好关系，让其帮助推销自己的产品。从商业性技术传播的物理距离来看，农资店与农民最近，同时农资店老板都是本村人，与其他农民都保持着乡土性的熟人关系，因此通过农资店可以更为便利地进行销售。在笔者的田野调查过程中，就发现一些实力较弱的小农资企业常通过与农资店老板的联系来间接进行农资产品的销售，其原因就是通过农资店销售相较于自己直销要顺利很多。关于这一点，X村农资商店的张老板坦言：

> 以前一些农资企业推销自己的产品往往都会在村里搞免费技术培训会、促销会来吸引大家，但其实就是想让大家买他们的农资产品。商家嘛，为了能卖出去就会夸大其词，有的质量很一般都会被说得很好，有的说优惠其实不但没便宜还贵了，结果老百姓就吃了亏。所以现在老百姓都皮实了，外来的商家到村里搞直销也越来越难了，也就都找到我们农资店来帮他们推销。为了顾及关系有的时候我也进他们的货，质量确实一般，但是价格相对便宜一些。有的农民图便宜就会买小企业的农资，结果种完后才发现品质要差很多，但他们一般也不会说啥，毕竟是他们自己选择的。

二是积极利用原有的基层农技组织体系，使商业性农业推广更具有"合法性"。在南宫市，很多企业为了顺利推广自己的农资产品和技术，往往都会在乡村内部的关系网络中寻找代理人，其中以往的乡镇农业技术员或原供销系统的工作人员都成为农资企业的挖掘目标。如南宫市X乡的三农公司在进行果树推广的过程中，有超过一半的管理人员都是在原先公益性农技系统中工作过的人员。这些工作人员以往就给农民进行过技术指导，同时又和农民保持着熟人关系，因此也较为容易取得农民们的信任。对于这种商业性农业推广组织吸纳公益性农技体系人员的现象，该三农公司的一位负责人说道：

> 现在农资市场竞争很激烈，只依靠自己的力量还是不够的，毕竟不管推销什么产品都需要当地人的信任，否则产品再好老百姓不认也是白搭。所以我们公司积极与乡政府合

作，聘请当地的技术人员来进行日常管理和指导，老百姓也就能较好地接受，毕竟当地人之间的熟悉程度还是强于我们的。

三是与乡土社会中的重要角色打好关系，以保证商业性农业推广的效果。如在某些乡村，一些村干部因拥有较为强大的家族势力，使其在村中处于较为强势的地位。因此无论什么农业推广项目，只要有这些村干部的支持，往往都会较为顺利地推广下去。笔者在 X 乡调查期间，该乡就与某大型种植公司合作，共同在该乡推广果树种植，其中就选取了 H 村作为试点。H 村的村干部拥有较强的家族势力和威望，因此在初期推广就较为顺利，如规模化种植所需的调地、拆迁等工作，都在村干部的带领下较快完成了，给该企业的果树推广打下了良好的基础。关于这一点，该公司的一位负责人也感慨道：

> 俗话说得好，强龙压不过地头蛇，有些事儿还就得当地有头有脸的人去办才行。就像我们企业吧，自己去办肯定困难会很大，农民肯定也很难相信我们，就得需要当地政府帮我们开道。但现在农民也不好管，乡政府出面老百姓也未必听，还得依靠村里那些社会关系强大、有手腕的人来办才能顺利得多。

可以看出，面对商业性农业推广日益受到农民怀疑和警惕的现实情况，农资企业则通过积极利用乡土社会的熟人关系作为营销资本，以保证其营销的顺利进行。在这一过程当中，与农资企业打交道的农资店老板、乡镇农业技术体系人员以及乡土社会中的其他重要角色，都与当地农民保持着亲密的血缘、亲缘或地缘关系。而前文所提及的文化网络重建，就包含了建立在血缘、地缘基础上的组织体系以及亲缘关系。因此，农资企业与当地乡土社会的互动，实际上也是商业性农业推广与文化网络的互动，而关于这两者在互动过程中的关系，笔者则以"嵌入"为视角并通过具体案例来加以分析。

第二节　将文化网络嵌入商业性农业推广

笔者在对商业性农业推广的运作模式进行调查时，常常可以从其表面的交易关系背后挖掘出更为深厚且复杂的社会关系。实际上，任何农资经营主体若想在激烈的竞争中抢占农资市场和利润空间，都必须对乡土场域的关系网络和信任逻辑有一个更为深刻的认识和把握，否则很难在竞争中站稳脚跟。因此，建立在血缘、地缘、亲缘等传统关系基础之上的家族、庙会组织以及非正式人际关系网络等，往往会成为各农资经营主体开辟市场的重要社会资源，同时也成为基层政府推广商业性农业项目的便利渠道。下面将从实际案例分析出发，以呈现文化网络是如何嵌入商业性农业推广当中的，同时又发挥了怎样的作用。

一　文化网络与农业创新的差序扩散

黄家亮在对河北定县翟城村的农民合作问题进行研究时曾指出："乡土社会特有的生产、生活方式和关系形态锻造了小农特殊的信任逻辑——差序信任。"所谓差序信任，是指"信任格局是以关系进行划分的，而关系既可以是情感性的，也可以是工具性的，涵盖了血缘、地缘、亲缘、业缘等多种联系。这样一来，每个人以自己为中心，按等关系强弱划出一个个圈子来采取不同的信任态度，圈里的人被称为自己人，圈外的人则是外人，同时圈内和圈外可以相互转化。"① 同时他认为，建立在差序信任之

---

① 黄家亮：《乡土场域的信任逻辑与合作困境：定县翟城村个案研究》，《中国农业大学学报（社会科学版）》2012 年第 2 期。

上的逻辑让农民更习惯按照关系的亲疏来选择信任对象，因此很难建立起现代意义上的基于普遍信任基础上的合作，并影响了农村社会现代化的运转。

在我国农业创新传播的过程中，"差序信任"的人际关系网络一直发挥着比较重要的媒介功能，使得农业创新传播不仅仅是一个社会现象，更与乡土文化存在着密切联系。如叶敬忠认为农村发展创新过程中以血缘、亲缘、地缘、业缘等关系构成的社会建构性网络发挥着重要功能，同时不同类型的关系其信任程度也存在着差异，以血缘网络为联结的亲属则是最为可靠、互动最多的关系类型①；旷浩源以 G 乡养猪技术扩散为例，指出在农业技术扩散的最初阶段，信任程度最高的家族及拟亲缘网络往往成为农民选择新技术所优先考虑的关系类型，而建构性业缘关系及功能性组织网络也是农民获取技术创新的又一重要渠道。②

在南宫市的乡村社会当中，各种组织体系和非正式人际关系构成的文化网络往往可以联结农民不同的"熟人圈子"，农民在寻求农业创新的过程中也会按照"差序信任"的原则去选择合作伙伴。因此，当地的农业创新通常会通过文化网络得以差序扩散，家族、庙会等组织以及街坊邻居、亲戚等人际关系往往都会成为农民获得相关农业推广信息的重要来源。对于农民而言，商业性农业推广存在着不可预知的风险性，而自己的"熟人圈子"由于信任基础的存在可以为其提供较为可靠的农业信息，因此农民在农业创新的选择过程中更倾向于信任由自己熟悉的组织、关系网等构成的文化网络。那么，建立在差序信任基础之上的文化网络又是如何推进农业创新传播的呢？笔者将通过两个典型案例进行具体分析。

---

① 叶敬忠：《农村发展创新中的社会网络》，《农业经济问题》2004 年第 4 期。
② 旷浩源：《农村社会网络与农业技术扩散的关系研究：以 G 乡养猪技术扩散为例》，《科学学研究》2014 年第 10 期。

个案 4-1：薛 LL 与棉田地膜技术的推广

在 X 村调查的时候，村民薛 LL 向笔者谈起了他是如何参与到该村最初的棉田地膜技术推广中来的。

在搞家庭联产承包责任制的头几年里，X 村的老百姓种棉花还没有铺盖地膜的流程，而且多数农民也不知道啥是地膜。（20 世纪）80 年代末那会儿，乡里（乡政府）和农资企业合作，由企业出地膜、出技术，乡里负责推广，想把地膜技术教给大家，但顾及农民对于新事物抱有警惕和观望的习惯，因此并没有一开始就广泛推行。后来俺的一个在乡政府当技术干部的当家兄弟找到俺，先给俺讲了铺盖地膜的好处，然后又说乡里愿意给俺免费提供地膜，还会教俺怎么铺盖（地膜），反正好处很多。俺和俺当家兄弟关系都很好，知道人家肯定也是为了俺好，就同意在俺地里先用上地膜，自己受益也好给乡亲们做个示范。结果你猜咋样？俺地里的棉花铺了地膜以后，那长势明显要比那些没铺地膜的长得高、长得好，引得村里人都过来看，问俺用的啥玩意儿把棉花种得那么好。后来收棉桃的时候，俺地里的棉花产量也比别人高得多。大家看到地膜这东西确实不错，打那以后也就开始铺开地膜了，而且那会儿村里"当家的"、街坊邻居还都过来请教俺怎么铺地膜呢！

个案 4-2：董 YK 与 X 村的辣椒推广

董 YK 是 X 村一位四十多岁的中年农民，喜欢尝试一些新鲜事物，如 X 村最早的辣椒种植他就是第一个"吃螃蟹"的人。在访谈的过程中，他向笔者回忆了他种植辣椒的经历，以及辣椒种植在 X 村的推广情况。

我是五年前开始种辣椒的，当时也是受俺舅的影响，他那时种了不少辣椒，赚了不少钱。可那时我家种的还是棉花，虽然比种小麦、玉米那些粮食强点儿，但是太费工，合计下来其实也赚不了太多。后来去俺舅家走亲戚的时候，我就专门请教他关于种辣椒的事儿，感觉还行就决定自己也去种。结果头一年还真赚了不少钱，那时候每亩辣椒产量有500多斤，每斤辣椒能卖到五块左右，棉花每亩虽然能得个600来斤，但是每斤皮棉也就三块五左右。后来几个"当家的"看我种辣椒挺挣钱，就专门过来问种辣椒的事儿，比如选择什么品种，日常咋管理啥的，我也都和他们讲，他们也就跟我一样种开辣椒了。现在我们村里种辣椒的，其实也就是我和我那几个"当家的"。不过现在种辣椒没以前那么挣钱了，所以我们几个"当家的"还得平时相互"攒忙"，就比如现在摘辣椒吧，都是我那几个种辣椒的"当家的"过来帮忙摘，能节省不少开支，要不花钱雇人的话可就真挣不了啥钱了。

　　从以上两个案例我们可以看出，在农业创新的传播过程中，创新先驱者首先从村外的圈子里获取相关的信息和技术支持，然后在一切条件就绪后再对相关的农业创新加以采用。当创新先驱者取得阶段性成功以后，与他地理距离最近的家族成员、街坊邻居则纷纷效仿，使农业创新得以在创新先驱者的圈子里得以传播，而其中"差序信任"就发挥着重要的联结作用。

　　在个案4-1当中，薛LL采用棉田地膜技术得益于他的"当家"兄弟，属于家族圈子内部的交流，而在取得成效以后，除了家族圈子以外，薛LL的街坊邻居也纷纷效仿，使得农业创新在以血缘为基础的家族圈子和以地缘为基础的街坊邻居圈子的交叉过程中得以传播；在个案4-2当中，X村辣椒种植的推广则涉及了村域外的亲戚关系和村域内的家族关系，不仅显示了农业创新传播过程中不同人际圈子的交叉，还显示了农业创新传播的跨地域性。因此我们可以看到，农业创新的传播会涉及不同圈子之间直接或间接的交叉，关于这一点笔者以个案4-2辣椒种植的推广为例进行图示说明（见图4-1）。从图中可以看出，基于"差序信任"的农业创新传播会随着圈子的相互交叉而得以广泛扩散。

图 4-1　农业创新传播过程中人际圈子的交叉

实际上，跨村落的农业创新传播在南宫当地还是较为常见的。由于华北平原村落之间的地理距离都较近，且跨村落的联姻关系、组织联接等社会现象也十分普遍，为农民之间的跨村落交流创造了良好的交通和文化环境，农业创新时常会以亲戚、朋友等关系作为纽带进行跨村落的扩散。如很多农民向笔者表示，在"走亲戚""去朋友家串门"等与外村圈子交流的过程中，有时就会打听到很多有价值的信息，如新作物的种植、新技术或新的生产方法的应用，等等。当农民决定采用外村圈子的农业创新时，还可以得到其圈子里的相关技术支持以及其他一些帮助。

个案 4-3：朋友间在农业创新方面的互助（X 村某村民，男，53 岁）

在 X 村，一名曾经搞过大棚蔬菜的村民就同笔者谈到当年外村的朋友们是如何对他进行帮助的，他讲道：

那时候俺听说种大棚挺挣钱，就琢磨着搞两个大棚种蔬菜，正好俺有一个外村的朋友就是种大棚的，还搞了好些年，俺就专门过去向他请教。因为俺们之间关系都很好，所以人家也是耐心地跟俺讲，让俺心里也有了底儿。后来开始搞大棚的时候，一有技术或者管理上的问题，俺就给人家打电话，有时人家还帮俺联系客户，所以开始那几年大棚也搞得得心应手。俺现在虽然不种大棚了，但是也很感谢俺的朋友，否则当时能不能搞起来还真不好说。

个案4-4：从外村亲戚那儿取来的"果树经"

在 M 村调查的时候，一位种植桃树的果农向笔者介绍了他种植桃树的经历。

我是 2013 年那会儿决定种桃树的，当时也是为了多挣点钱，但是有些采购、管理上的问题不太懂，所以就专门去威县找我一个常年种桃树的亲戚去请教，懂了不少东西。后来买什么品种的树苗、怎么去管理啥的都是我那亲戚帮衬的，平时有啥问题我也是给他发语音、发照片来解决。现在我的桃树长得那么好，真得算我那亲戚一份功劳，所以要我说有时候远亲还真比近邻顶事儿呢！

从南宫县乡村的农业创新扩散的典型案例中可以发现，以"差序信任"为原则基础的文化网络在农业创新传播过程中起到了积极的作用，农民根据自己所属的不同圈子寻找农业创新的信息，同时在实践的过程中将农业创新信息再传给其他圈子的熟人。在不同圈子的交叉过程中，农业创新的传播实际上已经跨越了不同的"熟人社会"，呈现出波浪式扩散的传播态势。[1] 因此，从农业创新传播的角度来看，华北村落的社会结构未必是"封闭"的。[2] 另外，不同于黄家亮所认为的是"差序信任"的逻辑使得农村难以建立普遍信任关系，笔者认为只要善于沟通农民文化网络中不同的"熟人圈子"，就可以推动农业创新在不同圈子的交叉互动过程中广泛传播。所以，在"差序信任"的基础上，"普遍信任"在农民之间还是可以逐渐地建构起来的，而这也是日后研究所要关注的课题之一。

---

[1] 郝建平：《农业推广技能》，经济科学出版社，1997。

[2] 黄宗智在其著作《华北的小农经济与社会变迁》中认为，华北乡村属于以自家消费为主的较封闭的社会，村落与村落之间的联系很弱。——作者注

二 H 村桃树推广项目：以家族作为农业推广沟通渠道的个案

杜赞奇在对 20 世纪上半叶华北乡村社会文化网络的研究过程中曾经提出过一个重要的观点，即"华北宗族相较于华南宗族虽然并不庞大、复杂，并未拥有巨额族产、强大的同族意识，但在乡村社会中仍起着具体而重要的作用，是乡村文化网络中的一典型结构和重要因素"。[①] 虽然后来诸多学者对于华北宗族的实际功能产生过质疑，但是改革开放以来随着华北宗族事件性和工具理性的加强[②]、红白喜事中家族意识的日益凸显等社会事实的呈现，表明华北宗族在社会经济变迁的过程中依然保有活力。

南宫市在改革开放以后，很多村落的家族都有不同程度的复兴，农民的家族意识也有所提高。相较于文化网络中的其他组织或非正式的人际关系，家族往往会在农民争夺利益时发挥更大的凝聚作用，同时有血缘连带关系的家族成员往往也成为农民主要的合作对象。关于农村家族的作用，吴乡一位干部就向笔者坦言，有时候和老百姓讲政策、讲道理未必能行得通，但是只要和家族中有威望的人物搭上关系，再通过他们用他们自己的办法和老百姓去沟通，往往事情会好办得多。因此，基层政府在与农资企业在合作基础上进行农业项目推广时，为了避免由农民"不合作"所带来的潜在阻力，基层政府往往会直接或间接地借助家族势力来保障项目的顺利实施。下面笔者将通过分析 H 村桃树种植项目的推广过程中各方的博弈与合作，来展现家族势力是如何介入农业推广当中并保障项目顺利运作的。

H 村位于吴乡的北部，是一个近似矩形的块状村落，全村共

---

① 杜赞奇：《文化、权力与国家：1900~1942 年的华北农村》，王福明译，凤凰出版传媒集团、江苏人民出版社，2010。

② 唐军：《仪式性的消减与事件性的加强：当代华北村落家族生长的理性化》，《中国社会科学》2000 年第 11 期。

351 户、1443 人。共有耕地 2921 亩，在桃树种植推广以前以棉花、小麦、玉米等农作物种植为主，一般都由老年人照料土地，青年劳动力则多外出务工。从村落的家族结构来看，侯姓家族是全村人口最多、势力最大的家族，占全村总人口的 80% 左右；其他姓氏的家族还有张姓、甘姓、孙姓、李姓等，但人口较少所以没有太大的势力，有时甚至还要依附于侯姓家族。从侯姓的家族结构来看，势力最强的侯姓家族也存在着较大的分化，全族共分为六大股，虽然所有侯姓村民都认为村中侯姓都是一个祖宗，但是各大股的侯姓家族在红白喜事、新年祭祖等仪式过程中也都是分头行事。同时相较于家族内部较强的仪式性结合，以家族为单位的经济协作已经看不到了，但是农民遇到问题时仍习惯于将关系最近的家族成员作为可信赖的合作对象。

2015 年的一天，平静的 H 村迎来了一件大事，那就是乡政府准备将 H 村所有土地分期流转、进行错季桃树种植，以期把该村打造为"千亩桃园示范村"。关于乡政府为什么在 H 村有这么一个大动作，负责农村经济工作的副乡长说道：

> 引进项目一直是乡里比较重视的工作，但是我们乡地理位置偏，所以一直没有啥好的项目。后来市里 Y 局的一个领导老家是 H 村的，为了给家乡办点好事，就通过各种渠道进行联系，最后给 H 村争取到 600 万元的专项扶持资金，除了用于村里基础设施建设的资金以外，剩下的两百来万就用于桃树推广项目。因为种的都是错季桃，市场价值高，来了这么一个大项目，乡里当然也是很高兴，就决定由乡里干部亲自挂帅，积极发动 H 村"两委班子"和党员们一起在 H 村大干一场。

于是在乡政府的支持下，H 村村委会开始统筹管理错季桃种植项目，并签约 GS 农技有限公司负责具体的技术指导和农民培训工作，后又签约山东一家温室工程有限公司提供温室技术支持。为了保证项目的正常运转，乡政府还派驻了两名监督员负责项目监督工作，同时也便于乡政府及时掌握项目的运作情况。然而，面对这么一个"大手笔"，一些村民却并不感冒，甚至对项目能否取得成功也表示怀疑，如一名村民回忆道：

> 当时村里人知道改种桃树的这个项目后就犯嘀咕，感觉搞这个风险还是大。因为桃树种植需要三年的时间才能挂果，但是到那时候能不能找到销路，能不能卖个好价钱也都是问题，记得以前邻村就有几户种桃树赔本砍树的。再说乡里以前也引进过一些项目，但真正成功的也没几个，现在农民一听有啥"致富"的项目，也都没啥太大的感觉了。

果然，在乡政府对农民入股以及土地流转的意向进行摸排时，有的农户就表示自己并不想入股，而是要等项目有了起色再说；有的农户则表示习惯于自己种地，不愿自己的土地流转出去。由于错季桃种植项目需要规模化经营，哪怕出现一家"钉子户"都会让项目难以运转下去，而乡里的基层干部和公司的技术人员短时间内又很难做通这部分农民的思想工作，于是，乡政府积极发动 H 村的"两委"和党员班子，采取了以家族作为沟通渠道的策略，即村干部和党员们利用自己在村中与其他村民的血缘、地缘关系上的便利，通过"上门做工作"的方式来让农民接受项目。关于采取这种策略的原因，一名从事农村工作多年的乡政府干部说道：

> 税费改革以后乡政府的权力就越来越小了，现在乡里进行农村工作都是以指导为主，没有权力去指挥老百姓一定要去种什么，而且万一因为事儿闹僵了搞得老百姓去上访，我们也吃不消。没办法，有时候你为他好，他不买你的账那又有啥法子。就说 H 村吧，我们乡里干部去做那些"钉子户"

的工作人家才不理你，只有从这些"钉子户"周边的关系入手才能打开局面，比如他"当家"兄弟、叔伯去做他的工作肯定要比我们强。现在 H 村有七十多名党员，这些党员和村里多数老百姓是本家关系，让这些党员去做工作一是能向下沟通，二是能向上反映情况，这样工作也就好开展了。

针对乡政府通过村庄内部的基层干部和党员这一纽带来间接地利用家族关系与农户进行农业推广沟通的事情，H 村一位负责推广工作的党员也认为在很多问题处理上还是"当家兄弟好说话"，他说道：

> 现在农村的事情很复杂，很多时候有问题的话乡政府也解决不了，毕竟现在乡里好多干部都坐办公室，村里人他们也认不得几个，好多事情还是得村干部和党员们出马才行。就像俺们 H 村吧，多数人都姓侯，家族意识还是比较浓厚的。所以种植错季桃的项目一下来，村干部和村里的党员们就先从自己的本家入手，给他们讲种桃树的好处，碰上那些"顽固"的人，就跟他们反复做工作。毕竟我们都是"当家的"，在村里低头不见抬头见，过年的时候都要拜一个老祖宗，所以对方再顽固也不至于把我们赶出去，时间长了有的人也就转变主意了。

这样，在村干部和党员们的共同努力下，不到半年的时间就组织村民预流转土地 2921 亩，为项目的有效开展打下了良好的基础。2016 年，在已流转的 223 亩土地上开办先期的优质晚熟桃种植基地和优质桃繁育实验基地，随后开始试种露地桃树，并建立1000 平方米智能温室一座、2600 平方米智能暖棚一座和 2300 平方米智能暖棚三座，使项目有了实质性的进展。

可以看出，正是通过家族关系的沟通使得桃树种植项目有了较为顺利的进展。那么，原先较为反对的村民为何在"上门做工作"以后都改变了主意呢？家族关系又在沟通的过程中扮演了怎样的角色？根据笔者对一些原先反对的村民的访谈来看，村民改变主意除了顾及家族情分以外，更多的是迫于来自家族的"集体压迫感"。如一位曾经不愿流转土地入股的老人讲道：

> 原先我和我老伴儿一直种着家里的几亩地，感觉这日子也还可以，就不太想折腾了。可后来我那"当家"侄子（H村一负责沟通的党员干部）找到我，说其他村民都同意了，你不同意人家也搞不成，只能干瞪眼看你。我一想那些村民多数都是自己"当家的"，平时关系也还可以，所以也不想耽搁人家，也就同意了。

另一位曾经不愿意流转土地但最后改变主意的村民则无奈地说：

> 其实我最开始是不太想流转自己土地的，但是也经不住村里干部反复做工作，毕竟村干部在村里还是比较有威望和势力的，况且自己"当家的"好多最后都同意了，就我在那儿反对也是胳膊拧不过大腿，最后也就妥协了。

综上可以看到，在H村桃树种植项目的推广过程中，乡政府并未直接介入相关的农业推广沟通当中，而是通过发动H村村干部和党员的方式，间接地利用家族关系网络来与农户进行沟通工作。实际上，自农村税费改革和乡镇综合改革以后，农村基层组织的治理能力就已经极大地被弱化了[1]，因此，如何调动必要的社会资源来缓解农民对于乡里所开展的各项活动的排拒心理，成为

---

[1] 杨华、王会：《重塑农村基层组织的治理责任：理解税费改革后乡村治理困境的一个框架》，《南京农业大学学报（社会科学版）》2011年第3期。

乡政府所关注的问题。在 H 村的桃树种植推广项目当中，乡政府发现了文化网络中家族关系的重要性，并将其作为项目开展的有效"工具"，取得了一定的成效。然而，这种间接沟通的方式也存在着诸多问题，如家族介入产生的"集体压迫感"压抑了农民个体的诉求，乡级政府干部很难了解农民的实际需求，等等。因此笔者认为，虽然文化网络中各种组织和非正式的人际关系为现代化农业推广的沟通工作开辟了一条便利的通道，但以政府型农业推广组织为代表的"上传下达"式的正式沟通，以及由农技推广员与农民交流的非正式沟通，也应该得到应有的重视。要做到这些，或许农业合作化时期的"干部下乡""农技员推广制度"等做法还是值得我们去思考和借鉴的。

第三节　将商业性农业推广嵌入文化网络

将文化网络中的血缘、亲缘、地缘等关系嵌入商业性农业推广，为农民获取可靠的农资信息和采用农业创新成果开辟了一条"温情化"的道路，也使得农民在市场经济的浪潮中可以尽量规避风险。不过，若只认识这一面，也会导致理想、浪漫的偏差。实际上，商业性农业推广主体即农资产品经营者一样也会将文化网络作为其营利的便利渠道，从而将商业性农业推广的市场行为嵌入文化网络当中，这一点笔者在前文中已有所论述。因此，文化网络中的各种组织关系和人际关系，有时也会隐藏着一些"杀机"。

一　伤不起的假农资：情感兜底的商业欺诈行为

在当前农村社会，以"农资店为代表的商业性农业技术力量与农民的物理距离最近，而且与农民是乡土社会的熟人关系"。①

---

① 冯小：《公益悬浮与商业下沉：基层农技服务供给结构的变迁》，《西北农林科技大学学报（社会科学版）》2017 年第 3 期。

在南宫市，农资公司依靠遍布乡村的农资店进行产品和技术的输出，而农资店的老板则依靠熟人关系来进行农资产品的销售，并顺带提供一些服务和指导工作，进而解决了一些低程度的技物配套问题。对于乡村中所占数量较多、比例较大的小规模经营农户而言，由于公益性农业推广的缺失，他们多数情况下也只能依靠这些既是熟人又是商人的农资店老板了。

在调查中笔者发现，虽然农资店老板平时忙于生意，但是他们一般都与乡村文化网络中的各种关系保持着较为密切的联系，在日常生活中也会积极参与农村的一些事务。如在人口仅 1500 余人的 W 村，就有五家农资商店，这些农资店老板不仅是其所属家族的成员，同时也积极参与本村庙会的组织活动，其中一名农资店的老板还是本村的村主任。虽然这几家农资店的老板相互之间从关系上来看，既有同族关系也有街坊邻居的关系，但由于在同村经营农资店，自然也构成了市场竞争的关系。

有一天，笔者在其中一家农资店与吴 XL 老板闲聊，突然聊到了与该老板是同族关系的另一家农资店的吴 XY 老板。笔者向吴 XL 老板夸赞起吴 XY 老板是如何关心本村庙会活动和村中事务的，然而吴 XL 老板却话锋一转说道："实话告诉你吧，他也黑得很呢！前几年他卖过假农资，坑了村里村外不少人，还被工商局罚款了十几万呢！"笔者听到如此"反差"后惊讶地问道："他这么做难道不顾及与同村'当家的'和街坊们的关系吗？"吴 XL 老板则吸了一口烟苦笑道："现在有的人为了挣钱早就六亲不认了，都是熟人宰熟人，只要钱能进腰包谁会顾及这个。"

听罢吴 XL 老板这番"大义灭亲"的吐露，笔者顿时产生了一个疑问，那就是如果这件事是真的话，农资店老板通过熟人圈子来贩卖假农资，那他又是如何在熟人圈子里继续立足的呢？此后笔者在 W 村及其周围村落的调查中发现，农资商店老板在农资产品进货的时候都以营利为目的，对于农资产品的质量却并不太重视，通常都是同时销售多家品牌的农资产品，因此会出现鱼目混珠的情况。而一旦发生假农资或质量低劣农资给农民带来损失的情况，农资企业都会通过农资店老板与受害农民之间的熟人关系进行内部化解，从而尽量避免了事态继续扩大。就这一情况，W村一名村民与笔者讲道：

> 老百姓买农资一般都是在本村，有亲戚朋友介绍也会去外村买，但也不会走太远，毕竟通过熟人买还是踏实一些，但有的时候熟人还就是坑熟人，气得你直咬牙。就说俺们村那个农资店老板吴XY吧，论辈分他得喊俺爷爷，但俺照样也被他坑过。记得几年前俺去他店里买化肥，看到（其中）一个牌子的化肥要比其他化肥便宜不少，俺就问他这化肥咋样。他跟俺说这化肥质量还行，还说买的话还可以再打折，俺感觉挺划算就买了。结果一用才发现，这化肥根本就不顶啥事儿，俺挺生气的就专门去他家找到了他，骂他为啥连自己"当家的"都坑。他也是赶紧给俺赔笑脸，说他也是受害者，被生产假化肥的小厂家给忽悠了，还说俺那时不也是为了贪便宜才买了这么便宜的化肥，要是买价格高些的正牌化肥也就不会这样了。反正他这么一说，倒是搞得好像俺俩都有责任，后来协商了协商，他退了俺一些钱，这事也就稀里糊涂过去了。毕竟都是一个村的，又是"当家的"，还犯不着跟他去打官司去，再说咱老百姓也没这时间和精力。

可以看出，乡土场域的熟人关系并未改变农资商店老板以营利为目的的商人本性。为了获取更多的利益空间，农资店老板甚至不惜"铤而走险"，将血缘、地缘、亲缘等关系作为获利的渠道加以利用，等出现问题时再通过乡土人情去兜底，而与其联系的销售不合格产品的农资企业也会因此而逃脱责任。对于很多小规模种植的农民来说，在公益性农业推广弱化以后，由于其本身经济实力有限而很难获取高水平的商业性农技指导，又因为缺乏辨别能力而对"圈外"的商业性农业推广活动抱有戒心，所以在一些农技问题上只能依赖于与其熟人圈子相关联的农资店店主。如农民张 WS 无奈地说道：

> 像我们这些种植十几亩的小农户，才没人管你呢，遇到问题都得自己去解决，可咱老百姓又没啥文化，能解决啥。就说买农药、买化肥吧，那也是经常更新换代，像里面有啥含量、怎么用有时还都得听农资店老板的，但他为了卖钱有的时候就是坏的说成好的，等出了问题就说你没按照说明来做，把责任能推就推，根本就不顾及啥情义。但是话又说回来，熟人坑你，你还能找他去，要是外面人坑了你，你上哪儿找去。所以只要老板别太过分，出了事儿能去尽量解决，一般也还会继续和他来往。

实际上，农资商店老板采取同时销售多种品牌农资产品的战略，也与其辨别真假农资的能力有一定的关系。如 W 村的五个农资店老板中，除了一名上过高中以外，其他都是初中毕业，因此他们的知识水平也很有限。对于农资店老板而言，选择代销哪个品牌的农资产品通常更多考虑的是其营利空间，而其品质到底如何他们没有能力也无心过问。如果发生"假农资"问题，农资商店老板除了推卸责任以外，还会采取"长时间地相互走动""热心村中事务"等方式来尽量化解矛盾。其实，村中的几个农资商店的老板，都与本村的家族、庙会组织等有着非常密切的联系，其中一名农资店老板甚至还是该村的村主任。所以一旦与村民发生生意上的纠纷时，他们也会巧妙地动用手中的社会资源来加以化解，如村民李 WX 对笔者讲道：

> 要说村里的这些农资商店的老板，虽然在做生意的时候爱耍滑，但是他们也是挺热心村里的事儿的，比如那会儿修

庙的时候，张 YZ 老板就捐了五百块钱，那可是（20 世纪）
90 年代那会儿啊，对农民来说也真不是笔小钱了。后来一有
庙会他就主动过来帮忙组织，还自己掏钱帮买庙会用的东西。
还有就是那个当村主任的吴 WX，他也是俺"当家的"，不光
经营农资商店，还常操心着村里的事儿，家族修谱的时候他
也出钱出力，过年过节也常到"大辈儿"那走动，并主动调
解"当家"兄弟之间的一些纠纷，也算在家族里有些威望的。

可以看出，W 村农资商店的老板实际上也在文化网络中扮演
着重要角色，正如一名老板坦言："我的经营范围也就是本村和周
围那些村，平时低头不见抬头见，想做好生意就要和乡里乡亲在
日常生活中打好关系。"而农资商店老板通过文化网络积极参与村
中各项公共事务，并与所处的"熟人圈子"进行交往互动，可以
增强与其相关的血缘、地缘、亲缘联系，并为日后生意中可能出
现的问题打下良好的"人情"基础进而加以解决。其实，多数假
农资带来的私人矛盾还是可以在亲族友邻之间随着时间的推移得
以化解的，而这也使商业农业推广的市场行为顺利地嵌入到文化
网络当中。

实际上，关于假农资侵害农民权益的问题由来已久，而假农
资屡禁不止的社会现象也被一些学者们所反思，但学术界多从法
律和经济的角度出发来提出对策。如有的学者认为假农资问题主
要是由于农民维权的法律意识淡薄所造成的，因此为其提供法律
援助，增强其法律意识就显得尤为重要[①]；也有学者认为假农资问
题主要是由于农业合作组织缺失所造成的，因此促进农户、农资
销售商和农业合作组织的博弈平衡才是解决问题的关键。[②] 然而，
若从人类学的角度来看，假农资的存在与文化网络存在着密切联

---

① 王帅：《关于打假护农问题的法律思考》，《农业经济》2008 年第 2 期。

② 徐德云：《生产合作与假农资侵害规避：一个农户博弈的理论解释》，《财贸研
究》2010 年第 4 期。

系，在假农资侵害到农民利益的时候，血缘、亲缘、地缘等关系的运作就会起到一个中和的作用，从而使问题得以"内部消化"，这也是 W 村没有一家农资店因为假农资问题而关门的原因。因此，从农民所处的乡土社会入手，思考假农资之所以存在的社会文化环境，才能更为有效地解决假农资问题。

二　跑路的"乡友"：吴乡娃娃菜推广失败的案例

近年来，南宫市十分重视招商引资工作，并将其作为考核乡镇干部的重要政绩指标之一。因此，南宫市很多乡镇都会通过各种关系去"拉项目"，其中就包括诸多与商业性农业推广有关的项目，同时在这一过程中基层政府与农资企业的联系也在不断地加强。然而，农资企业的资质水平参差不齐，乡镇政府也常常苦于寻找合适的合作伙伴，尤其在市场竞争的环境下，很多资质水平有限的农资企业往往会包装自己以骗取乡镇政府的信任，进而借助政府力量来推销不良的农资产品，不仅使农民蒙受损失，也使基层政府的威信大受影响。因此，很多乡镇政府为了规避市场风险，在"跑项目"的过程中往往更欢迎老家在本地的在外企业家或者有威望的人前来投资和支援。关于这一点，一名主管农业工作的基层干部同笔者讲道：

> 现在对于商业性的农业投资，乡政府既欢迎也防范，因为现在鱼目混珠的事情太多了，如果出了差错让老百姓吃了亏，乡政府的责任就大了。就像我在乡里负责农业经济这块儿，也常有企业的人通过关系找到我希望得到乡政府的支持，好方便他们在乡里大规模地推广他们的农资产品。但是如果我们对于投资企业的资质不是太清楚的话，一般不会轻易同意的，毕竟以前也不是没发生过因为不合格农资事件而牵扯到乡政府的事。所以，现在乡里除了自己积极去"跑项目"以外，也积极吸纳老家在本乡的在外企业家或者"有头有脸"的人前来投资

和帮衬，这样一般比较保险。就像 H 村的错季桃种植推广吧，要不是 XX 局长帮忙争取到一笔资金，那项目也推广不了。

笔者在吴乡政府调研的时候，有幸看到了乡政府农业经济办公室存档的一份"吴乡在外乡友名单"，名单上都是老家在吴乡，而人都在外地的企业家、党政机关或企事业单位的领导干部、大学教授等"有头有脸"的人，并详细记录了每个人的工作单位、职务、联系方式以及其本人与老家的社会关系等。对于这份名单，乡政府也是极为重视，不仅随时会按照实际情况对名单进行增补、整理，还通过名单上"乡友"在吴乡的社会关系与其保持联络。关于这份名单的由来，该乡副乡长坦言："这些人都是吴乡招商引资的重要社会资源。"同时他又说道："这些乡友都和老家亲戚朋友们保持着联系，也愿意为家乡做些贡献，所以乡里都还是很信任他们的。"此后他又表示，在吴乡至少有七成的投资项目与"乡友"们有直接或间接的关系。可以看出，名单上的"乡友"们虽然常年在外经商、工作，平时也很少回到老家，但依然在乡土情结的作用下与老家保持着联系，因此也很自然地成为吴乡基层政府在招商引资过程中所重视的社会资源。然而，在笔者田野调查期间，却不幸目睹了一场与"乡友"投资推广娃娃菜有关的风波，此次风波不仅使该乡农民受到了损失、乡政府的威信受到了挑战，还让建立在文化网络基础上的商业性农业推广蒙上了一层阴影。关于这次风波的起因，还要从一次归乡探亲说起。

2015 年的一天，在北京开办公司经营蔬菜生意的郝老板回到了自己的老家——吴乡 C 村。说起这位郝老板，在 C 村算是个颇有传奇色彩的人物，他打小在 C 村长大，是该村主族郝姓家族的一员。高中毕业以后，青年时代的郝老板便与几个发小去北京闯荡，曾经做过保安，摆过地摊，后来开始与别人合伙做蔬菜水果生意，在生意做大以后郝老板便开始自己单干，凭着自己的努力生意也是越做越大，并创办了自己的公司，专门经营蔬菜生意。这位"能干"的郝老板，自然也成为乡里比较重视的乡友。得知他回来以后，乡政府农业经济办公室的干部们便与C村的村支书主动联系，一同将郝老板约出来，借此机会探探郝老板的口风，看他是否有意在吴乡投资。

让乡政府干部们喜出望外的是，在约谈的过程中，郝老板表示愿意在家乡投资娃娃菜种植项目，并爽快地表示在投资的过程中会向农户提供种子、农资、技术服务以及收获以后保证自己公司会收购等事宜，而农民只需要提供土地、劳动力和田间运输即可。看到郝老板有意向投资以后，负责招商引资的基层干部们开始与郝老板加强联系，并制订了该乡的娃娃菜推广种植计划，即先在郝老板的老家C村及其邻村S村，以及乡政府所在的X村试种300亩，以后再逐渐扩展为5000亩。关于为何先在这三个村进行试种，吴乡一名负责招商引资工作的干部讲道：

> 现在农民都比较保守，怕冒风险，所以一般不会轻易去接受一个新作物去种植。娃娃菜种植在吴乡也是头一次，所以只能先采取"由几个点带动一大片"的推广战略了。就是先选几个村子试种，等成功了老百姓看到实际效益了，才能放心去跟着种。后来乡里通过和郝老板协商，决定在C村、S村和X村这三个村子里联系农户先进行试种。选择C村是因为那是郝老板的老家村子，村民不是郝老板的"当家的"就是街坊邻居，所以村民的工作好做一些；选择S村是因为作为C村的邻村，S村村民和C村村民平时关系就不错，所以只要能做通C村村民的工作，S村的工作也会好做一些；选择X村是因为村里有个种植大户，平时和乡里关系也不错，他知道了这件事以后也愿意种一百来亩娃娃菜先看看。

于是，在前期准备工作就绪以后，娃娃菜开始在C村、S村和X村推广种植开来。为了解决娃娃菜收获后的保鲜问题，郝老板还在 C 村附近筹划建造了一座 4000 平方米的冷库，并表示以后还会相继建设库房以及其他的配套附属设施。在看到郝老板的"大手笔"以后，其他一些村子也开始有农户零星种植娃娃菜，推广形势呈现一片大好的局面。看到投资项目如此顺利，乡政府主管招商引资的干部自然很是高兴，有一天该乡副乡长驾车带笔者参观各村的娃娃菜种植地，他一边开车一边兴奋地预测道："现在娃娃菜种植还算顺利，等所有与娃娃菜种植相关的设备建成以后，一期就可以发展娃娃菜 1000 亩，年产量 5000 吨，到时候年收入至少得 300 万元！"不仅是乡里干部，很多农户也陷入了憧憬当中，如 C 村一位种植娃娃菜的农民说道："那个郝 XX 说是老板，但论辈分他得喊俺伯伯呢，所以都是'当家的'，俺也信得过。我听他（郝老板）说，娃娃菜的种子都是韩国进口的，品质没问题。现在城里人涮火锅啥的都离不开娃娃菜，价格也高，公司又负责收购不愁销路，感觉挣钱肯定没啥问题。"

这样，郝老板通过他与家乡村落的家族、街坊邻居的联系，以及与乡里干部们的非正式的人际关系，使他十分顺利地获取了信任，并在吴乡展开了娃娃菜种植投资项目。因此，郝老板的投资实际上也是通过他与家乡的血缘、地缘关系得以实现的，他的商业性农业推广行为始终是嵌入在文化网络之中的；而对于乡政府的干部们以及农民们而言，郝老板不仅仅是一个生意人，更是一个愿意为自己家乡做贡献的热心"乡友"，他之所以投资离不开他对家乡的一种"情怀"，更离不开与家乡父老乡亲们的关系，这样看来文化网络反而是嵌入在郝老板的投资行为当中的。这样，在娃娃菜种植推广的初期，郝老板与乡里干部们以及种植娃娃菜的农民们同处在了一个"蜜月期"。

然而，在娃娃菜收获以后，突然发生了一件让种植农户们措手不及的事，那就是郝老板不知为何没有找到销路，在收购了农户们手头的一小部分菜以后，其他的娃娃菜则全都积压在冷库。但由于冷库尚未完全建好以及管理不善，冷库里的菜也出现了烂掉的现象。面对这一情况，农户们急得团团转，乡政府的干部们也想方设法联系郝老板让其赶紧想想对策。然而，这时候郝老板却在吴乡"消失"了，除了在电话里郝老板表示"会想办法"以外，就再也没有后话了。无奈之下，农民们只好将已经烂掉的和即将烂掉的娃娃菜拿去喂牲口，或者直接扔在地里当肥料。面对这突如其来的"悲剧"，一名娃娃菜种植户愤怒地说道：

> 当时乡里干部说他（郝老板）投资是为了造福乡亲们的，后来俺们一想虽然与他不常见面，但毕竟也都是"当家"兄弟，坑谁也不会坑俺们。可结果呢？一出了问题就一跑了之了，也找不见他了。现在俺种的娃娃菜差不多也烂光了，但也只能干瞪眼没法子，也没人给咱负责任。唉！看来以后对谁都得长个心眼了，太相信别人吃亏的就是自个儿！

而面对这场事件，乡政府的相关干部们也感觉自己很"无辜"，同时也对郝老板的行为无比气愤，乡里一名曾经负责娃娃菜种植推广项目的干部说道：

> 其实刚开始销路出现了问题，让娃娃菜种植户受了损失的时候我们乡里倒不是很慌，因为做生意都是有赔有赚，开始有问题也很正常，只要企业可以承担责任继续投入就可以了。但是没想到的是他（郝老板）居然不管了，自己跑路了。要我说，还是他以前吹牛皮了，说自己公司多有实力，实际上啥实力也没有。现在出现了这档子事儿，他是不见了，我们乡里还得给他背黑锅，这家伙真是坑人不浅啊！

就这样，开展还不到两年的娃娃菜种植项目就这样夭折而草草收场了。实际上，从社会整合的角度来看，村落中外出的乡贤或者"能人"作为村落共同体因素，对于村落经济社会的发展起着重要作用，是不可忽视的本土资源。① 然而，在市场经济浪潮之下，当代半封闭的乡土经验使得熟人社会中村民间的共同感弱化，乡村社会结合逐渐从传统的"差序格局"转向"工具性圈层格局"，并导致乡土社会中的人际圈子也会存在潜在的危险。② 从吴乡的娃娃菜种植推广失败案例的经历来看，基于文化网络中各种人际关系之上的"差序信任"给郝老板的投资开通了一条"绿色通道"，无论乡政府还是种植农户都相信郝老板与吴乡的乡土联系使其不会轻易失信于他们。然而，郝老板的"跑路"却无情地打碎了人们最初的念想，并证明文化网络有时并非总是嵌入在商业性农业推广之中，使商业性农业推广具有某种程度上的乡土情感性质。在经济理性的影响下，商业性农业推广的自发性市场行为也会嵌入文化网络之中，使得文化网络中的各类关系充满了变数。

第四节　"理性"与"道义"：乡土社会场域中农业推广的两个面相

谭同学通过对粤西程村的乡村史研究指出，"当代农民同时兼具两副完全相反的面孔：为'利'而拼命，但亦不愿被'人欲即天理'的现代经济学'巫术'所吞没"，因此常利用犬儒和包容的方式，试图糅合利益算计和温情脉脉。③ 而在此之前，秦红增通过对广西桂村的研究也发现，当代乡村社会的人际关系有着"差序格局"和"团体格局"的二元性质，而这两种格局都是农民为满足自身利益所依赖的关系资源，都是农民当代生活中必不可少的。④

---

① 杨小柳：《村落视野中的乡村社会整合：广东梅县书坑村的个案研究》，《中南民族大学学报（人文社会科学版）》2010年第4期。
② 谭同学：《当代中国乡村社会结合中的工具性圈层格局：基于桥村田野经验的分析》，《开放时代》2009年第4期。
③ 谭同学：《双面人：转型乡村中的人生、欲望与社会心态》，社会科学文献出版社，2016。
④ 秦红增：《桂村科技：科技下乡中的乡村社会研究》，民族出版社，2005。

从当前乡村的文化网络与商业性农业推广的互嵌关系来看，一方面，文化网络中的各种规范会让参与到商业性农业推广中的各方建立起码的"差序信任"，使得建立在血缘、地缘、亲缘等关系基础之上的组织形式和人际关系与市场保持着某种程度上的契合；而另一方面，商业性农业推广中的各类市场规则所催生的利益诉求，又让参与各方在交易的过程中同样也存在着"经济理性"，并以此将血缘、亲缘、地缘等传统型关系与市场作出适当的区隔。因此，在这一背景下，乡土社会场域的农业推广也具有了"理性"与"道义"并存的两种面相。

一 "生意账"与"感情账"：农资商店营销的"中间道路"

从前文有关吴乡农资商店发展情况与特点的相关论述和分析可以看到，农资商店作为与农民物理距离最近的商业性技术力量，一直在商业性农业推广过程中发挥着重要作用。同时农资店老板在追求利益与树立威信的双重驱使下，既扮演着商业性农业推广者的角色，也扮演着热心于村中各种公共事业的角色。然而，在很多农民眼里，由于在农资交易过程中出现过的"假农资"事件，一些农资商店老板仍是"见利忘义""耍滑头"的代名词。不过即使如此，由"假农资"所引起的事件仍可以通过熟人社会的情感兜底而得以平息，扎根于农村的农资商店仍然可以在乡土社会领域中继续维持下去。关于这一点的原因，前文主要通过农户们的表述以及笔者的分析加以解释，下面笔者将从农资商店老板的认识出发，以 W 村农资商店老板吴老板的经营活动作为个案，来揭示农资商店老板是如何在追求经济利益的同时又维持好自身威信的。

说起吴老板，在 W 村那是一个人人皆知的"有钱人"，虽然他只有初中文化程度，但自从 1996 年接手了其父亲的农资商店以后，就把生意干得有声有色，发了财以后不仅在南宫市买了一套房子，还在石家庄市为其两个还在上学的子女买了两套房子，用于其今后结婚居住。笔者在田野调查期间常为其孩子辅导功课，因此取得了这位吴老板的信任，他也经常向我介绍农资店的经营情况以及他本人的"生意经"。当笔者谈及他如何把农资生意做大的时候，吴老板回答道："在乡下做的都是熟人生意，所以既要算好'生意账'，也要算好'感情账'。这'生意账'是怎么想法子让农资产品能越卖越多，赚更多的钱，这'感情账'就是怎么能和村里村外的老百姓们打好关系，毕竟农村市场就那么大，要是光顾着挣钱，欠人家'感情账'太多，这生意也不好做。"接着，吴老板又详细说到了在做生意的过程中他与购买农资的农民之间的互动往来，其中就提及了农民购买农资的赊账行为以及他的应对策略：

> 农村市场和城里的市场不一样的是买东西的人都是沾亲带故的，你像买我家农资的人，好多都是本村"当家的"或者街坊邻居，周边几个村的也有，但也都是常见的熟客了。这些熟人买农资，不管大户小户基本上都赊账，当然这也是村里农资买卖不成文的规定，不光我，其他农资商店也这样，否则人家就感觉你做生意不够意思。因为都是熟人了，一般很少有赖账不还的，不过也有特殊情况一时还不上的，比如谁家有儿子结婚啥的钱一时周转不开，我也都会通融的，啥时候有钱啥时候再还，毕竟都是乡里乡亲的，谁家没个难处，因为钱的事儿闹僵了也不值当。但是不管咋说还是有一个前提，那就是必须还钱，要是故意拖账或者赖账那可不行，毕竟我做的也都是小本生意，要是都欠钱不还这生意也就没法做了。像以前就有个老赖，在我这儿欠了几千块钱，快三年了都没还，我碍于和他是"本家"就一直没问他要，后来看他也没还的意思，我就亲自上门去他家催。他呢，就找各种理由糊弄我，什么儿子做生意赔本了，他爹身体不好需要治病花钱啥的。后来我就跟他说，我做生意也不容易，当时就

因为咱都是"当家的"才赊账给你的，那么多年了也一直没问你要，你今天不管咋地也得还一部分。但我都说到这份上了，他还是不还。后来我就专门等到他家棉花收了以后，拿他家的棉花抵债。

可以看出，对于购买农资的农民不同性质的赊账行为，吴老板采取了不同的态度。一方面，对于因为有特殊原因而一时无法还钱的农户，吴老板采取了通融的态度，不仅不会催账还表示"有钱再还"。对于吴老板来讲，虽然挣钱固然重要，但是熟人圈子里的人脉关系更为重要，因此要把感情放在第一位，而这笔"感情账"也显示出乡土社会场域所固有的"传统的温情主义"①；另一方面，对于"故意拖账"和"赖账"的农户，吴老板先是给予忍让，但到了一定的时候则不会再顾及自己与欠债者的感情和关系，而是坚决把这笔"生意账"算清，并采取"上门催债""以棉花抵债"等方式来尽量挽回自己的损失。因此，吴老板对于赊账行为所采取的是"道义的"选择还是"理性的"选择，完全是在有一定弹性的"容许范围"当中去寻找和把握的。②

此后，随着笔者与吴老板交流不断增多和深入，他就农资产品的销售策略、可能会出现的售后纠纷以及如何去化解等也都从自己的角度进行了阐述，而如何算好"生意账"和"感情账"等经营的核心理念仍贯穿在其中，他讲道：

农民购买农资都有自己的想法和偏好，需求也都不一样，所以为了保证多盈利，现在农资店一般都是销售多个品牌的农资产品，选择哪个牌子由买主自己决定。如果买主问的话，我就给他介绍下农药的药效或者化肥的功效，但我也不是专

---

① 内山雅生：《中国华北农村经济研究序说》，金泽大学经济学部，1990。
② 张思：《近代华北村落共同体的变迁》，商务印书馆，2005。

家，也只能大概给他讲讲，他买的牌子到底咋样还是得他自己去判断，如果感觉可以就买，不行就算了。但有的时候就有农民找到我，说卖给他的化肥质量不行，意思是我得承担他的损失。但问题是化肥是他们挑的啊，我进货的牌子那么多，为啥质量好价格贵的他不买？再说我就初中毕业，又没啥专业知识，进货的时候也没法分辨哪个质量好，哪个质量差。但都是乡里乡亲的，遇上这事我也自认倒霉，如果是因为农资质量差一些的话，就少收些钱，真是卖的农资一点儿不顶事的话，这钱我也就不要了，反正都是赊账，买主也有主动权。

笔者在调查中也发现，虽然农资质量问题造成的纠纷很多，但是多数还是可以在熟人社会的情感兜底下得以化解，从而避免演化为恶性的社会事件。从吴老板的生意对象来看，其客户关系网络基本与其所处的文化网络相重合，家族成员、街坊邻居以及外村的一些熟人都是他的客户，同时他本人热心于本村的各类公共事业，如积极参与家族活动和庙会活动等。然而，这并未改变他同时也是一个商人的事实，在其经营农资生意的时候考虑得最多的也是如何扩展其营利空间，而非与买主之间建立在传统关系之上的感情，只不过最后若发生问题，这种"感情"可以作为化解问题的"良药"而加以利用。因此，既算好"生意账"又算好"感情账"的吴老板，在经营生意的过程中，既具有"合理小农"精于算计的一面，同时也具有"道义小农"注重感情的一面，而这种走"中间道路"的经营方式，也使得吴老板在乡土社会的生意场中站稳了脚跟。

二 "因人制宜"的果树专家老杨：农户间技术的传播之"道"

20世纪90年代，农技体系的"断奶"改革造成了基层农技体

系的财政困难和组织功能的弱化，因此基层农技体系普遍出现了
"线断、人散、网破"的现象。[1] 受此影响，公益性农业推广技术
员逐渐消失在人们的视野里，农业技术的传播更依赖于商业性农
技推广体系。然而，商业性农技推广体系的目的是促进农资产品
的销售以及提供有偿的农技服务，因此也存在着由市场自发性行
为所引发的风险问题。为了规避风险，农民在了解和学习相关农
业技术时，更偏向于求助自己所属文化网络中的各类人际关系，
如家族成员、亲戚朋友等。不过，受改革开放以后"打工经济"
的兴起以及村落内部劳动力商品化的影响[2]，文化网络也逐渐受到
了市场规则的渗透，并对农民之间技术传播的行为方式产生了很大
的影响。下面笔者将通过 M 村果树专家老杨传播技术的故事，来展
现农户间技术的传播之"道"。

　　老杨出生于 1971 年，是吴乡 M 村一位小有名气的果树专家，
同时也以"敢拼敢干"而在村里出名。之所以说老杨是一位果树
专家，主要因为两方面：一方面是他上过中专，相较于同龄人而
言有较高的文化水平，而且平时喜欢钻研一些与果树种植技术相
关的知识，在果树种植方面懂得比较多；另一方面，老杨还是一
名乡镇干部，专门负责农村经济工作，由于其工作性质的关系，
他可以接触到很多农业局和大学的农业专家，也可以经常向专业
人士请教到很多与果树种植相关的技术和知识。说他"敢拼敢
干"，是因为吴乡在 H 村推广错季桃种植的初期，老杨就开始响应
号召，在自己承包的 50 余亩地里全都种上了错季桃，而其他还在
观望的农民依然种植传统作物棉花、小麦和玉米。因此，笔者第
一次来到 M 村看到老杨的桃树林被其他庄稼所包围时，就感觉有
些"扎眼"。

---

① 周曙光、吴沛良、赵西华：《市场经济条件下多元化农技推广体系建设》，《中国农村经济》2003 年第 4 期。

② 曾红萍：《农村内部劳动力商品化与社区社会资本变迁》，《中国农村观察》2016 年第 1 期。

当笔者第一次拜访老杨时，只见他戴着一个草帽，穿着一件已经发旧并沾有灰土的背心，黝黑的脸上仍留有汗迹，与一般辛勤的农民并没有什么差异。然而，当老杨津津乐道地说起他如何学习和掌握果树种植技术的时候，却又让笔者见识到这位果树专家的风采。当笔者问到为何 M 村只有他在种植桃树，其他村民却还在种植传统作物时，老杨便吐露了其中的一些原委：

> 现在农民都比较保守，怕种植新作物找不到销路，所以总是畏畏缩缩的，宁可少挣钱，也不愿意种些更能赚钱的作物。就说我种的桃树吧，等结果的时候肯定要比庄稼挣得多，但是很多农民就怕担风险，你就算给他讲再多种桃树的好处，他的脑袋也会摇得跟拨浪鼓似的。当然，我也是一名乡镇干部，按道理讲也应该带领乡亲们致富。再说村里一条街的人都是我"当家的"，从感情上来说我也应该帮衬下大家伙儿，但要是他们的思想转变不过来，说得再多也是白忙活。不过我也不是说我不愿意帮助大家，只要谁对种植桃树感兴趣，愿意向我请教的话我肯定会跟他讲，但要没那意思，那也就算了。

虽然老杨在与其他农户的技术交流方面采取了较为保守的态度，不过他依然愿意对认同他的做法并有意愿对桃树种植进行投入的农民伸出援手，因此他的果树种植经验还是在特定的圈子里得到了传播。在老杨开始种桃树半年以后，给老杨做雇工的两个农民也决定在自家地里种植一些桃树，并专门向老杨请教了一些有关种植桃树的事宜，这两个农民其中一人是老杨的"当家"兄弟，另一个则是邻村的一位村民。对于这件事，老杨向笔者说明了当时的情况，并表达了自己的一些想法：

> 我种的桃树太多，所以经常要雇工，里面既有我"当家"兄弟、街坊邻居，也有邻村的一些村民，都算比较熟悉。因

为里面有些人不是熟练工，所以有些细节问题我还要同他们讲，时间一长他们对种桃树的一些工序也就熟悉了。后来给我做雇工的一个"当家"兄弟找到我，说他也想种些桃树试试看，我就鼓励他说没问题，有啥技术问题咱可以多交流。后来没多久另一个邻村的雇工也决定种一些桃树，我就帮他俩联系了一家卖树苗的厂子，那老板跟我也熟，就以优惠价格把树苗卖给他们了，当然他们出于保险也就各种了十来亩。其实我还是那句话，那些愿意种并主动找到我的，我还是愿意尽量去帮的，毕竟大家一起赚钱也没什么不好。

然而，随着笔者与老杨交流的日渐加深，他也向笔者表达了他之所以采取这种保守性技术交流方式的另一层原因：

> 说实话，现在做好事也难，弄不好有可能就成为罪人。你像我种桃树，也有人过来问我将来销路咋样，但我只能告诉他我也不知道，毕竟现在想挣钱就要有承担风险的勇气，要不你就种点庄稼，钱是少，但一时半会儿放不坏也不至于砸自己手上。所以说，我真劝动了他们，万一出了什么事儿那我就是罪魁祸首，都一个村低头不见抬头见的真没啥意思。除非你愿意承担这风险想多挣些钱，确实认为这条路子可行，又是亲戚朋友，我才愿意和他多交流。

由此可见，以老杨为代表的"因人制宜"的技术交流方式，显示出"理性"与"道义"并存的特点。一方面，为了避免因自己的"热心"而陷入不必要的麻烦，老杨会避免主动与其他人进行技术交流；另一方面，处于熟人圈子当中的老杨也不会完全关闭自己与他人展开技术交流的大门，只要对方与自己属于"熟人关系"，并主动与老杨联系，他也会尽力帮助，正如老杨的"当家"兄弟得到老杨的帮助一样。而这也折射出当前乡村社会结合的特点，即人与人之间结合的纽带、方式及其功能①，在市场规则和乡土人情的双重作用下会不断做着符合"现实"的调试，以适应不断变化的社会。

本章小结

改革开放以来乡村文化网络的复苏为农民获取必要的社会资源提供了一条便利的渠道，同时也成为商业性农业推广介入乡村经济和生产中的重要中介。在这一背景下，文化网络中的文化性和社会性因素嵌入到商业性农业推广当中，使农民可以最大限度地规避市场风险。尤其是文化网络中跨村落的人际关系，使得农业创新可以在乡村社会有效地扩散，为商业性农业推广在农村的开展充当了"不自觉"的工具，同时也成为政府推行商业性农业项目的重要社会资本。而这样一来，似乎文化网络为农民获取农技信息和相关知识提供了"温情主义的保障"，并使冰冷的农资市场产生了些许乡土人情的"暖意"。

不过，实际上问题并非如此简单。如果反向来看的话，商业性农业推广中的市场行为也同样深深嵌入到文化网络当中，并借助文化网络中的各种组织关系和人际关系来达到自身盈利的目的。而在这一过程当中，市场自发性的缺陷往往会显现出来，如案例中所列举的乡村熟人圈子里的"假农资事件"、农业项目中乡友的"跑路"事件等，都显示出市场行为嵌入到文化网络中有时反而成了损害农民利益的"甜蜜陷阱"。只不过，由市场自发性所造成的纠纷和影响仍然可以通过乡土社会场域的"情感兜底"来加以化解，才未进一步演化为恶性的社会事件。② 同时也表明，冰冷的市场关系与充满温情的亲缘和地缘关系之间的张力

---

① 麻国庆：《家与中国社会结构》，文物出版社，1999。

② 冯小：《公益悬浮与商业下沉：基层农技服务供给结构的变迁》，《西北农林科技大学学报（社会科学版）》2017年第3期。

始终存在。①

　　另外，商业性农业推广与文化网络的互嵌，也造成了当前乡土社会场域中农业推广的"理性"与"道义"并存的两个面相，使农技服务供给结构可以在市场规则和乡土人情的双重作用下以一种平稳而保守的方式得以维持。如农资商店的吴老板，既要利用所属的文化网络作为其获利的便利渠道，又要维护好其所属文化网络中各方的人际关系，使得自己的农资生意在乡土社会场域中站稳了脚跟。他的农资营销方式，使我们看到当代乡村社会网络所呈现出的是兼具情感性关系和工具性关系的混合性关系结构。② 而从果树专家老杨"因人制宜"的农技传播策略，也使我们感受到在乡村社会关联度日益下降的今天③，农民之间依然会在传统道义伦理的社会基础之上相互交流和结合。总之，自我调节的市场若破坏原有的经济嵌入社会的状态以及稳定的社会网络，也必将触发社会保护的反向运动。④

　　言及于此，我们对当代以商业性农业推广为主导的乡村社会经济有了一个更为明了的认识，即商业性农业推广虽以市场规则作为其行动的准则，但它同时也离不开乡土社会场域中文化性与社会性的力量支持。如何借助重建的文化网络的权力来适度超越"私"的目标，建立起以"乡土人情"为基础的公共性社会文化规范，以消解纯粹市场逻辑中有碍于社会进步的消极因素，成为商业性农业推广与文化网络能够实现良性互嵌的重中之重。

---

① 谭同学：《亲缘、地缘与市场的互嵌：社会经济视角下的新化数码快印业研究》，《开放时代》2012 年第 6 期。
② 于凤春、刘邦凡：《社会学概论》，中国铁道出版社，2011。
③ 贺雪峰、仝志辉：《论村庄社会关联：兼论村庄秩序的社会基础》，《中国社会科学》2002 年第 5 期。
④ 卡尔·波兰尼：《大转型：我们时代的政治与经济起源》，刘阳译，浙江人民出版社，2007。

第五章 科学与"土法": 农业现代化背景下的科学知识与地方性知识*

所谓农业现代化,是指"通过科学技术的渗透、现代要素的投入、市场机制的引入、工业部门的介入和服务体系的建立,用现代科技改造农业、现代管理方法管理农业、现代工业装备农业、健全的社会服务体系服务农业,使农业在形态上逐渐具有现代化的特征"。① 新中国成立以后,吴乡曾在农业合作化的浪潮下展开过大规模的现代化农业推广活动,使当地的农业现代化程度有了很大的提升。与此同时,科学的农业推广活动亦没有放弃民间的地方性知识,尤其在农业资本缺乏的时候,科学知识与地方性知识往往会相互混合,以保障当地农业生产活动的顺利开展。

改革开放以来,随着农资市场的开放以及多元农业推广组织的发展壮大,包含农业基础设施、农业生产手段、农业科学技术

---

* 美国学者格尔茨所表述的"local knowledge",在中国大陆学界一般翻译为"地方性知识",在中国台湾学界则普遍翻译为"地方知识"。我国学者巴战龙认为,"地方性知识"译法强调知识的"地方性"属性,让人们误以为"local knowledge"就是传统知识。而"地方知识"的译法强调知识的多元化,即"local knowledge"包含类官方知识、大众知识和传统知识。因此,"地方知识"更能代表格尔茨的原意。本章所涉及的"地方性知识"主要指来源于本地的传统知识以及类官方知识,与格尔茨的"local knowledge"存在差异。参见巴战龙《地方知识的本质与构造:基于乡村社区民族志研究的阐释》,《西北民族研究》2009年第1期。

① 黄祖辉、林坚、张冬平:《农业现代化:理论、进程与途径》,中国农业出版社,2003。

等在内的农业现代化步伐进一步加快。在这一背景下，农民除了利用现代化要素来提高农业生产效率以外，依然没有放弃传统农业知识、与农业生产相关的信仰仪式，以及依靠地方性认知来认识、应用相关农业创新成果。在科学知识与地方性知识互动的过程中，当地的农业现代化也融入了乡土文化要素。

第一节 地方农事实践：农业推广中科学知识与地方性知识的契合

农事实践是指"与农业生产相关的一切实践活动，如作物的播种、田间管理、积肥、治虫、除草、防灾、农机具维护以及家禽饲养等"。① 在传统农业社会中，农民耕作往往依赖于建立在农业生产经验基础之上的地方性知识，而对于科学知识的掌握却较为贫乏。新中国成立以后尤其是改革开放以来，随着各类现代化农业推广活动的不断开展，科学知识也得到了广泛的传播，并深深地嵌入当地的农业实践当中，与地方性知识在相互吸收和磨合的过程中，共同构成了符合当地民族生境的地方性知识体系。

一 解放以来南宫的农事实践

南宫解放以后，中共南宫县委在上级指示下开始了对当地农事实践的指导，在强大的国家权力嵌入型农业推广的介入下，与农耕作业相关的科学知识在农村得到了普及，并逐渐嵌入农民的日常生产生活当中。然而，科学知识的普及并不意味着地方性知识就此受到了压制，很多土生土长且富有民间智慧的地方性知识不但延续了下来，还在农民的实践过程中不断地完善，并与科学知识相结合形成两类知识相契合的农业知识体系，而这也使当地的农事实践拥有了更为丰富的话语体系。下面将从解放以来南宫

---

① 金文林：《农事学》，中国农业大学出版社，2000。

的农事实践出发,说明在农业现代化背景下,科学知识和地方性知识是如何结合在一起、共同促进当地农业生产的。

(一)农业生产基本条件

南宫的农业生产基本条件客观上存在一定的不足,即土地"大平小不平",土壤质地以潮土类为主,土壤贫瘠,缺乏养分,加之各季降水不均,尤其是春天干燥多风,容易出现春旱现象,很大程度上制约了当地的农业生产,因此南宫很长一段时间内都实行旱作。[①]新中国成立以后,南宫县通过多次平整土地运动、增施肥料与防涝治碱相结合的土壤改良运动、兴修水利运动等,使当地的农业生产基本条件有了很大改善,可耕作的农业品种明显增多。20世纪80年代末棉田地膜覆盖技术的广泛推广,更是从科学上有效提高了地温并做到了保水、保肥,从而极大提高了棉花的单产和品质。

除了政府主导的各项治理运动以及基于科学知识基础之上的生产条件改良活动以外,当地农民亦有自己的一套改善农业作物环境的传统措施——中耕。所谓中耕是指作物生长过程中在株行间进行的表土耕作,通过对土壤的适当翻倒来疏松表层土壤,以起到增加土壤通气性、提高地温的作用。关于中耕,南宫民间就有"锄头上有水又有火"的农谚,意思是适时中耕,天旱时可松土保墒,地湿时可松土凉墒。[②] 不过在新中国成立初期,农民一般只对大秋作物进行中耕,直到1957年在当地农民不断实践的基础上才开始对农作物进行因时制宜的科学中耕,《南宫市志》就记载了农民马长立探索科学中耕的一段事迹:

> 20世纪50年代中期,马晒衣村农民马长立,经数载实践,总结出棉花播种后,只要种芽一扎地,就开始锄"梦花"

---

① 河北省南宫市地方志编纂委员会编《南宫市志》,河北人民出版社,1995。
② 河北省南宫市地方志编纂委员会编《南宫市志》,河北人民出版社,1995。

（即出苗前锄），可提高地温，促发苗。苗期，只要下雨后就锄一遍，称勤中耕，以疏松土壤。从出苗到现蕾，一般中耕3~4次，开始用锄头中耕，后又单铲耕耘深中耕，逐渐加深，由开始深耕3厘米，逐步加深到10~12厘米。他总结出中耕的四大好处：一是"早中耕地发暖"，土壤疏松，通气良好；二是"勤中耕地不板"，土壤疏松，通气好；三是"深中耕主根深"，壮苗先壮根，使壮苗早发；四是"深中耕节间短"，株壮而不旺，生长敦实，棉棵横发。这四条经验至今仍在全市推广应用。[1]

实行家庭联产承包责任制以后，科学种田知识已在农村普及，同时农民也会根据实际情况将科学知识与中耕经验结合起来进行具体的农耕作业。如谷子进入拔节期、玉米进入大喇叭口期时，农民都会结合追肥覆土以增肥效，并用切断浮根增加次生根的方法来促进根系发达抗倒伏，顺便消除杂草，以便保障农作物的顺利生长。[2]

在这里，有两种关系密切的改善农业生产环境的共同体和话语体系：一方面，以政府、农业科研单位为代表的科学知识共同体，主要通过农业环境治理、农业科学知识普及的方法来实现农耕环境的改善；另一方面，是当地富有农业传统知识和农耕经验的农民，他们通过利用改良后的传统农业技术也能实现同样的效果。例如中耕，经过农民的实践和经验总结以后在改善农业生产环境的过程中就发挥了很好的作用。同时，还可以看到这两种不同性质的知识并没有相互排斥，而是保持着一种共生乃至相互融合的状态。如当地农民在接受了科学种田知识的同时仍保持着中耕的习惯，并在农事实践的过程中不断改善中耕技术，使得农耕环境在两种知识的共同推动下逐渐得到了改善。

---

[1]　河北省南宫市地方志编纂委员会编《南宫市志》，河北人民出版社，1995。
[2]　河北省南宫市地方志编纂委员会编《南宫市志》，河北人民出版社，1995。

（二）田间管理

解放以前，南宫县的耕地高低不平，肥力低下，农田灌溉也跟不上，因此在田间管理方面也较为粗放，基本属于"靠天吃饭"的状态。解放以后，南宫县政府针对当地农田管理水平的实际情况，开展了增施肥料活动以及一系列农田基本建设，并派遣农业技术员指导农民如何科学管理农田，为农田的科学化管理打下了良好的基础。

解放后政府所主导的田间管理的一大特点就是与科学技术传播、专家献策以及政府动员紧密地联系在了一起。如在增施肥料方面，技术员要专门指导农民如何科学施肥，并在实验田内进行试验来验证哪种肥料更适于推广，同时政府还会组织农民群众按照要求积造农家肥，因此农业合作化时期的田间管理也是一项较为复杂的系统工程。这一时期受农资紧缺、生产条件落后等因素的制约，科学知识与地方性知识相结合的事例也较多。如当地农民在长期生产过程中习惯于积造农家肥，即人粪尿、牲口粪、垃圾柴草等沤制的肥料。这些肥料不仅成本低，而且含有氮、磷、钾等微量元素，有利于疏松土壤以及促进土壤团粒结构的形成。农家肥的这些特性，使当时农业科研所研发和推广的部分肥料需要与农家肥混合使用才能有更好的效果，如当时所使用的菌肥"5406"、磷细菌肥、固氮菌肥等就需要与农家肥混合作底肥，磷矿粉必须与农家肥料混合发酵后使用等。

同时，在农业技术干部和农业技术员的指导和帮助下，农民都学会了如何针对不同作物进行科学施肥、灌溉等，如20世纪70年代以后，农民已经学会根据不同节气对不同作物进行追肥，其中小麦重追"返青"肥、棉花重追"盛花期"肥、谷子重追"拔节"肥、玉米重追"大喇叭口期"肥，追肥后立即浇水，可以有效促进农业的增产丰收。[1] 此后，河北省农业科学研究所就如何科

---

① 河北省南宫市地方志编纂委员会编《南宫市志》，河北人民出版社，1995。

学追肥进行了长期的研究试验，并取得了很多有效成果。如 1985
年，该所对冬小麦在同样的土壤、品种、施肥量以及同量灌足底
墒水的条件下，在小麦生长的不同时期进行相等灌水量的浇水，
最后试验证明小麦在底墒水足的条件下，再灌冻水增产效果明显，
这一经验很快在全市普及。[①] 农作物追肥、灌溉等田间管理技术虽
然建立在科学试验基础之上，但是仍需要农民对节气的准确把握，
尤其需要农民根据自身的农耕经验来对追肥的量、时间等要素进
行准确的把握，而这很好体现出农业生产过程中科学知识需要与
地方性知识相结合才能达到更好的效果。

（三）耕作制度

新中国成立以后，南宫地区在长期的农业生产实践中，逐渐
形成了具有当地特色的耕作制度，即合理提高复种指数、用地和
养地相结合、充分利用地力等。而这一套耕作制度也是在科学知
识与地方性知识不断互动与调整的过程中逐渐形成的，并对南宫
地区的农业生产活动产生了较为深远的影响。

针对当地春季干旱少雨的特点，自 20 世纪 60 年代起，南宫很
多地方都开始兴修水利，为耕作制度的改制打下了良好的基础。
其中较为突出的有：改传统的轮作倒茬制为大面积复种轮制，不
断提高复种指数；冬小麦与杂交玉米、杂交高粱两茬平播，使土
地得到了充分的利用；学习并大面积推行石家庄地区的"三密一
疏""六密一疏""七尺半一带"的小麦种植方法等。[②] 可以看出，
当地耕作制度的改制既包含对科学知识的运用，也包含对其他地
区的地方性农业知识的学习。然而，改制后的耕作制度依然存在
着较大缺陷，如改制后小麦与油菜同时播种的套种方法、麦收后
种夏玉米或高粱等作物的轮作方法等，虽然大大提高了复种指数，

---

① 河北省南宫市地方志编纂委员会编《南宫市志》，河北人民出版社，1995。
② 河北省南宫市地方志编纂委员会编《南宫市志》，河北人民出版社，1995。

却严重消耗了地力，也使晚秋作物与种适时麦相互影响，反而限制了各作物产量的增加。① 因此 20 世纪 80 年代以后，农技推广部门按照国家的要求又对耕作制度进行了改良，即粮食作物以一年两熟为主，扩大棉花种植并在棉田内合理套种等。这样一来，复种指数降低，单位面积产量也得到了提高。②

目前，南宫地区一年两熟的作物主要是小麦—夏玉米，其次是小麦—夏谷子、棉花—瓜菜；一年一熟的作物主要是棉花、春花生。③ 与此同时，农民在种植棉花的时候还习惯于间作套种绿豆、土豆、洋葱等作物，不仅有效提高了土地利用率，还在时间、空间上集约利用了光、热、水等资源。南宫地区逐渐形成这种耕作制度的客观基础，一方面是该地的自然生态条件，即属于温带大陆性季风气候，四季分明且降水分布极不均匀，在春季易出现干旱多风的气候，且土地贫瘠、养分缺乏④，因此当地耕作制度的改良都是按照当地自然环境的特点不断调整的；另一方面，则归因于农业生产水平和社会经济条件的提高，如灌溉设施的改善、农资产品的换代升级、农业机械化水平的提高等都给当地农耕制度的改良提供了良好的生产环境。

总体来看，农民在种植步骤、耕作方式以及作物选择等方面接受了农技部门的推广建议，并服从于后者有关农耕制度的各项安排，但亦不放弃微调。如在改制后的地块上套种一些符合当地自然环境兼具食用价值的作物，而这也让我们再次看到了科学知识与地方性知识的结合之可能，同时也表明当地今日所形成的农耕制度亦是"科学"与"土法"互嵌的知识体系。

从以上所列举的解放以来南宫地区农事实践不同方面的科学知识与地方性知识共生与融合的事例可以看出，地方性知识面对

---

① 河北省南宫市地方志编纂委员会编《南宫市志》，河北人民出版社，1995。
② 河北省南宫市地方志编纂委员会编《南宫市志》，河北人民出版社，1995。
③ 南宫市地方志编纂委员会编《南宫市志》，中国文史出版社，2014。
④ 南宫市地方志编纂委员会编《南宫市志》，中国文史出版社，2014。

科学知识并非总是处于被压制、被剥夺话语权的局面，农民在接受科学知识的同时也会根据实际情况利用地方性知识进行农事劳作，两类知识体系的结合也使得农民可以更为游刃有余地化解农耕作业中的不利因素。此外，我们还发现，地方性知识有时也会随着科学知识的传播而得到不断完善，如农业传统上所延续的中耕技术，就在农民不断实践的基础上得以实现技术优化。同时中耕还与科学追肥结合在了一起，更加体现了两类知识的契合性。

二 薛 M 夫妇的棉花种植过程："科学"与"土法"相契合的个案

关于科学知识和地方性知识如何结合在一起并服务于当地的农业发展，笔者以 X 村薛 M 一家的棉花种植过程为例进行描述和分析。薛 M 和他的妻子都是年近六旬的老人，儿子儿媳们在外地工作，因此家里耕地都由老两口料理。薛 M 家一共耕种了十五亩棉花地，虽然棉花相较小麦、玉米等轮作作物要费时费力，但由于每亩棉花的纯利润相对高一些，所以薛 M 还是选择了棉花种植以增加家庭收入。笔者在长期的观察过程中，也记录了薛 M 一家种植棉花的整个过程，下面将通过对这对夫妇的植棉过程以及他们对以往植棉回忆的描述与分析，来展示科学知识与地方性知识是如何互动并结合在一起的。

阴历的二月中旬是植棉的开始阶段，准备种植棉花的农民们纷纷来到自家地里开始"挠地"（也称为春耕地），其中就包括薛 M 一家。挠地是为了将土壤的营养层翻转过来，并达到疏松土壤的目的，是作物播种前不可或缺的重要环节。因此，薛 M 家雇用了一台拖拉机专门来自家地里挠地，拖拉机前面带有旋耕犁用于将土壤翻起来，后面的铁盖则将翻起的土壤再平整掉，这样拖拉机在"前翻后平"的作业下就将挠地、平地一气呵成地完成了。另外，在拖拉机作业的时候，与其一体的播撒化肥的容具也会随着土地的翻起将肥料撒向地里，从而顺便完成了播撒化肥的作业。

关于挠地等一系列农耕步骤的机械化作业，薛 M 深感农业技术进步给其带来的便利，并回忆起机械化作业之前的挠地和平地：

> 以前没有拖拉机的时候，都是用驴、牛这些个头牲（牲口）拉手扶犁来挠地的，效率也低，一晌午也就犁个两三亩。挠地完了以后再平地，就是人用铁锹把翻过来的土壤平一平，那是个费力气的活儿，有时候人手不够还得找村里一条街的人来"攒忙"。① 后来（20 世纪）90 年代末那会儿村里有人买了小型拖拉机，就给人家点钱让人家用拖拉机帮忙犁地，那时候小型拖拉机虽然比不了现在的大拖拉机，但也能拉两个犁，一晌午犁十几亩没问题，还能顺带平地，省了不少事。后来大家看到了拖拉机的好处，好多人也就都买了，我的那个小拖拉机就是 2003 年那会儿买的。后来有了大型拖拉机以后就更方便了，现在村里人基本都是雇人犁地了，自己也省心多了。

挠地和平地结束以后，清明节前后植棉的农民又开始浇地，目的是将干冷的土壤湿润后便于后续的耕种。一般而言，如果清明节前后下了场透雨的话，那么就可以省去浇地这一步骤，然而由于华北地区春季经常干旱多风，浇地也成为华北农耕作业的一种常态。在浇地之前，有一个必要的环节叫作"打坡儿"（或称为"打畦儿"），其目的是防止后续土地浇水不均匀，具体过程是农民会用刮板将自家土地堆砌起一个个四周为土坡、半分地见方的"畦儿"，且"畦儿"和"畦儿"之间相互连接。薛 M 为了方便起见，专门雇用了拖拉机来帮忙"打坡儿"，而与拖拉机相配套的刮板也很快就将薛 M 家的地分成了若干较大一些的"畦儿"。土地全部划"畦儿"完毕以后，薛 M 就开始抽机井的水先导入其中最北

---

① "攒忙"是冀中南农村常用的一个词，意思是大家伙儿一块儿帮忙。——作者注

头靠路边的一个"畦儿"，等这个"畦儿"浇得差不多以后，薛 M 就会用铁锹在"畦儿"周边的坡儿上铲一个豁口，让这个"畦儿"的水流入另外一个"畦儿"中，然后以此类推，将所有的"畦儿"都浇一遍。关于"打坡儿"和浇水是什么时候出现的，村中一位年过七旬的老人回忆道：

> 以前农村除了一小片儿菜地以外，基本上都是旱地了，主要那时候浇地实在是跟不上，所以都是靠天吃饭，如果开春以后正好碰上老不下雨，那老百姓离饿肚皮也就不远了。解放以后政府为了解决浇地问题，也挖过好多砖井，但用处也很有限，直到（20世纪）80年代那会儿村里有了机井以后，这浇地问题才算解决了。用水方便了，老百姓也就不用干等着老天下雨，挠地完了以后就能浇地了。但那么一大片地肯定有高有低的，如果直接这么浇的话水就都跑低处去了，所以老百姓就用"打坡儿"的方法让土地都能浇匀实了。所以说还得有好的技术才行啊，要是没有机井人们肯定也不会像今天这么去"打坡儿"和浇地。

在所有土地都浇完以后，再"晾地"① 一周左右，就开始了播种前的最后一个环节——耙地。耙地同样也是一种表土耕作，就是将湿润后的表土翻起来以疏松土壤、保蓄水分和提高地温。在机械化还未完全普及的时候，农村耙地都是依靠牲口拉动带有铁钉的木质耙进行操作，并且至少需要两个人合作完成。一般是前面一人指挥牲口，后面一人站在木质耙上来增加重量以保持耙的平衡。那时候木质耙两面都带有铁钉，如果操作不当很容易给站在耙上的人带来伤害。耙地结束以后还要进行"盖地"，即用牲口

---

① "晾地"是指浇过的土地不急于耙，而是将地晾一晾，大概一周左右不用管，然后再进行耙地作业。——作者注

拉动柳树条做成的"盖子"将翻开的土地擦平。20世纪90年代中后期，随着拖拉机的逐渐普及，这种人畜结合的耙地、盖地的方式才得以改变，现在只需在拖拉机前面装上铁质耙，后面系好柳条"盖子"，前面耙好地以后紧接着后面的"盖子"顺势把地擦平，这样耙地、盖地就一气呵成地完成了。在耙地的同时，农药和除草剂也一并用拖拉机装配的喷洒器喷洒并翻入土壤里，从而顺便完成了农药、除草剂的喷洒作业。

这样，播种之前的所有前期准备工作就完成了，就待谷雨前后进行棉花播种，也就是当地农民所说的"降地"（播种）。根据农民的经验，到了谷雨前后那一段时间，温度就升上来了，有利于种子的成活和生长，因此可以将种子"降"在地里了。现在棉花播种已经由拖拉机装配的播种器代替了牲口，因此能很快地完成播种作业。同时，拖拉机后方还装有铺膜机，拖拉机在前面播种完毕以后铺膜机顺势将地膜铺上，然后拖拉机最后方两边有两个铁板再将开沟翻起的土推到地膜的两边，让土压住地膜起到了固定的作用。据薛M回忆，在拖拉机没有普及的时候播种都是靠人畜结合完成，地膜铺盖则全部由人工完成，十分费时费力，而拖拉机的出现使得播种和铺膜可以一起完成，省了不少的工。在棉花播种完毕以后，薛M夫妇又在棉花的株行间立刻套种上了绿豆，套种作业由薛M夫妇利用传统播种农具独眼耧完成，即一人拉动独眼耧，另一人将绿豆种子均匀地撒向耧内人工完成播种。根据笔者观察，多数农民在进行绿豆套种时仍使用这种传统的播种农具，主要是因为农民认为独眼耧相较于其他机械化播种工具更容易根据实际情况来进行操作。

播种、铺膜以及套种等作业完毕以后，过个十天左右，待棉花种子发芽并长成小苗的时候，就需要在小苗上方的地膜上钩破一个洞来给其"放风"，如果"放风"太晚的话，小苗很容易就被逐渐变暖的天气烤死。因此在给棉花苗"放风"的那一天，薛M就和老伴拿着一根带铁钩子的木棍，将所有小苗上方的地膜都依次戳一个洞，以便自家地里的棉花可以顺利生长。"放风"完毕以后，大约过 20 天左右，也就是棉花长到十几厘米的时候就要开始"围土"，就是把土围在棉花的周围压住地膜，这样可以防止长草并有利于保持地温，"围土"这项作业由拖拉机所装配的滚筒进行操作。等"围土"完毕后就开始喷洒农药，在以往抗虫棉还未出现的时候，薛 M 几乎天天跑地里打农药，自从抗虫棉和"全杀"农药出现以后，才有效解决了虫害的问题，因此也就无须像以前那样频繁打药了。

等到"过麦"的时候（即收麦子的时候）棉花可以长到一尺多，这时候就要给棉花"劈杈"，以防止过多的"疯枝"阻碍棉花的正常生长并影响日后的产量。薛 M 和老伴有着丰富的植棉经验，因此可以熟练地将不需要的棉花枝掰掉。同时在"劈杈"的时候，绿豆也长成"挂绿"可以收获了。等到头立秋十天左右，也就是棉花长到两尺多的时候就要"打顶芯"，就是把棉花最上面的花芯掐掉，不让其继续垂直生长，以便营养可以流向侧枝，增加棉花产量。阴历六月初左右，棉花一般就会吐蕾，七月中下旬的时候就会吐絮，因此当地农村流行着一句农谚"花见花，四十八"，即从棉花吐蕾到吐絮大概要经历四十八天的时间。棉花第一次吐絮都是低层花，以后还会再吐絮两次，就是阴历八月中旬的中层花和九月上中旬的高层花。摘棉花很费工，而为了节省开支薛 M 夫妇也不愿意花钱请人，因此棉花收获的季节也是薛 M 夫妇最为忙碌的时候，等棉花收获完毕，数月的植棉过程才算正式结束了。

从薛 M 夫妇的植棉过程我们可以看到，虽然在农业现代化背景下，现代化农业技术以及科学知识在农村得以传播并得到广泛应用，但是传统的农业知识和技术依然保持着活力并服务于农业生产，显示出"科学"与"土法"相契合的状态，具体表现为以下几个方面。

第一，现代化农业技术的应用依然离不开对于地方性生态知识的把握。所谓地方性知识是指包含着当地人的生态智慧、技能和技术的知识体系，使当地人在生产活动过程中所采取的各种措施和方式都具有很强的生物适应性。[①] 具体到薛 M 夫妇的植棉过程来看，播种前的挠地、平地、浇地、耙地、盖地等环节无不展现出当地农民如何采取必要措施来抵抗春旱、疏松土壤、提高地温的生态智慧。随着拖拉机等动力机械的出现，播种前的一些作业程序得到了一定程度的优化统合，如挠地和平地、耙地和盖地都可以一并进行，但是播种前各环节的作业依然还与以往相同，展现出现代化农业技术的应用依然要遵循当地人所熟知的地方性生态知识。

第二，现代化农业知识的普及依然离不开农民依靠自身与感官经验总结的地方性知识。一般而言，富有当地特色的地方性知识是无法被量化和标准化的，而是靠"铭刻于身体与感官经验中的方式被记忆与实践"。[②] 对于当地农民而言，要想把地种好，除了要依靠科学知识和技术给其农业生产所带来的便利以外，更要依靠自身长期积累的耕作经验，薛 M 同笔者讲道：

> 这种地跟在工厂做工可不一样，工厂做工就是流水作业，掌控好机器就行，做的东西也都是标准化，不需要人们再去动别的什么脑筋。但是种地一方面得相信科学，另一方面自己也得有经验。比如挠地完了什么时候浇地，小苗出来了什么时候放风，那都没有一个统一的标准，都是根据天气来自己把握时候，太早不行，太晚了也不行。比如给小苗放风，如果气温上升得快就得提早放风，否则小苗就会晒死，要是气温低的话就可以晚几天。所以光有科学知识不行，经验也很重要，要不然地也不会种好。

[①] 杨庭硕：《生态人类学导论》，民族出版社，2007。

[②] John Urry，"How Societies Remember the Past，" in Smith Laurajane eds.，*Cultural Heritage：Critical Concept in Media and Cultural Studies*（*Vol. 2*）（London and New York：Routledge，2006）.

第三，现代化农用机械与传统农具的混合使用。随着商业性农业推广的强力介入，当前农民购买或者租用各类农用机械进行农耕作业已经成为常态，但这并不意味着传统农具及其所蕴含的地方性技术就此退出了历史舞台。如在薛 M 夫妇的植棉套种绿豆播种过程中仍然用到了传统农具——独眼耧。此外，在笔者的长期观察中发现，其他传统农具如移苗器、大锄、刮板等也依然流行。关于这一点薛 M 认为，拖拉机等现代化农用机械只能在规模化、标准化作业中发挥作用，但是很多细节问题却不能解决，因此只能依靠传统农具，如独眼耧不仅能在棉花株行间操作自如，而且还能根据实际情况播撒绿豆种子，因此避免了不必要的浪费。

总之，从薛 M 夫妇的植棉过程中，我们可以发现南宫当今的农耕作业是在科学知识与地方性知识的相互契合中得以完成的，而两种知识的契合也表明本地的农业知识是"科学"与"土法"相互融合的产物。

第二节　物质性技术与精神性技术：
农业技术的二重性特征

在人类学的视野中，一直把技术看作文化的核心或基础部分，因为满足人类所需乃是所有文化的基础任务。同时，学者们在进一步分析技术与文化整体或其他文化因素之间的关系时，既有着力探讨技术的物质性与文化的关联性的，也有关注技术的精神系统——仪式及其知识体系是如何对文化产生作用的。[1] 因此，在有关技术的研究中，对于围绕着作物生长、猎物获取、资源保护等生产活动的各式各样仪式的研究也同样不应忽视。

在当今南宫农业生产过程当中，同样也存在着两种类型的技

---

[1]　秦红增：《人类学视野中的技术观》，《广西民族学院学报（自然科学版）》2004年第 2 期。

术体系，即以科学知识和地方性知识相契合而成的物质性技术体系，及由与农业生产相关的各类仪式组成的精神性技术体系。在当前农业现代化背景的推动下，物质性技术无论在数量上还是质量上都有了较大的提高，与此同时以各类农业生产仪式为代表的精神性技术虽然在形式上有所变化，但依然保持着活力。在这一节中，笔者将就南宫当地的"虫王庙会"和"打囤"等仪式流程进行描述和分析，来探究所谓的"技术"在当地是如何被诠释的，以及农业现代化所注重的物质性技术与民间社会所推崇的精神性技术存在着何种关联。

一　参加虫王庙会仪式的种地能手

在南宫市西郊的 N 村有一座虫王庙，始建于宋朝元丰年间。相传金朝正隆五年（1160 年）秋，当地曾经爆发过十分严重的蝗灾，幸有虫王将蝗虫收走才未给当地农民造成进一步的伤害。虫王庙前石碑所载庙记则还原了当时的历史情形：

> 宋元丰辛酉，大河决，北溢滹沱，潴潦田野，是邑也。浊流平堤之激而不能下，使民得平土而居，非神之力，民其鱼乎。正隆五年秋，大蝗，其飞蔽天，其食空亩，四傍告饥，谷暴胜涌，县人奔祷于祠，蝗自散去，不留于境，是岁也，幸以无害。[①]

此后，当地农民为了驱虫避灾，每年阴历六月初一都会举办盛大的虫王庙会，种田的农民们都会前往敬香祈祷，场面甚为热闹，《南宫文史资料》就记载了当地解放以前虫王庙会的盛况：

> 封建社会里屡屡出现蚜灾、蝗灾、粘虫灾，那时还不知

---

① 相关文字记录来源于 N 村昭惠明灵王庙前的昭惠明灵王庙记碑文。

有火龙蜘蛛、棉铃虫，都以为是虫王爷布的灾，没有防治办法，也不去防治，只有求助于虫王爷的恩赐少闹或减轻灾情。每年六月初一为虫王爷的面会，四乡八镇送起驾，闹社火，一般是一天的会期。日寇盘踞时也唱过一次戏，为陈月楼的京剧。[①]

"文革"时期庙会活动被迫中止，虫王古庙也被荒废，后因年久失修坍塌。改革开放以后在村民的请求下，N 村于 2015 年组建了建庙筹委会，在村民们踊跃筹善款、出义工的支持下，很快就将虫王庙重新建好了。此后每逢阴历六月初一的庙会，N 村的众多村民就会参与到请神、戏神、游神、送神等一系列仪式当中，同时本村以及周边村落的农民也会纷纷赶过来给虫王爷跪拜并进香进贡，希望保佑这一年五谷丰登、全家安康。由于庙会这一天村内外参与的农民很多，并伴有各种颇具规模的广场舞、唱歌等义务性演出，虫王庙会也成为 N 村一年中最为热闹的一天。

2017 年虫王庙会的前一天，笔者专程赶到了 N 村，发现村民们已经开始紧锣密鼓地张罗明天庙会所需的东西了，同时碰见了为虫王庙会念经作法的冯师傅——一位来自距离 N 村十里之外 F 村的 57 岁村民，同时还有 F 村其他四名负责唱经的村民。关于为何 N 村办会要请外村的村民负责念经、唱经，冯师傅解释道："庙会仪式的时候给虫王念经、唱经都是技术活儿，不仅要懂经文，还要知道怎么唱，N 村早就没有会给虫王念经的人了。我年轻的时候跟别的师傅学过经文，所以就过来给人家帮帮忙，也算是行好了，也不求啥大的回报。虽然庙会的时候唱一天很累，但村里人就给我们每人十块、二十块当作感谢费意思意思就行了。"可见，虫王庙会的仪式是蕴含着技术的，同时由于技术的需求性，虫王

---

① 南宫市政协文史资料研究委员会编《南宫文史资料（第五辑）》（内部资料），1999。

庙会仪式也是跨村落展开的。

第二天清晨五点多钟，笔者又来到了虫王庙，发现冯师傅已经和其他唱经的村民一起坐庙念经、唱经了，同时很多善男信女也都过来一同坐庙祈祷。到了八点左右，很多拿着黄纸和香的村民纷纷赶到了虫王庙，在庙旁边的记账处捐完"布施"并登记上自己的姓名以后，便来到虫王庙内献上黄纸和香，并在虫王爷面前跪下。这时候冯师傅便念起了《虫王经》的经文，旁边唱经的人也响起了手中的乐器，经文大致如下：

> 虫王爷在旧城大显神通，万畜山上讨了封。
> 也是老爷威灵大，人人恭敬，人人恭敬。
> 虫王爷救苦情，慈悲英明。
> 未曾出城领着兵，百万兵马收了走。
> ……
> 愿××（跪拜的人）携全家，无灾无难，五谷丰登。①

在冯师傅念经文的同时，旁边唱经的人坐在供桌两边，熟练地打奏着木鱼、善鼓、铜锣等民间乐器，来共同为虫王爷助兴。祈祷的人则跪在虫王爷塑像前方，双手合十头低下，每当唱经人响起铜锣就会长磕一个头。这样，祈祷者的愿望便随着冯师傅及其他唱经人的锣鼓喧嚣声传递给虫王爷，不仅可以保佑祈祷者五谷丰登，同时还可以满足其许下的其他各种愿望，如农产品能卖个好价钱，全家安康，等等。过了两分钟左右，当念经、唱经的音乐声停下以后，祈祷者的祈福仪式就算完成了，然后后面排队的其他祈祷者补位上去。由于前往虫王庙的祈祷者人数众多，有时还会出现几家关系不错的每家选一个代表，共同去虫王爷面前

---

① 据冯师傅讲，《虫王经》的内容是其师傅讲授给他的，以前有部老经文，后因残破而又重新誊抄了一部。

跪拜祈福，以免等待时间过长。

笔者在观察和随机访谈中发现，前来给虫王爷进拜的祈祷者既有普通的小农，也有种植大户；既有种植传统大田作物的普通农民，也有种植果树、大棚蔬菜的新型农民。然而不管哪种类型的农民，他们都对虫王爷充满着敬意，认为庙会这天给虫王爷跪拜进香同样也是农业生产环节中不可忽视的一部分，同时也认为作为精神性技术的虫王庙会仪式与现代化农业知识实际上是相互补充的。如一位种植了20余亩小麦、玉米作物的张大爷便说道：

> 现在农业技术发达了，化肥、农药这些农资也能随手买到，有了技术保障也就不愁地种不好了。但是话说回来，科学技术再发达也不能把老辈儿的东西都忘了，否则忘了本对自己肯定也不好。就说俺们村的虫王庙吧，在以前确实也帮过乡里乡亲的渡过了不少难关，那时候虫害多，老百姓也不知道咋防治，所以只能让虫王爷显灵把兵收了。虽说现在科学防虫已经有效果了，但是虫王爷还是要供，这样也算加了个保险嘛。

可见，对于种地多年的张大爷而言，现代化农业科学技术与虫王信仰的最终目的都是一样的，即保障农作物可以顺利生长和丰收。关于这一点，一位从外村专门赶过来参加虫王庙会的"土专家"李YS十分有感触，并向笔者表达了他的看法：

> 现在农民种地可离不开科学知识，就像我吧，以前搞过桃树种植，现在又搞蔬菜大棚，哪个都需要农业知识和技术，要不根本搞不起来。我虽然文化水平不算太高，但也上过中专，也经常看看专业方面的书，问问其他农业专家，再实地钻研钻研，懂得多了自然也就种得好了，所以说我这个人还是相信科学的。虽说有了科学技术能把地种得更好了，但也

不是说就什么事儿都顶用了，有时候出个意外照样得倒霉。就说以前种桃子吧，开始还好，也挣了些钱，可后来销路不好就赔了，害得我把树也全都砍了。然后又搞蔬菜大棚，虽然学习了技术，也是困难重重。后来听别人指点说得到（南）旧城的虫王庙进进香才行，我也就去了。对我来说，科学技术也好，民间信仰也罢，都是为咱老百姓服务的。

从李 YS 的表述我们可以看到，一方面，现代化农业的迅猛发展让他在种植方面有了更多的选择，在对科学知识认可的前提下，他也通过学习相关的农业科学知识和技术使自己得到了不断的充实，因此可以看出他对科学的信仰；另一方面，李 YS 积极参加虫王庙会，并通过庙会仪式来表达他对虫王爷的尊崇，这也显示出他对民间文化的信仰。在这两种不同性质的信仰当中，李 YS 在"物质性技术"和"精神性技术"之间找到了一个平衡点，使他能够更加安心地开展自己的新型农业种植。

此后，笔者在走访过程中发现，当地很多农民既接受各类农业推广所带来的现代化农业知识和技术，也不放弃虫王信仰这类与农业生产密切相关的仪式技术。这种"科学"与"传统"共存的现象，显然不同于进化论者所认为的科学是人类文化发展的最顶端，如弗雷泽就将人类智力分为了巫术、宗教、科学三个阶段。[①] 农民的这种选择恰恰体现了"科学"与"传统"实际上并非相互排斥的，而是可以融合在一起，共同组成一种"地方性技术"。

到了晚上，善男信女们便把粘有虫王爷画像的纸轿子抬了起来，沿着村里的主干道"游神"，村里很多人家也赶紧在家门口或者胡同口摆上放有贡品的小桌子来为虫王爷"接风"，这时轿子也会停下接受每个摆桌人家的跪拜，冯师傅和其他唱经人也会

---

① 夏建中：《文化人类学理论学派：文化研究的历史》，中国人民大学出版社，1997。

唱经以及奏乐，以便将农户们的诚意再次传达给虫王爷。"游神"结束后大家就会在庙前烧掉轿子将虫王爷送走，虫王庙会在大家的再一次跪拜中就此结束了。庙会各项仪式的结束，实际上也代表了一种精神性技术发挥作用的开始，并同农民日常农事实践过程中所采用的科学技术一道，为农民的农业丰收提供了更为全面的保障。

二 何为"技术"：打囤仪式与技术的在地诠释

在南宫市农村地区，每年的正月二十五日家家户户都会进行一项富有农事民俗色彩的仪式活动——打囤，来祈求当年作物种下后会有一个好收成。从字义来看，"打囤"中的"打"就是制作的意思，而"囤"则指一种象征着存储粮食的巨大器具的圆形图案，因此打囤实际上就是农民在一系列的仪式步骤下，通过制作一种象征着盛粮器具的图案来祈求农业丰收的仪式活动。从历史上来看，打囤在以往也称为"填仓"，在《南宫县志》中就有过较为详细的记载："二十五日曰填仓，用灶灰以箕盛之撒地作圆形，置五谷覆以砖石，燃灯具置于上，日出鸡饲之。"[1] 关于当地的打囤习俗是何时出现的，当地农民则普遍认为自开基祖来到南宫进行田间耕作以后就有了，并且以家庭为单位世代相传。

改革开放以后，南宫乡村地区现存的很多民俗仪式都显示出不同程度的弱化趋势，而打囤这一与农事习俗相关的仪式却仍然保持着较强的活力。对于当地很多农民而言，打囤作为一种仪式，在整个农业生产活动过程中仍占有不可或缺的地位，因此农民在耕作之前都习惯于进行打囤仪式。关于打囤仪式的流程，笔者有幸于2016年的正月二十五日在 X 村薛 QC 家中进行了观察和记录，具体仪式流程如下。

在正月二十五日的前一天，薛 QC 开始准备打囤仪式过程中所

---

[1]　黄容惠、贾恩绂：《南宫县志》，成文出版社，1936。

要用到的必需品,即包着粮食、棉花等作物的纸包,其中纸包所选用的纸张必须是用于敬神的黄纸,然后里面包上一些自家常种或者常吃的作物。薛 QC 按照自家实际情况包了麦子粒、玉米粒、谷子、棉花和绿豆五个纸包,然后小心收好,待第二天仪式上用。到了正月二十五日的凌晨,必须趁太阳还未出来之前进行打囤仪式,以这种"赶早不赶晚"的方式来表明自己的诚心,若太阳出来以后再打囤,后续的仪式效力就会大打折扣了。因此,薛 QC 早早地起床来到了自家院里,开始进行自家的打囤仪式。

首先,薛 QC 用铁锹取了些用于制作"囤"的灶灰,站在离院子大门不远的地方顺时针转圈,边转边将铁锹里的灶灰均匀地淋在地上,做一个以自己站立地点为中心的巨大圆圈。按照这种方式,薛 QC 一共淋了五个巨大圆圈,每个圆圈都相互交叉。圆圈做好以后,薛 QC 又用剩下的灶灰做了一个连接院子大门与圆圈的梯子,表示将来粮食会源源不断地从外面流入家里的"囤"中。等用灶灰淋完圆圈和梯子以后,薛 QC 将昨日准备好的包有各种作物的五个纸包分别放置于五个圆圈的圆心处,并用砖头压在纸包之上,这样"囤"才算真正打好了。接着薛 QC 又在每个囤中的砖头上面堆上土、插上香,点好香以后,在每个囤之前磕一个头,并在心里期盼今年会有好的收成。磕完头以后,薛 QC 点燃院中的鞭炮开始"崩囤",伴随着鞭炮声的脆响,预示着这一年的粮食大丰收会溢出所在的囤。一切完毕以后,薛 QC 返回家中开始张罗别的事情,到中午吃饭的时候在每个囤的前面供上饺子,过一会儿再取回。晚上的时候,薛 QC 开始在囤旁边放烟花,预祝当年生产有个好兆头,等烟花放完以后,整个打囤仪式也就结束了。

按照当地人的说法,只有在正月二十五日打囤才会有效果,其他日子打的囤则不再具有任何效力。因此过了正月二十五日以后,薛 QC 会出于习惯再保留几天自己所打的"囤",但是这期间他不会再管这些"囤",即便有些调皮的小孩常常会故意破坏这些

"囤"。等到三天以后，薛 QC 就将所有的"囤"清理掉，并开始着手今年的农业耕作。

关于在当地广为流行的打囤仪式，薛 QC 认为这是农业耕作之前不可或缺的一个步骤，就如同种地前要犁地、耙地一样，只有所有农业耕作的步骤连贯下来，才能确保农业丰收，如果缺了其中任何一个步骤，则会影响作物的生长，关于这一点他讲道：

> 农民世代种地都有自己的经验和习惯，很多有利于庄稼生长的知识就流传到了现在，就像打囤吧，其实和农民在种地的时候中耕一样，都是老人们传下来的技术，来保证庄稼种下以后能够顺利生长，虽然方式不太一样，但其中都有道理，否则也不会一直流传到现在。虽说现在农业科学技术发达了，农民也在学习新的农业知识，但一些"土办法"还真是不能丢。按照俺们农民的习惯，播种之前必须打囤，就跟耙地之前必须挠地一样，如果你不打囤也可以，那就相当于种棉花的时候你省去了剪疯枝的这个步骤一样，肯定要受些损失呗。所以俺每年都要打囤，这样才能保证庄稼好好地长。

可以看出，对于薛 QC 而言，"打囤"不仅是一项仪式，更是一种技术，是整个农业耕作过程当中需要最先进行的一个步骤，只有打囤仪式顺利结束以后，才能保证后续的农耕作业更加顺利地进行。关于这一点，笔者也访谈了其他很多农户，农民们普遍表示"打囤"实际上就是农村流传下来的一种和农业生产相关的习惯，仪式当中的很多事物或者行为象征着什么他们也并不清楚，只是知道必须要这么做，否则就会对后面的耕作产生不好的影响。虽然不少农民也戏称"打囤"就是以前老人们传下来的"老迷信"，但是每到正月二十五日，他们依然会认真地进行这项仪式，就如同进行具体农事实践时认真地犁地、耙地、播种一样。因此，"打囤"实际上与其他实践性农耕作业习惯一样已经内化于农民的心中，并一贯被农民所遵循和体验。①

在此后的调查过程中，随着笔者与当地农民交流的日渐加深，对当地农民有关"技术"的认知和理解也有了一个更为深入的认识。对于农民而言，无论是代表科学知识的"科学技术"还是代表地方性知识的"传统技术"，都要根据农业生产的实际需求加以选择，而这种"技术选择"不仅包含对具体的农业生产技术的选择与实施，也包含人们对做事情方法的选择。②"打囤"作为一种通过仪式来阐释祈求农业丰收与农业耕作习惯之关联的"技术"，虽不同于近代以来将"科学化"过程作为"技术"概念阐释③，但由于其丰富的文化内涵，仍成为广大农民所选择的对象，并与其他蕴含着地方性知识的"土法"和现代性知识的科学共同构成了保障农民农业耕作的技术体系。关于这一点，X村一位常年从事农业耕作的农民薛 MS 说道：

> 农民种地都希望能多收些粮食，没有技术可不行。以前农民没啥知识，生产条件又跟不上，所以农民都得靠自己的经验去摸索种地的技术，比如啥时候播种、啥时候中耕、老天不下雨怎么去祈雨，等等，反正都是些"土办法"。现在可比以前好多了，都讲科学种田了，生产条件也比以前强多了，有些科学能解决的事儿也就用不着先前的一些"老法子"了。比如现在浇地已经不成问题了，遇到干旱天儿也不用像以前那样着急了，所以像以前的"十字街头哭雨"、到庙里去祈雨这些法子也就看不见了。但这也不是说以前的"老法子"都不顶用了，咋说老人们传下来的东西有的还是有道理的，要

---

① 布迪厄、华康德：《实践与反思：反思社会学导引》，李猛、李康译，邓正来校，中央编译出版社，1998。
② 萧正洪：《环境与技术选择》，中国社会科学出版社，1998。
③ 陈玉林、陈凡：《技术史的"文化转向"研究》，《科技进步与技术》2009年第1期。

不为啥早先的独眼耧现在还在用，好多传统品种也还在种。就像咱刚才谈到的"打囤"，也是因为农民认为打了囤以后种的庄稼会有好兆头才让这习俗流传下来的，不然就会感觉缺了点儿啥，咋说咱老百姓种地也不能马虎，啥都得按步骤来，缺了哪儿都不行。当然咱老百姓还是相信科学的，但甭管是科学的还是早先的"老法子"，只要对种庄稼有用，对咱来说都算是好技术，咱都拿来用。

由此可见，对于当地农民而言，所谓的"技术"并不一定只包含以"经验""科学"等为代表的实践性技术，同时也包含诸如"打囤"等以文化为代表的仪式性技术，无论哪种形式的技术，都是农业生产过程中所不能忽视的环节。实际上，仪式作为一种与精神因素相关联的"技术"并用于生产活动当中，在以往的人类学研究当中也多有涉及，如马林诺夫斯基就发现特罗布里恩德岛社会中越是不确定性高的生产活动就越要依赖于巫术仪式，只有这样才能确保生产的安全性[1]；特纳在对非洲恩丹布人社会进行研究时就发现，当地存在着较为复杂的"治疗"仪式，用于解决人们的困扰，其中就包括举行仪式来解决谷物歉收、狩猎失败等生产活动方面的困扰。[2] 不过不同于上述仪式的是，南宫乡村社会的"打囤"仪式并非即时性的，而是存在着固定的日期并与后续的农耕实践共同构成了农业生产的整个流程，同时也表明了当地的农业生产活动实际上是"地方性知识"与"科学知识"相互契合的过程。

总而言之，对于"技术"的理解一定不能脱离当地的社会文化脉络。在农业生产过程中，除了要重视与农事实践相关的技能和工具的提高与改善以外，仪式及其相关的知识等精神因素一样

---

[1]　马林诺夫斯基：《西太平洋上的航海者》，张云江译，中国社会科学出版社，2009。

[2]　Turner Victor, *The Drums of Affliction: A Study of Religious Processes among the Ndembu of Zambia* (Ithaca: Cornell University Press, 1968).

也不应当被忽视。而南宫乡村社会中"物质性技术"和"精神性技术"所产生的作用合力，也让我们看到了当地农业文化的多姿色彩，从而启示人们，在现代化农业推广的实践过程中，如何促进"科学"与"文化"的融合，构建一个文化内涵丰富的技术系统，使人们在掌握先进的科学技术的同时依然保有农耕文化的特性，才能实现农村"以人为本"的发展方向。

第三节　嵌入农业创新采用中的地方性认知

20世纪中后期，美国人类学家格尔茨曾在爪哇、巴厘岛和摩洛哥三个不同地方做过细致的田野调查，并尝试呈现当地人是如何界定自己以及他们所保持的"自我观念"的，进而表明了人类学理解的性质应当是"从土著的观点来看"。因此，他后来所提出的"地方知识"概念的指涉，不仅包含一种与地域和民族相关的民间性知识，还包含了与当地人认知模式相关的知识。① 这也表明了有赖于经验的认知本身就具有"地方性"特征，并根植于一个包含着生理、心理和文化等各个方面的更大的情境当中，影响着当地人对于所遇到的人、物和事的知觉、印象和判断。② 吴乡的农民在世代耕作的历程中，受当地环境和文化的共同影响也形成了一套符合自己思维习惯的认知风格——"场依赖认知"和"具象认知"，同时在这些具有地方性特征的认知风格下，当地农民对于农业创新的采用也产生了自己的偏好，并对农业创新传播产生了一定的影响。

一　场依赖认知与农业创新的保守性采用

场依赖认知是由美国心理学家威特金最早提出的，指"个体

①　吴彤：《两种地方性知识：兼评吉尔兹和劳斯的观点》，《自然辩证法研究》2007年第11期。

②　F. 瓦雷拉、E. 汤普森、E. 罗施：《具身心智：认知科学和人类经验》，李恒威等译，浙江大学出版社，2010。

以自己所处的周围环境作为外在参照，从环境的刺激中去定义知识、信息，其中'场'就是认知主体所处的周围环境"。① 一般而言，场依赖认知者依赖于自己所处的周围环境，基于环境去处理信息，习惯于从自己的经验和直觉出发判断问题，善于同周围熟人交流但在独立思考和主动学习等能力方面却有所欠缺。笔者在长期的参与观察过程中发现，南宫当地农民的认知普遍具有场依赖性特征，即判断任何事情都离不开乡土场域的制约，习惯于依靠熟人关系获取相关信息和意见，而对于乡土场域以外的人、物和事的判断却趋于保守。当地农民这种场依赖认知，使其对农业创新的采用也变得普遍保守起来，主要表现在以下几个方面。

第一，新品种、新技术的采用。据 2015 年统计数据，南宫市的小麦、玉米、谷子等传统粮食作物以及棉花的种植面积占全市农作物总播种面积的 87.8%，可见其种植结构的优化和转型还有很大的空间。然而笔者在长期的走访调查中发现，虽然很多农民坦言"种粮食和棉花挣不了什么钱"，但却依然不愿轻易改种其他新的品种，即使有少部分农民决定改种新品种，基本上也要有可靠的熟人关系作为获取相关信息和知识的保障才能最终实施。如在笔者所驻扎的 X 村，除了几户种植辣椒的农民以外，其他农户还是以种植小麦、玉米、棉花等大田作物为主，年收入十分有限，而紧邻其旁的 I 村，却有农民早已种起了蔬菜大棚，平均每户的年纯利润都在 20 万元左右，但 X 村的老百姓却不为所动。关于这一点，X 村的农民们也有自己的说辞，如一位长期种植棉花的农户说道：

> 说实话，现在随便种点儿啥都比种棉花强，但是除了棉花老百姓也不知道种啥啊。隔壁 I 村是有种蔬菜大棚发财的，这咱也知道，但人家毕竟有人家的关系和门道，咱一般老百

① Herman A. Witkin, *Cognitive Styles, Essence and Origins: Field Dependence and Field Independence* (New York: International University Press, 1981).

姓也搞不来，投资啥的先不说，就是技术、销路啥的要是没
人的话根本不行，到时候只能赔钱。所以要我说，真应该多
出些带头致富的好干部，只要有人带领，教大家怎么去搞新
品种、学新技术，肯定老百姓都愿意干了，要不老百姓一没
关系、二没知识的能干个啥？

从这位农民的言语中可以看出，一方面他希望通过新品种、
新技术的引进来改变自己家庭的经济状况；另一方面，他又认为
相关信息和技术的获得离不开乡土场域中的关系，正由于缺少这
些关系，很多新品种、新技术的引进才缺乏保障。因此，最为重
要的是建构乡土场域中的关系作为保障，如培养与本村关系密切
且富有能力的干部就是最好的解决方法之一。同时，这种对于乡土
场域的依赖往往使农民在农业创新的采用上趋于保守，也使得某些
新作物、新技术必须在乡土场域中通过关系的运转才能更有效地传
播。关于这点，长期负责农业推广的一位乡政府干部就感叹道：

　　每次乡里推广点啥新品种、新技术，就得想办法让老百
姓相信我们是为了他们好，否则人家根本就不领情，所以我
们在推广之前，都是要做好前期准备的，比如跟推广点村子
的村干部、有威望的人联系好，一起做老百姓们的工作。根
据工作经验来看，老百姓多数还是喜欢随大流，你跟他本人
未必讲得通，但是他周边的人都这么做了，他也就容易被说
通了。你像 H 村的桃树推广吧，当时在那儿推广有个好处就
是村里党员多，而且和村民都是"当家"兄弟关系，村支书
又有威望，所以工作才好开展，要是就我们乡里干部自己去
就很难搞，毕竟在老百姓的思维意识里还是熟人更保险一些。

可以看到，经验丰富的乡镇干部在进行农业推广的时候，也
必须考虑到农民的思维习惯以及其对推广项目的认识再做出具体

的推广决策。而当地农民的场依赖型认知特点，也使得乡政府更为重视村庄熟人关系的作用，以便所推广的农业项目能够被当地农民所接受，进而顺利推进农业创新的传播。

第二，新信息、新理念的采用。现代化农业推广不仅包括技术创新的采用，也包括与农业生产和经营相关的非技术因素的引进与扩散，如教育、咨询、开发、服务等。同时，只有最新的信息和理念得到有效采用，才能推进传统农业向现代农业转型。① 然而，笔者在田野调查的过程中却发现，当地农民的场依赖认知也影响到了其对新信息、新理念的采用效果，使很多原本便于农民获取知识、技术和资金的渠道很难发挥出自己的作用。

在田野调查中笔者发现，为了增加农民获取信息的渠道，当地乡政府不但经常免费给农民发放一些与农业生产知识和技术相关的知识手册，还建立了自己的微信公众号，随时发布一些有关农业科普知识、病虫害防治的信息。除了官方的咨询服务以外，很多农资企业为了提高自己的信誉度，也都会提供技术求助热线或者微信咨询平台，同时积极建设本公司的微信公众号来让农民去关注，以便提高农资产品的售后服务质量。然而，根据笔者对农民的走访以及对农资公司相关人员的访谈情况来看，面对这些便利的信息获取渠道，多数农民却鲜有利用，甚至并不在意。在不少农民眼里，这些看似便利的渠道并不接"地气"，如 X 村一名老人说道：

> 记得公社那会儿农业干部亲自下来指导农民种田，走的都是群众路线，现在很难看到哪个干部下地指导农民了，都是发一些小本子让大家自己看，但是看的人也没几个，反正我就没咋看过。对于咱老百姓来说，种地需要的是在地里面积累的经验，还要根据地里的环境来做不同的判断，不是靠

---

① 徐森富：《现代农业技术推广》，浙江大学出版社，2011。

那些小本子写的那点儿东西就能解决的。那些搞农资的企业也是，只要把产品卖出去就行，更不会下来指导农民了，虽然他们也留了个电话什么的，但是人不下来，真遇到什么事儿电话里哪儿说得清楚！说实在的，倒不是咱农民不想学习，只是那种连人都见不着的学习方法真是没啥意思。

由此可见，由经验和日常实践结合而成的地方性认知，使农民更习惯于从自己所处的生产环境出发来接受相关信息。因此在当地农民的思维里，即使相关信息出自最为权威的机构，但是只要脱离了"乡土"就很难被农民所接受。相同的案例还有现代化农业经营理念的传播，如笔者在 X 村调查时，农村淘宝推出的"旺农贷"在当地遇冷事件，就展现了场依赖认知的农民是如何认识、思考这种新兴农村贷款服务的。

2015 年，X 村一对年轻夫妇在村里开了一家农村淘宝店，以电子商务平台为基础开展"网货下乡"和"农村品进城"的双向流通服务，同时还开通了"旺农贷"服务，即在无需房产抵押和找人担保的情况下贷款给农民，而且流程也很简单，只需找农村淘宝合伙人报名并提交所需的材料，等待审批后就可以获得相应的贷款。这项业务刚开展的时候，就受到了当地乡政府的欢迎，并希望依靠这种便利的贷款方式能促使更多的农民积极投资新型农业的经营，进而优化乡里的种植结构。然而出乎乡政府所料的是，很多农民并不愿意通过这种借贷方式来进行农业投资。关于这点，X 村一位种植户讲道：

> 现在农村买农资都是赊账，要是周转不开也没啥，反正有钱再还也没事儿，而且乡里乡亲的好说话。如果真需要借钱那肯定也是找"当家的"去借啊，至少没有利息，而且啥时候还也灵活。所以村里淘宝店搞的贷款业务也没人去借，一是有利息，二是还款日期也定死了就不能变了，在农民眼

里这肯定不划算啊，万一借了周转不开还不上不就麻烦了，毕竟种地也是有赔有赚的事儿。

可以看出，在咨询、信贷等业务的选择方面，农民同样习惯依靠自己的场依赖认知来做出判断，即更依赖于乡土场域中的生产生活环境去处理信息。这样虽然可以保障信息和资源获取的可靠性，但缺乏对乡土场域以外的事物进行了解的热情，也使得其农业创新采用具有保守性。虽然当地政府、农资企业和电商企业在技术和服务方面投入了不少的人力、物力，但在农民这种认知习惯的影响下有时却收效甚微。

总而言之，当地农民的场依赖认知对于农业创新采用产生了一定的排拒心理，而这与当地农民所处的文化环境显然有着密切的联系。对于土生土长的农民而言，任何感觉、知觉、记忆和思维都是由他们所处的乡土社会所塑造的，因此他们所做出的任何判断都会从自己的实际环境出发。虽然这种认知方式使农民趋于保守，显示出一种"小富即安"的社会性格，但同样也是农民的一种理性行为。笔者认为，若想使农业创新得以在乡土社会中迅速传播，应该扎身于乡土去思考问题，只有从农民自己的认知出发来了解他们心中的世界，才更有利于农业创新的"本土消化"。

二 具象认知与农业创新的理性采用

所谓具象认知是指人们获得知识和应用知识的过程都是非常具体化的，往往指向具体的人和事。① 具体到本书所涉及的农民与农业创新采用的关系方面，则指农民在获取和应用农业创新成果时往往以具体的人或事作为依据，而抽象的理想、制度、组织等却很难纳入其认知范围之内。如 X 村的一名乡干部就感慨道：

① 张建新、Michael H. Bond：《指向具体人物对象的人际信任：跨文化比较及其认知模型》，《心理学报》1993 年第 2 期。

在农村推广农业项目的时候，要是跟老百姓讲这个项目的经营理念以及管理方式有多么好可能不会有人理睬，但你跟他说"有专人收购，年底还有分红""加入的话免费提供一部分农资"这些具体的利益，他可能就会更容易地接受这些项目了。再比如创立农业合作组织时，你跟他说组织的制度有多好、团结起来有多重要他不明白，但是你跟他说"有村里干部和党员给你做担保""某某那么有威望的人都加入了你还不入"反而会更起作用一些。

由此可见，实用理性的思维方式在当地农民的认知结构中占有重要地位。对于农民而言，那种"看不见、摸不着"的抽象的理念、制度是无益的，只有具体的、可视的利益获得才是可信的。① 在这种具象认知的影响下，农民的农业创新采用趋向于一种"理性"，主要包括以下几个特点。

（1）农民对于农业创新的采用更倾向于看得见的效益，只有看得见摸得着的利益呈现在眼前才能使农民认可农业创新的价值，而过于抽象的农业推广活动对于他们来说是缺乏吸引力的。如笔者在走访过程中一位种植户对于乡里的农业推广项目就表达了自己的看法：

> 有时候乡里推广项目说怎么怎么好、怎么怎么有前途，可究竟怎么个好法咱也没亲眼见过。就算在别的地方这项目确实好，也赚钱了，但在咱这儿你就保证一定也能成功？所以乡里有啥项目俺也不掺和，除非他搞起来了确实挣钱了俺再参加，之前说啥都是虚的。

---

① 关于这一点，黄家亮的论文《乡土场域的信任逻辑与合作困境：定县翟城村个案研究》对农民的具象认知有过具体的描述和讨论，并认为是农民的具象认知造成了农民的短视与合作的失败。笔者于2015年曾亲自前往翟城村进行田野调查，并将具象认知这一分析框架引入吴乡调查点。

而农民这种具象化的认知风格，很多时候会给乡政府干部的推广工作带来不小的困难，如一名曾参与 H 村桃树种植项目推广的干部就抱怨道：

> 现在好多农民只注重眼前的具体利益，像那种中长期的规划再好人家也没啥感觉，但是很多好的项目需要的就是时间。就像种果树，虽然几年后才能挂果，但收益肯定（比种粮食）要好，但是有的农民就光盯着挂果前的投入，根本不考虑挂果后能挣多少钱，所以我们的工作也难做啊！

（2）要让农民参与到农业创新项目当中往往需要乡土场域中有威望、有能力的人来担保和带动，同时农民参与也多是对项目核心人物的认可，而很少是出于对项目经营理念的理解。如 X 村乡政府就有自己的"在外乡友名单"，目的就是希望有一定经济实力的乡友能够带动家乡农民共同致富，乡友与家乡的农民存在着血缘、地缘等传统关系，因此更能赢得农民的信任。此外，乡政府推广农业项目时还会注重发挥项目推广点的村干部、村民党员等有一定威望的人的带头作用，以便更好地说服农民参与进来。如乡里一名负责农业的干部讲道：

> 现在和农民讲组织行不通，只能跟他们讲关系，比如哪个乡友要投资搞项目，需要农民们搞合作社，你就不能跟他说合作社这种组织形式有多好，只能说你看，你"当家"兄弟在外面有头有脸的，现在回来帮助大家致富，那是人家有"当家"的情谊，才可能说服他们。

关于这一点，通过前文所讲的桃树种植推广案例、娃娃菜种植推广案例等我们也可以看出，相比组织而言，有威望、有能力的个人参与带动反而更有吸引力。如一名曾经参与桃树种植推广

项目的农民候 BY 就说道:

> 俺们农民文化(水平)都不高,跟俺讲啥组织啊、规章啊俺也不懂,俺当年参与桃树种植项目就是因为搞这项目的是俺"当家"兄弟,而且在外面也是混得有头有脸,再加上村干部们常来做工作,咱也就相信了。要俺说,组织再好对里面带头的也得知根知底儿,而且还得有两下子,要不咱老百姓心里也不踏实。

(3)农民在参与农业创新相关活动的过程中,有时会因为具体的人或事突然选择退出,很少会考虑农业创新项目的长期发展前景。笔者在对乡镇农业干部进行访谈的时候,他们抱怨最多的就是农民的"短视",尤其农民对于农业创新采用的态度就是"有利可图就来,遇到困难就撤",使得一些农业推广活动变得举步维艰。如分管农业推广工作的马 XL 说道:

> 现在很多农业推广项目都需要规模化经营,否则既不好管理,也不容易形成规模效益,所以农民合作很重要。但是问题是农民很少有什么组织观念,一旦闹了什么别扭或者出了点啥不愉快的事儿就撤出不干了,非常的"自由",所以像合作社什么的很难搞起来。比如以前 BL 村就搞过一个蔬菜合作社,也是好几户农民合伙干,刚开始的时候还好,后来因为社员们在经营过程中产生了些矛盾和摩擦就散伙了。所以现在一搞什么项目,最难的就是把农民攒合到一块儿去。

关于这一点,不仅在南宫,2015 年笔者在河北定州翟城村做调查的时候也深有感触。2004 年,该村曾在"三农专家"温铁军的带动下创办了翟城合作社,专门致力于统购统销和资金互助,并取得了一定的效益。然而后来因为采购员在外购买农药时出现了假公济私的行为，社员们与采购员及理事产生了矛盾，直接导致多名社员因为"气不过"而退社，合作社经此风波最终解散。关于"为何加入"以及"为何退出"的问题，农民们的解释也自然都归因于具体的人和事上面来，如一名参加过合作社的农民就同笔者说道：

> 那时候入社也是看在温老师（温铁军）的面子上，感觉合作了以后可以挣更多的钱。但是后来某些人就是不自觉，仗着自己在合作社有点权力，就开始胡搞，损害大家利益。要是自己在社里天天被算计，那还不如退出来自己干呢。

综上可见，在农民具象认知的影响之下，农民对于农业创新的采用也倾向于具象化，即通过具体的人和事来对农业创新的内容做出自己的预期。农民的具象化认知显然与吉登斯所认为的"在现代化社会具有了'时空虚化'及在时空抽离基础上的'脱域'特质时，人们更倾向于组织、制度和符号系统，而非具体的人和事"形成了鲜明的对比。[①] 对于农民而言，一方面他们相信并学习现代化的农业知识和技术，另一方面也通过自己的"地方性认知"来对各类农业创新进行认识、思考和甄别，显示出在现代化的浪潮之下，农民也固守着自己的"传统"。因此，只有从农民的具象认知出发，采取与"人"和"事"等具体相关的农业推广措施，才能保障农业创新的理念更为融洽地嵌入农民的认知范围当中。

本章小结

自新中国成立以来，南宫市的农业现代化进程不断加快，农

---

① 黄家亮：《乡土场域的信任逻辑与合作困境：定县翟城村个案研究》，《中国农业大学学报》2012 年第 1 期。

业科学技术的推广与应用使农民懂得用科学来提高劳动生产率，并更加相信通过科学可以实现农业的丰收。然而，农业现代化的发展并没有完全取代地方性农业知识、仪式与认知习惯。自农业合作化时期以来，当地的农事实践依然并存着现代性与传统性两类知识体系。步入改革开放以来，与农业生产相关的仪式活动开始复苏，农民在科学种田的基础上依然倾向按照自己的认知习惯来对农业推广项目或成果进行选择。由此可以看出，农民在接受科学知识和技术的同时亦不弃用地方性农业知识、仪式和认知，并根据生产的实际情况将"科学"与"土法"有效结合在一起，显示出了农民的劳动智慧。具体到薛 M 夫妇棉花种植的个案来看，除了现代化农业知识和技术以外，农民个人的感官经验、对于当地生态环境的把握、传统农具的应用等传统农业技术与知识也都在种植过程中发挥了重要作用。由此可见，当地的农事实践实际上是由科学知识与地方性知识相互契合而形成的，而两类知识体系的相互融合也有效促进了当地的农业生产。

值得注意的是，除了物质性技术以外，南宫当地的虫王庙会仪式、打囤仪式等精神性技术也在当地的农业生产环节中占有一定地位，并在特定时间内被农民所实践。从历史上来看，以仪式为代表的精神性技术一直是华北地区农业生产中不可或缺的环节，如在水利系统较为落后的时期，龙王庙的祈雨仪式在华北农民心目中就占有重要地位。虽然近现代以来与农业生产相关的仪式活动在历次农业现代化运动过程中被批判为"迷信"而被打击甚至取消①，但是依然不能阻挡农民对于精神性技术的信仰与依赖，一旦时机得当这些仪式活动还是会得以恢复。因此，农业技术应当是物质性技术和精神性技术的统一而不是对立，在现代化农业推

---

① 民国时期，政府为促进农村的现代化进程，曾在华北乡村地区开展了 3 次大规模破除封建迷信的运动，与农业生产相关的祭祀活动被加以限制甚至取消。详见杜赞奇《文化、权力与国家：1900～1942 年的华北农村》一书中的第五章"乡村社会中的宗教、权力及公务"。

广不断推进物质性技术的更新换代的同时，如何引导以仪式为代表的精神性技术发挥好其社会功能也同样应当得到重视。

另外，在现代化农业推广过程中，虽然很多有益的农业创新成果和理念流入了农村，但由于无法纳入农民的地方性认知范围之内而"遇冷"。虽然改革开放以后我国农村已经具备了很多现代化的要素，但是不可忽视的是，与乡土场域紧密相连的地方性认知仍然对新事物的感觉、认识、思考等具有重要作用。如吴乡当地农民的"场依赖认知"和"具象认知"，就使得农民在农业创新采用上更偏向于保守和理性，虽然在一定程度上有利于农民规避风险，但是也使很多有益的农业创新成果在推广过程中受挫。因此，现代化农业推广除了"自上而下"的农业创新传播以外，更应该注重农民自己是如何感知、认识以及思考这些农业创新成果的，即"自下而上"的农业推广道路也同样是重要的。根据农民的地方性认知来制定具体的农业推广政策，才能更有利于保障农业创新的有效传播。

第六章 流失的乡村：城镇化和工业化背景下农业推广的发展困境

改革开放以来，我国的城镇化和工业化进程明显加快，并使受惠于家庭联产承包责任制而成为农业经营主体的农民家庭卷入到社会经济的剧烈变迁中来。在这一浪潮当中，为了获取更多的家庭收入以及追求更为美好的未来，农村青壮年人口要么纷纷入城务工，要么转行家庭工业生产，因此农业人口流失问题也日益凸显。在吴乡当地农村同样也面临着这一问题，主要表现为：一方面，青壮年劳动力进城务工只留下家中老人种田，导致当地农业劳动力老龄化问题日益突出；另一方面，在"城市文明""工业文明"的熏陶和影响之下，越来越多的农村家长选择让孩子进城读书，并希望借教育之手可以让孩子"逃离"农村，在城里做个"有体面的人"。这样一来，当地的农业发展面临着严峻的年龄、受教育程度失衡的人口结构性问题，并给现代化农业推广活动造成了不利影响，而如何面对和解决这一问题成为当前农业发展所需考虑的重要议题。

第一节 快速城镇化和工业化对农村社会的影响

费孝通在《乡土中国》一书中曾对传统中国社会的一些特点做过精辟的概括，即"传统中国社会是一个富有地方性的乡土社会，多数人口生活在农村，而农民活动范围上有地域的限制，在区域间接触少，生活隔离，各自保持着孤立的社会圈子"。在这样一个"生于斯、死于斯"的社会，其社会结构具有高度的稳定性，并塑造了千百年来中国农民"安土重迁"的文化心理。[①] 而改革开放以来，社会主义市场经济蓬勃发展，作为推动中国社会变迁重要力量的城镇化、工业化也在重构着城乡关系，同时也对乡村的农业推广进程产生了深远影响。

一　改革开放以来快速发展的城镇化和工业化

（一）城镇化的快速发展

新中国成立以后，为了缓解社会主义经济建设过程中出现的粮食紧张、城市流动人口激增、城市劳动岗位不足等城乡冲突问题，我国于 1957 年通过户口管理、粮油供应、劳动用工的行政措施严格限制农民进城，并于次年颁布《中华人民共和国户口登记条例》，以法律的形式将城乡利益二元格局固定了下来。[②] 在这一历史背景下，南宫市在解放以后的很长一段时间内城镇化人口比重处于较低水平。如表 6-1 所示，1979 年南宫市农业人口比重高达 96.8%，而城镇人口比重仅为 3.2%，城乡人口比例失调问题比较凸显。

表 6-1　1979~2015 年南宫市城乡人口数量、比重变化

单位：人，%

年份	农业人口	农业人口比重	城镇人口	城镇人口比重
2015	377076	75.1	124759	24.9
2012	395418	82.4	84581	17.6
2009	384752	81.9	84798	18.1
2006	375619	82.2	81254	17.8
2003	374155	82.9	77397	17.1

---

① 费孝通：《乡土中国》（修订本），上海人民出版社，2013。
② 李荣玉、王海光：《一九八五年〈户口登记条例〉出台的制度背景》，《中共党史研究》2010 年第 9 期。

续表

年份	农业人口	农业人口比重	城镇人口	城镇人口比重
2000	422557	91.4	39821	8.6
1997	418833	91.1	41147	8.9
1994	418646	92.1	36072	7.9
1991	410996	93.8	27291	6.2
1988	354819	86.2	56577	13.8
1985	374489	95.6	17300	4.4
1982	369710	96.1	14934	3.9
1979	364760	96.8	12065	3.2

数据来源：南宫县统计局编《河北省南宫县国民经济统计资料汇编》（内部资料）。

改革开放以来，计划经济时期的二元户籍制度随着社会主义市场经济的发展开始瓦解，城乡二元结构也随之松动，而这也推动了农民进城的步伐。从表6-1可以看出，南宫市城乡人口比例在不同年份有所反复，但整体而言城镇人口数量呈上升趋势。2015年南宫市城镇人口比重达到24.9%，相较于1979年上升了21.7个百分点，相较于2012年也上升了7.3个百分点。另外，随着农村"打工经济"的兴起，越来越多的农村青壮年人口流向城市，进而加快了城镇化速度。如表6-2所示，2015年南宫市的城镇化水平已经达到了53.3%，综合城镇人口比重来看，其非户籍常住人口的城镇化率达到了28.4%，表明农村向城市流动的趋势较为明显。同时从未来预测来看，2030年南宫市城镇化水平将会达到75.5%，相较于2015年高出22.2个百分点。因此，未来南宫市农业人口比重下降的趋势也会越来越明显。

表6-2 南宫市2015年、2020年城镇化状况及2030年预测

单位：万人，%

	2015年	2020年	2030年
全市常住人口	50.1	61.0	73.0
城镇常住人口	26.7	37.4	55.1
城镇化水平	53.3	61.3	75.5

数据来源：《南宫市城乡总体规划（2013～2030年）》。

（二）工业化的快速发展

南宫传统上是一个农业县，解放前工业基础较为薄弱。新中国成立以后，南宫县在互助组的基础上开始大力推广初级农业合作社，鼓励农民积极入社走互助合作的道路。在这一时期，农业生产合作社与其下属的生产队开始经营企业，也就产生了社队企业。社队企业以工业企业为主，因此又称之为社队工业，同时也标志着农村工业发展步入了新的阶段。[1] 然而，由于当时社队工业缺少资金、设备和相应的技术人才，其实际效益也较为有限。以1978年为例，当时南宫县队办工业收入为933万元，占全县总收入的22.8%，且仅为全县农业收入的1/3。[2] 可见，改革开放之前农村工业虽然有所发展，但是还是有很大的提升空间。

1984年党的十二届三中全会胜利召开，会议通过的《中共中央关于经济体制改革的决定》指出要"大胆冲破'左'的思想束缚，改变不适应我国农业生产力发展的体制"。同时会议提出"增强企业活力是经济体制改革的中心环节"，"实行政企职责分开，正确发挥政府机构管理经济的职能"。在这次会议精神引领下，合作化时期的社队企业全部转变为覆盖多种农村企业形式的"乡镇企业"，同时带有私人性质的农村家庭企业也开始出现，农村工业就此开始迅猛发展。在这一机遇下，南宫的农村工业快速发展，并逐渐成为全市收入的主要来源。关于这一点，笔者以吴乡毛毡业为代表来具体说明。

吴乡自解放前就流传有制作毛毡的手工技艺，新中国成立以后，社队企业也进行过毛毡生产，但是规模都比较有限。20世纪80年代中后期，吴乡的毛毡业在党中央鼓励乡镇企业发展的机遇下，开始了稳步的发展。在当时，从事家庭毛毡手工业的农民为

---

① 颜公平：《对1984年以前社队企业发展的历史考察与反思》，《当代中国史研究》2007年第2期。

② 南宫县统计局编《河北省南宫县国民经济统计资料汇编》（内部资料）。

了提高劳动生产效率，开始购入毛毡生产机器，手工毛毡逐渐退出了历史舞台，一些颇具规模的家庭毛毡企业还会雇工生产，而这在客观上极大促进了当地的工业化进程，毛毡产业成为当地乡村工业的重要增长点。

如表6-3所示，2003年，吴乡的农业从业人员比重高达65.8%，工业从业人员比重仅为18.4%。2012年，吴乡农业从业人员比重下降至44.9%，工业从业人员比重上升至34.2%，工业化程度有较大幅度的提高。此后三年，吴乡工业从业人员比重有所下降，但均能维持在28%以上，整体发展趋势较好。另外，如表6-4所示，吴乡工业收入比重也呈曲折增长态势。1986年，吴乡的工业收入比重为47.1%，相较于1978年增长了30.2个百分点。2000~2012年吴乡的农村工业受国际市场的影响，收入虽有所下降，但是2012年起又开始快速增长，到2016年其工业收入比重已达到了76.0%。截止到2016年，吴乡共有毛毡企业352家，其合作电商共607家，从业人员达5510人，工业化发展呈现出快速发展的态势。①

表6-3 2003~2015年吴乡农村从业人员行业分布变化

单位：人，%

年份	农村从业人员	农业从业人员	工业从业人员	农业从业人员比重	工业从业人员比重
2015	17245	8451	5019	49.0	29.1
2014	17451	8485	5030	48.6	28.8
2013	17331	8785	4986	50.7	28.8
2012	17275	7751	5910	44.9	34.2
2011	16881	8801	4525	52.1	26.8
2010	16636	9650	4273	58.0	25.4
2009	16791	8963	4423	53.4	26.3
2008	16636	9151	5069	55.0	30.5

---

① 相关数据由吴乡农业经济办公室提供。

续表

年份	农村从业人员	农业从业人员	工业从业人员	农业从业人员比重	工业从业人员比重
2007	12025	7431	2635	61.8	21.9
2006	12002	7460	2621	62.2	21.8
2005	12269	7815	2573	63.7	21.0
2004	12362	8045	2385	65.1	19.3
2003	12334	8109	2270	65.8	18.4

数据来源：南宫县统计局编《河北省南宫县国民经济统计资料汇编》（内部资料）。

表 6-4　吴乡农村经济中农业、工业收入及比重变化

单位：万元，%

年份	农村经济总收入	农业收入	工业收入	农业收入比重	工业收入比重
2016	167310	29100	127121	17.4	76.0
2012	94635	34173	50185	36.1	53.0
2008	43365	20582	12992	47.5	30.0
2004	27494	14891	8476	54.1	30.8
2000	50478	8718	18450	17.3	36.6
1996	34882	8914	18080	25.6	51.8
1994	15268	3480	7482	22.8	49.0
1990	8440	2000	3843	23.7	45.5
1986	5450	1438	2568	26.4	47.1
1978	295	229	50	77.6	16.9

数据来源：南宫县统计局编《河北省南宫县国民经济统计资料汇编》（内部资料）及吴乡乡政府提供。

二　快速城镇化和工业化给农村带来的"流失"问题

（一）青壮年劳动力流失与农业劳动力老龄化问题

快速城镇化和工业化给当地农业造成的较大影响之一就是青壮年劳动力的流失，主要表现为城镇化发展使越来越多的青壮年

人口离开农业生产，转而流向城镇从事其他职业，工业化发展则使农业劳动力转向家庭工业或乡镇企业。无论何种情况，都造成了当地青壮年劳动力人口的流失，进而使农业劳动力老龄化问题越来越凸显。① 吴乡统计资料显示，2016年吴乡农业劳动人口中有65%左右的劳动者年龄在50岁以上，而40岁以下的青壮年人口从事农业生产的现象则较为少见。②

笔者在吴乡进行田野调查时，发现当地多数农村家庭的经济有这么一个特点，那就是"老年人家中负责农耕，青壮年人外出负责打工"。因此，在吴乡的村庄里很少看见二三十岁的年轻人，多数都是50岁以上的中老年人。这种形式的家庭分工也造成了农村青壮年常住人口的持续减少，进而加重了农业劳动力老龄化。以笔者所驻扎的X村为例，2016年全村共1498人，但由于村中常年外出务工、上学的人口较多，因此全村实际常住人口为435人，仅占总人口的29.0%，且基本上都是50岁以上的老年人。③

对于农村大量青壮年人口外出的现象，X村一位老人无奈地感慨道："没办法，现在种地根本挣不到啥钱，但是村里娶媳妇啥的都需要钱，不出去打工根本不行。"而笔者在长期的走访和调查中也发现，"种地不挣钱""不出去根本没出路"也成为村民们回答"为何外出务工"这一问题时出现频率最高的答案。可见，农村人口老龄化以及由此引发的农业劳动力老龄化与农业比较效益低下存在着密切联系。而造成农业比较效益低下的原因主要是：第一，吴乡的人均耕地太少。据该乡官方统计数据显示，其全乡人均耕地仅2.2亩，其中有些村甚至不足2亩，如X村由于高速公路建

---

① 农业劳动力老龄化指从事农业的60岁以上老年人口占农业劳动力总人口的比重过大并呈现日益增大的趋势，是农村人口老龄化的重要表现之一。参见刘妮娜、孙裴佩《我国农业劳动力老龄化现状、原因及地区差异研究》，《老龄科学研究》2015年第10期。
② 相关数据由吴乡政府农业经济办公室提供。
③ 相关数据由吴乡X村村委会提供。

设占用了部分耕地，其人均耕地由原来的 2.1 亩变成了 1.5 亩。①
第二，种植结构过于单一，种植作物利润有限。2015 年，吴乡播
种面积共 108453 亩，而粮食作物②和棉花就分别占了 51033 亩和
49080 亩，其总和占到了播种总面积的 92.3%，其他经济作物种植
面积较少。如隶属于吴乡的 X 村，除了小部分的辣椒种植以外，
其耕地的 90% 以上也是常年种植粮食和棉花。③ 然而，无论是小
麦、玉米轮作还是棉花种植，其纯利润都较为有限。以其中比较
效益较优的棉花为例，近年来刨去成本其每亩纯利润一般可达
1200 元左右，但因多数家庭的种植面积有限，很难形成规模效益，
整体收入还是较为有限。因此，在"种地不挣钱"的共识下，多
数农村青壮年人口选择了外出务工、经商这一条道路。

图 6-1　正在田间进行劳作的一位白发老人

　　农村青壮年人口流出以后，其名下所承包的土地主要有两种
方式进行处置：一部分人将土地流转给他人进行耕种，另一部分

---

① 相关数据由吴乡乡政府提供。
② 粮食作物主要包括小麦、玉米、谷子、绿豆等传统作物。
③ 相关数据由吴乡 X 村村委会提供。

人则将土地交予家中父辈或祖辈的老人去代耕。然而无论采取哪种方式，在农村人口老龄化的背景下，土地流动的趋势都是向老年劳动力群体集中，从而加重了农业劳动力的老龄化。关于这两种形式的土地流动及影响，下面将通过 X 村的两个个案来具体说明。

个案 6-1：租地与代耕相结合的薛 LX，男，54 岁

X 村的薛 LX 夫妇共有一子一女两个孩子，其中女儿嫁到了山东，儿子则在内蒙古打工。虽然薛 LX 夫妇的儿子也已经结婚并已经有了两个小孩，但是因为外出打工的原因，他名下的承包地仍交予父母管理和照料，共 8 亩左右。此外，薛 LX 夫妇还租借了本村村民的 14 亩土地，而转租的村民也是外出务工的年轻人。薛 LX 在 20 余亩土地上都种植了辣椒，希望能够多赚些钱，然而种辣椒比较费工，劳作也比较辛苦，薛 LX 夫妇表示有时有点吃不消，因此经常雇人来除草、采摘等，而这也增加了辣椒种植的人工费用。2017 年辣椒收购价格每斤只有 4 元左右，比前些年少了不少，刨去成本和人工费使得辣椒收益并不乐观，这让薛 LX 夫妇感到气馁，并寻思以后是否还要种植辣椒。

个案 6-2：为儿子代耕的李 BS，男，63 岁

李 BS 共有两个儿子，都在石家庄工作，平时很少回家，因此两个儿子家里的地也都交给李 BS 夫妇来管理，这样算上自己的承包地再加上儿子家里的，李 BS 夫妇共有 6 亩左右的耕地①，全部种植小麦和玉米。据李 BS 讲，自己和老伴的年龄都大了，也只能种植一些比较省工的小麦和玉米了，同时他还表示趁着自己身子骨还硬朗就再种几年地，也能多赚点儿钱，以后种不动了就会考虑把土地转租出去。

---

① 需要说明的是，在吴乡由于各种原因，原本"七年一调"的调地工作并不顺利，该乡很多村的地一直没有调过，而这也造成了外村媳妇嫁过来没地、家里添了小孩没地等问题，因此该乡各家庭的人均耕地都不一样。

从以上两个个案可以看出，农村青壮年劳动力流出使土地逐渐向老年农民群体集中，虽然老年农民在种地经验上较为丰富，但由于体力、精力的下降，其耕作效率也较为有限，尤其是棉花、辣椒等比较效益较高但却相对费工的作物，老年农民在耕种时都会有种"力不从心"的感觉。因此，很多还在从事农业种植的老年农民在与笔者交谈时，都会感慨道等他们种不动地了，家里也就真没人种地了。同时笔者也发现，在当前吴乡，老年农民由于身体原因退出农业劳动的也不在少数，加之越来越多的农村年轻人不愿从事农业耕作，使得部分村庄的土地流转也越来越困难，并造成部分村庄的土地租金持续偏低，如一位家住 Z 村的农民就跟笔者抱怨道：

> 现在家里年轻的都在外打工的打工，上学的上学，就留下俺们老两口，可是我们岁数又大了，也种不动地了，就只能把地都租出去了。可是现在往外租地也不好租啊，人家还要挑，不好的地人家还不要，好不容易租出去了价格又那么低，像俺们村的地以前租还能每亩有个 200 多块钱，现在才租 140 元、150 元那样。俺们家里也就几亩地，你说就那点儿租金够干啥！现在孩子在陕西做生意，每过段时间都给俺们寄点钱，要不我们这老两口的日子还真不好过啊！

同时，由于农业劳动力老龄化程度的不断加深，很多农民的种地意愿也越来越淡薄，而希望自己的土地能够被流转的意愿却越来越强烈。在笔者调查期间，恰逢吴乡旁边的威县正在"上马"君乐宝奶牛养殖场项目，威县的几个村庄的土地都流转到君乐宝公司名下，用于种植苜蓿等奶牛专用的饲料，而村民们则获取每亩地不少于 1000 元的租金。[1] 威县农村的土地流转也让吴乡的很

---

[1] 相关信息为笔者在威县调查所得。

多农民感到眼红，他们也时常与笔者谈到这个问题，如 X 村的一位五十多岁的农民就说道："现在种地没啥前途，年轻的不愿意种，年纪大的总有一天也会种不动，所以让俺说就应该学学人家威县，引进个大企业把土地全流转出去，俺们拿租金就行了，总比自己种不动了包出去划算。"言谈中充满了对未来家庭耕作的悲观情绪，也是当地农民对待农业态度的真实写照。

总而言之，乡村城镇化、工业化的快速发展导致农业劳动力老龄化问题日益凸显，土地的有效利用问题也随之显现出来，这既表现在农村青壮年劳动力流失造成农业劳动力投入不足，对农业产出形成负面影响[1]，也表现在与年轻劳动力相比，老龄劳动力的生产效率明显偏低，很难使主要生产要素形成较高的边际产值。[2] 这种状况显然不利于新作物的推广与农业创新的传播。同时，面对快速的农业劳动力老龄化，与农业生产相关的合作组织建设却相对滞后，土地流转也局限在较小范围内，使得规模化农业难以形成，农业效益也十分有限。因此，越来越多的农民把希望寄托在村庄外面的世界，对于土地的依恋也越来越弱了。

（二）学龄青少年儿童的流失与"教育离农"问题

乡村城镇化和工业化的快速发展也在改变着农村年轻人的思想理念，其中一个较大的变化就是农民对于其子女的教育问题越来越重视了。这主要因为随着农民入城进程加快以及家庭工业的不断发展，农村的很多人跳出了"农门"，其眼界也在不断拓宽。其中，"让孩子走出农村""让孩子不再种地"成为越来越多农村家长的共识，而教育则成为实现这一目标的重要渠道，这也造成了乡村地区"教育离农"倾向的日益凸显。

---

[1] 陈锡文：《当前我国农业农村发展的几个重要问题》，《南京农业大学学报（社会科学版）》2011 年第 2 期。

[2] 徐娜、张莉琴：《劳动力老龄化对我国农业生产效率的影响》，《中国农业大学学报》2014 年第 4 期。

关于农民对于教育的重视这一变化，笔者在田野调查中就有很多感触。笔者在吴乡入户访谈时，若发现其家中有上学的小孩，往往都会主动表示愿意为其孩子辅导功课，以这一方式来拉近与访谈对象的关系，而访谈对象也会很高兴地接受并感谢笔者这一"善举"。此后，他们不仅会积极配合笔者的调研，还会经常邀请笔者去他们家中吃饭，平时见到笔者也会主动打招呼，从这些家长对笔者的态度可以看出当前农村家长对于子女教育问题的关心程度。然而吴乡在十几年前或者更早的时候，教育还并未像现在这样得到多数农村家长的重视，青少年儿童辍学、退学的案例也并不少见，造成该村在解放以后的较长时期中没有出过太多的人才。关于这一点，吴乡 X 村村主任通过该村大学生数量的增长变化来说明农村家长对于子女教育问题的日益重视：

> 以前农民对于教育压根儿就不怎么重视，小孩们也厌学，不少小孩升到初中以后就不想上了，早早退学回家帮家长干活儿，所以人才也少。就拿俺们村来说吧，十几年前没一个大学生，能有个高中生或者中专生就已经了不得了。直到后来村里好多农民都去城里打工才长了见识，才知道懂知识的重要性，也知道让自己孩子读书了。像我们村好多家长怕孩子在乡里的学校学不好，都掏钱想办法把孩子往城里送，反正对孩子学习的关心程度比以前要强多了。也就在最近几年吧，俺们村每年都要出几个大学生，还有读研究生的呢！

为了对乡村教育发展情况有一个更为深入的认识，笔者前往吴乡所辖学区之一的 X 村学区的小学、初中进行了走访调查。X 村学区共管辖 14 个村庄的学龄儿童上学问题，其中在 X 村设有一所中心学校，共有九个年级，即小学六个年级和初中三个年级。此外在吴乡另外两个村也设有两个分校，但只有一、二两个年级且学生较少。在 X 村中心学校，校长带笔者参观了该校三层的教学楼、食堂还有老师办公室，总体而言硬件设施还算齐全。该校共有 35 名老师，大多都具有大专及以上学历。因为老师较多所以开设的课程也较为齐全，如小学三年级就开设了英语课，而这在以前是没有的。

　　然而面对学校不断完善的硬件设施以及不断增强的师资力量，该校校长却有着自己的忧虑，那就是生源数量的不断下降，究其原因也正是农村家长对于子女教育的重视程度日益提高。根据校长所言，在吴乡很多家长认为城市的教学质量和学习环境更好一些，因此都愿意把子女送往南宫市的中小学读书，而这极大影响了 X 村学区的生源。同时已经入学的学生，也会在学习的中途转学到南宫市去上学，而这也进一步使得 X 村学区的小学、中学的学生数量不断下降。如表 6-5 所示，2017 年 X 村中心学校各年级人数显现出年级越高人数越少的趋势：在小学阶段，学生人数最多的一年级有 79人，而人数最少的五年级仅 18 人；在初中阶段，学生人数最多的七年级（初一）有 30 人，而人数最少的九年级（初三）仅为 20 人。

表 6-5　2017 年 X 村中心学校各年级人数

单位：人

年级	一年级	二年级	三年级	四年级	五年级	六年级	七年级	八年级	九年级
学生人数	79	45	44	26	18	21	30	27	20

数据来源：由 X 村中心学校校长办公室提供。

　　关于学校在校人数下降这一事实，校长无奈地说道：

　　　　现在农村好多家长都愿意让孩子去市里上学，总感觉市里的教育要比乡里的好，所以我们学校经常有上到一半就转学去城里的孩子，也就造成高年级学生越来越少了。你像一年级，我们小学还是有两个班的，到了二年级就一个班了，而且越往后学生越少，都跑城里上学去了。还有就是初中学生流失也很大，很多家长宁可掏钱让孩子住宿在南宫市里的学校读书，也不愿意在乡里学校读，所以我们学校初中学生一直不多。你像今年（2017 年）学生数量还算好了，记得前几年最少的一次，乡里初中才招到 9 个学生，其中有几个还想去城里初中读。后来我们学校给家长还有学生做了半天工作，人家才算愿意在乡里读了，否则真走了初中班连办都办不起来了。不过这也没办法，虽然乡镇小学在硬件、师资方面和以前比有很大进步了，但是相较而言还是城里的学校环境更好一些，而且现在好多家长也舍得为孩子在教育方面花钱了。

关于农村学生流失的问题，X 村一位已经退休的小学老师薛W 也深有感触。根据他的回忆，在 20 世纪 90 年代的时候 X 村学区还是每个村都有小学，而且学生数量也很多，最少的时候也有七百余名学生。而现在学生越来越少，除了 X 村中心学校以外，也就只剩下两个点了，而且学生也是少得可怜。面对乡镇小学、初中学生数量减少的事实，乡里也曾经考虑过将该乡另一个学区的初中并入 X 村学区，但是遭到了那个学区家长的强烈反对，其反对理由就是之所以选择在乡里读初中就是因为离家近，并校以后还要跑更远的路去上学不划算，并表示如果并校就让自己孩子转学去市里上学去。为了防止更大的转学风险，最后乡里也就妥协了，继续维持着现在的学区分布格局。

总之，乡村城镇化、工业化使越来越多的农民跳出了"农门"、拓宽了眼界，并意识到了教育的重要性，农村大学生数量的增长、农村中小学生转入城市上学等，都成为教育在农村受重视的直接体现。一位 X 村的家长就讲道："现在农民走南闯北的，也知道只有上学才会有出路，所以都愿意尽量让孩子上好点儿的学，我的两个孩子都在 X 村小学上一年级，但将来我还是会把他们送市里读书去，毕竟那儿的教育环境更好一些。"言谈之中流露出对于子女成才的渴望之情。

第二节　农业劳动力老龄化对农业
推广的影响及思考

乡村城镇化、工业化所引发的农业劳动力老龄化，对于吴乡的现代化农业推广产生了很大影响，主要表现为老年农民由于体力、精力有限，更习惯于棉花、小麦、玉米等传统大田作物的耕种，而对于农业创新的传播则越来越持保守的态度。因此，如何应对农业劳动力老龄化给农业推广带来的不利影响，成为值得思考的问题。

一　有心无力：农业劳动力老龄化与农业创新的扩散难问题

从前文可以看出，农业劳动力老龄化对于土地流转以及土地资源的有效利用都产生了一些不利影响，而这也给后续的现代化农业推广埋下了隐患。关于农业劳动力老龄化对于现代化农业推广的影响，学界已经进行了一些研究，如李术君、李韬认为农民进入老年阶段以后，不仅劳动能力衰退较快，而且其记忆能力、创新能力和应变能力也会降低，因此接受新知识、新技术的能力也会相对较差。[1] 杨志海等基于粮食主产区农户调查数据发现，劳动力老龄化对样本农户综合技术效率、规模效率具有显著的负面作用。[2] 徐娜、张莉琴以农村固定观察点数据为依据，也指出农业劳动力老龄化会使耕地面积以及各生产要素的投入水平偏低，从而制约现代化农业的发展。[3] 从已有研究可见，农业劳动力老龄化

---

① 李术君、李韬：《人口老龄化对我国农村劳动力劳动生产率的影响》，《科学决策》2008 年第 10 期。

② 杨志海、麦尔旦、王雅鹏：《农村劳动力老龄化对农业技术效率的影响》，《软科学》2014 年第 10 期。

③ 徐娜、张莉琴：《劳动力老龄化对我国农业生产效率的影响》，《中国农业大学学报》2014 年第 4 期。

对于现代化农业推广产生了一定程度的负面影响。

在吴乡，农业劳动力老龄化对于当地农业推广产生的最大影响就是农业创新的扩散难问题，尤其是一些对于技术要求较高、较为费工的新作物的推广，老年农民都因其自身原因而难于接受。因此，吴乡的种植结构一直以来都以粮食和棉花等传统作物种植为主。虽然近年来吴乡政府一直努力推广一些新作物，然而效果却还是较为有限，主要表现为很多负责家庭农业耕作的老年农民对于政府所鼓励的农业推广项目并不"买账"，而这也颇让乡里负责农业经济的干部感到头疼。如该乡一位副乡长就感慨道："现在农村有知识、有文化的人越来越少了，有点儿能耐的都跑出去了，剩下的多是些老年人，这些上了年纪的农民本身文化水平就不高，眼光也短浅，让他们去接受一些新事物可没那么容易。"言语中袒露出了对于当前农业推广社会环境的无奈。

然而，农民们对于这一问题也有自己的说辞，那就是虽然他们也知道种植新作物会有较高的潜在利润，但是由于家中年轻的家庭成员大多外出务工，负责农业耕作的往往都是家中老人，其体力、精力都比较有限，很难再去熟悉新作物、学习新技术。因此多数情况下，老年农民还是会选择继续耕作棉花、粮食等传统大田作物，而不愿涉足新作物的种植，从他们的想法和认识来看，具体可以归纳为以下几点。

一是从自身实际情况出发。老年农民由于年龄的限制，其体力、精力都比较有限，而很多新作物虽然利润较高，但却需要出较多的工，还需要学习相关的技术和管理方式，相对比较"麻烦"，因此降低了其种植的意愿。如在 X 村，近年来已经有些农户种植辣椒并获得了比粮食、棉花等作物更高的收益，但是种植农户也仅有十余户，其种植范围也一直保持在 X 村全部耕地的 10%以内①，并未因为其较高的利润而吸引到更多的农民来耕种。究其

---

① 数据来源于笔者 2017 年在 X 村的走访调查。

原因，多数老年农民认为辣椒太费工，家中又常年没有年轻劳动力，因此根本就种不动。如一位种植 8 亩粮食作物（小麦和玉米轮作）的 61 岁农民就说道：

> 现在种啥肯定都比粮食要划算，就好比村里那些种辣椒的，每亩产量和棉花差不了太多，但是卖得好的时候可以达到 5 块钱一斤，而棉花每斤也就不到 4 块钱那样。虽然辣椒更有利润，但是却很费工，有时候还要雇人来干。现在种辣椒的为了省下开销，不仅自己干还要找"当家的"或者亲戚朋友过来帮忙，麻烦得不行。像俺们这么大年纪的肯定干不动了。所以这几年就种点粮食，挣得不多至少自己能照顾得过来。

关于新作物辣椒的种植成本和费工程度，可以与当地传统种植的棉花、小麦、玉米做一个对比。从以下各表的对比可以看出，辣椒种植无论是在水电用量还是农资支出方面，其成本都要高于棉花、小麦、玉米等传统大田作物，同时还更费工，尤其是定苗、除草、摘辣椒等环节一般还需要雇人来干。然而由于农村青壮年人口多数都在城市务工，有时雇人也很困难，如一位种植辣椒的村民就曾向笔者抱怨道："现在摘辣椒一斤都涨到一块钱了，可还是找不齐人来干活儿，每次摘辣椒就得求'当家的'、邻居们过来帮忙。"可见，种植辣椒对于老年农民而言还是比较费精力的。相比之下，其他传统作物的种植成本和费工情况就要好得多。如棉花种植方面，如果种植面积不大的话，农民可以自己劈杈、摘棉花，从而省下人工费，而小麦、玉米等作物种植则完全可以机械化耕作。因此受体力、精力的限制，当地老年农民更愿意从事传统大田作物的种植。

根据相关统计，2006 年吴乡粮食作物的播种面积为 29871 亩，约占当年耕地总面积的 31.2%；2015 年吴乡粮食作物的播种面积则达到了 51033 亩，约占当年耕地总面积的 47.1%，十年间增长了

15.9 个百分点。[1] 可见，城镇化、工业化所引发的农业劳动力老龄化，也使当地的种植选择趋向于保守，并间接抑制了新作物种植及其所配套的农业技术的传播。

表 6-6　2017 年 X 村辣椒种植成本及费工情况

单位：元/亩

支出项目	成本	支出项目	成本
土地流转费	300	农药	80
机器耕地	25	地膜	30
机器耙地	25	人工维护	120
种子	70	追肥	60
机器播种	25	人工摘辣椒	400
灌溉水电费	120	清理辣椒地	60
化肥	150		

总计：1465

数据来源：笔者 2017 年末在 X 村走访调查所得。

表 6-7　2017 年 X 村棉花种植成本及费工情况

单位：元/亩

支出项目	成本	支出项目	成本
土地流转费	300	除草剂	10
机器耕地	25	灌溉水电费	60
机器耙地	20	农药	70
种子	60	追肥	30
机器播种	25	人工劈杈	20
化肥	130	人工摘棉	420
地膜	30		

总计：1200

数据来源：笔者 2017 年末在 X 村走访调查所得。

---

[1]　南宫县统计局编《河北省南宫县国民经济统计资料汇编》（内部资料）。

表 6-8 2017 年 X 村小麦种植成本及费工情况

单位：元/亩

支出项目	成本	支出项目	成本
土地流转费	300	灌溉水电费	90
机器耕地	25	尿素	90
种子	100	化肥	160
机器播种	25	机器收割	60
农药	10		
		总计：860	

数据来源：笔者 2017 年末在 X 村走访调查所得。

表 6-9 2017 年 X 村玉米种植成本及费工情况

单位：元/亩

支出项目	成本	支出项目	成本
土地流转费	300	灌溉水电费	60
机器耕地	25	尿素	20
种子	50	化肥	70
机器播种	25	机器收割	60
农药	10		
		总计：620	

数据来源：笔者 2017 年末在 X 村走访调查所得。

二是为了规避风险。调查中发现，老年农民普遍文化水平较低，缺乏判断力，因此害怕选择新作物会承担相应的风险。相比之下，粮食、棉花等传统作物由于他们的耕作经验丰富，也会有人专门过来收购，所要承担的风险较小，更能被他们所接受。在乡村城镇化、工业化背景下，外出务工、经商、上学以及在农村从事家庭工业生产的年轻人多数情况下都已较少参与家中农事，甚至相当一部分年轻人对于农业方面的事情都不甚了解。因此，关于选择种植什么，种植过程中采用什么方法或者技术，老年农民成为最主要的决策者。然而，老年农民受限于其文化素质水平，很难对外来新作物的推广做出准确的判断，在农业推广的博弈中往往处于劣势，导致他们在种植选择方面更倾向于保守的态度。关于这一点，X村一位56岁的农民薛FH便无奈地说道：

> 俺家有两个儿子，都在石家庄工作，一个在公交公司上班，一个在做生意，地里的事儿也就俺们老两口来干了，他们平时不咋回来也不过问。当然这种情况也不是俺们一家，现在村里出去的年轻人都没几个关心地里的事儿了，毕竟种地辛苦不说还挣不到啥钱，还不如在城里打份工呢。俺们家现在就种了几亩棉花，以后也不打算种别的了，毕竟俺两口子岁数大了又没啥文化，现在忽悠人的又那么多，到时候吃了亏也不上算，而且俺们也不是没上过当。就说前些年吧，有公司过来跟俺们推销他们的药材种植，说只要俺们愿意种，他们就过来按照不低于市场价的标准来收，说得是挺好，结果俺们种完以后不知道为啥他们就不收了，急得俺们够呛，最后自己拉到市里找买家2毛一斤卖了，亏了不少钱。没办法，现在村里干农业的都是俺们这些岁数大的、没文化的，也容易被别人骗，所以就老老实实地把棉花种好吧，先甭管挣多少钱至少心里踏实。

三是农村结婚的费用日益攀高，家中有未婚儿子的家庭更愿意将有限的资金存储起来，而不愿投资于具有潜在风险的新作物种植当中。在吴乡，农村结婚的彩礼钱普遍都在15万~20万元左右，同时结婚使用的家用汽车和房子还要另算，其中房子都会要求男方至少要在南宫市买，农村建的房子还不算。而根据相关统计来看，2015年吴乡农村居民年人均可支配收入仅9838元。① 由此可见，高额的农村结婚彩礼给当地农民家庭带来了不小的压力。

---

① 南宫县统计局编《河北省南宫县国民经济统计资料汇编》（内部资料）。

因此，家中有未婚儿子的家庭更习惯于存储而非投资，尤其对于一些预期收益较高但是需要较长种植周期或者风险较大的新作物，这些农民都保持着慎重态度。关于这一点，孙村一位 52 岁的农民孙 HD 说道：

> 现在农村的经济压力也大，尤其是儿子娶媳妇是最花钱的，俺家现在就有个小儿子还没结婚，到时候车、房子、彩礼啥的都少不了，所以真是不敢随便花钱啊。现在俺家就种了七亩多的小麦和玉米，这样俺和俺媳妇两口子还能腾出时间去南宫市里找点活儿干，要不光靠种地这点儿钱根本就不够用。现在像俺家这样给儿子攒钱结婚的老人多得是，所以平时也不敢瞎花钱。虽然现在种点儿其他的作物可能会多挣点，但是风险也大，老百姓也不敢轻易去干，尤其是地里的投资。比如以前乡里推广过的苹果树吧，从栽下树苗到挂果就需要至少三年的时间，而这期间光是投入，挂果以后行情咋样也不好说，一旦赔了儿子娶媳妇的钱就全没了，所以好多人都不敢这么干，就种点粮食、棉花，这样还保险一些。

总而言之，在农业劳动力老龄化不断加重的吴乡，老年农民由于自身体力、精力、文化水平、经济状况等多种因素的限制，对于新作物、新技术的态度显得更为保守。虽然很多老年农民也承认新作物有较高的预期利润，但是在各种因素的压力之下就显得"有心无力"了。正如一名老年农民所言，不是农民不欢迎农业推广项目，而是若没有考虑到农民的实际情况和困难，再好的项目也很难推广开来。

二　路在何方：老年农民们对于未来农业发展道路的思考

对于已经成为我国普遍现象的农业劳动力老龄化，很多专家和学者们都表达了相应的担忧，提出了如"十年以后谁种地""以后谁来种粮"等问题。例如，陈锡文等通过定量分析发现伴随着农村青壮年劳动力大量转移，农业劳动力老龄化将会影响第一产业正常增长，因此提出需要大量资本、科技以及其他投入的增加来抑制劳动力不足问题。[①] 乔领璇通过阐述农业生产主体的年龄变化和老龄化现状，指出农业劳动力老龄化对我国的农业生产和粮食安全有重要影响，因此建议大力发展规模化农业和推进土地流转。[②] 不过也有学者持相反态度，如林本喜、邓衡山认为农业劳动力老龄化未必会带来农业危机，只要理顺市场机制，提高农业的比较效益就能保证有人愿意种地，因此应当抑制上涨过快的农资和灌溉成本。[③]

那么，农民又是如何看待这一问题的呢？在吴乡，多数中老年农民对于当前农业现状的看法是：家庭联产承包责任制推行以来，以家庭为单位的农业耕作使农民在农业经营方面有了自主权，农事安排方面也更为自由了。然而，在农村青壮年人口不断外流以及农村消费水平日益升高的现状下，这种家庭小规模土地经营的方式又是看不到前途的。正如 X 村一位老年农民所说："像俺们这儿都是人多地少，人均还不到两亩，而且现在又不调地了，好多出生的小孩和嫁过来的媳妇都没地。要是靠那点儿地过活，家里有儿子的就等着打光棍儿去吧！"可见，农民对于当前农业状况的态度并不乐观。在具体谈到将来农业如何发展这一问题时，多数老年农民的看法大致可以归纳为两点——"土地规模化经营"和"农民合作化"。

---

① 陈锡文、陈晏阳、张建军：《中国农村人口老龄化对农业产出影响的量化研究》，《中国人口科学》2014 年第 2 期。
② 乔领璇：《农业劳动力老龄化产生的原因及其影响》，《现代农业科技》2012 年第 10 期。
③ 林本喜、邓衡山：《农业劳动力老龄化对土地利用效率影响的实证分析：基于浙江省农村固定观察点数据》，《中国农村经济》2012 年第 4 期。

个案6-3：赞成土地规模化经营的老李，男，63岁

说实话，现在一家一户这么种地根本没啥前途，否则也不会有那么多年轻人往外跑。就拿种棉花来说吧，种少了吧也挣不了啥钱，自个儿包地去种等收的时候人工费又高也不划算，所以现在有的人干脆就把地全都包出去了，也不费这劲儿了。所以要我说，村里农业还是得搞规模化经营，毕竟咱这儿都是平原，也适合搞规模化种植，要不根本就发展不起来。你看人家旁边威县，君乐宝公司就把人家地都包了，搞规模化种植，农民们每年按流转亩数都能拿到不少租金，而且也能腾出手去干其他事儿了，现在俺们都可羡慕人家呢，也寻思着啥时候人家能过来把咱的地也承包就好了。

个案6-4：希望农民实现合作化的薛LX，男，54岁

现在种地是越来越辛苦了，就拿俺家来说吧，以前种粮食还好，不太费劲儿，但是不挣钱，所以后来就包地种辣椒来多挣点钱。虽然辣椒确实价格也高些，但特别费工，俺家孩子又都在外地，要是不雇工根本摘不过来。可是现在问题是雇工都找不到人，以前摘辣椒一斤6毛，现在都涨到1块钱了，就这样照样难雇到人。毕竟摘辣椒是个辛苦活儿，好多人宁可自己去市里找点活儿干也不愿意干这个，所以没办法有时候就找"当家的"过来帮忙，但也是忙不过来。想想早些年的时候，村里都相互"攒忙"，你帮我我帮你，农活再忙也能应付过来，现在就不行了，大家都有经济头脑了，不是特别近的关系也不会白帮忙了。所以要我说现在农村还是应该想想怎么搞团结，要不都在那儿单打独斗根本搞不好，最好就是搞个像样的合作社，比如种辣椒的就办个辣椒合作社，选个有能力的人带领大家，这样大家相互帮衬才能有前途。虽说现在农村也有不少合作社，但没一个是真的，所以我感觉农业发展应该在这上面下下功夫。

另外，很多经历过农业合作化时期的老人也会回忆起公益性农业推广的种种好处，如 X 村的老人们就认为，他们之所以能够把棉花种好，就离不开农业合作化时期的技术员薛斌。[①] 然而，在商业性农业推广盛行的今天，虽然农民可选择的农资产品和服务日益丰富了，然而在市场自发性、盲目性作用下，常常会发生各种欺诈行为或者农产品滞销的问题，而这又让农民们在农业生产过程中充满了不安，因此农民们越发期待公益性农业推广可以再次回归到农村，如 X 村一位老年农民薛 GR 说道：

> 公社那会儿大队都有技术员，还有试验场，生产干部们也都下乡指导农民怎么种地，农民们也学会了不少技术。可现在呢？管农业的干部长啥样咱都不知道，更别提指导啥了，农民也是自己种自己的地。现在虽说农业技术发达了，像农药、化肥啥的也都不缺了，建了机井以后灌溉也方便了，可是现在人心也变了啊，像什么假化肥、假种子，咱也不是没上过当，（那些人）都是为了挣那黑心钱。还有就是现在种地也跟赌博一样，种好了收获以后都卖出去了还能挣些钱，要是没人收购或者价格跌了，就只能认倒霉了。所以现在好多人为啥不愿意种水果啥的，就因为那玩意儿容易坏，没人收就都烂在自己手里了，种粮食、棉花常年有人收至少还保险些。所以要我说，公社那会儿有些东西还真不应该丢了，如果有专门的技术员指导大家，政府又能保证农民种的东西有人收，老百姓才能塌下心来搞农业。

总之，作为农耕主力的老年农民早已感受到家庭小规模土地经营已经很难满足家庭经济的实际需求了，同时受其体力、文化素质等因素的制约，他们又很难积极融入到现代化农业推广活动

---

① 关于 X 村技术员薛斌的具体事迹，第二章有详细介绍。

之中。面对这些问题，很多老年农民提到了与"土地规模化经营"、"农民合作化"以及"发展公益性农业"等相关的具体想法，希望以此摆脱现在农业劳动力老龄化的困境。因此，未来现代化农业推广应当充分考虑到农业耕作主体——老年农民的实际诉求，并相应创造良好的农业推广环境，才能保障各项推广活动能够真正扎根于乡土社会。

第三节　"教育离农"对于农业推广的影响与思考

乡村城镇化、工业化引发的"教育离农"问题，造成越来越多的农村青少年儿童对其家乡的乡土社会产生了疏离感，很多学业有成的农村青年不再选择回到农村，而是留在充满机遇的城市，农村人才流失问题也因此日益凸显起来。这样一来，现代化农业推广所面对的受众往往都是文化素质水平偏低的老年农民，而这显然也影响了农业推广的效果。因此，如何应对"教育离农"给农业推广带来的阻力，也同样值得深思。

一　为何而读书："教育离农"及其对农业推广事业的影响

在我国农村教育的价值选择方面，一直存在着"离农"和"为农"这两个不同的取向。所谓"离农"取向的教育，是指"以城市为中心，为城市培养高级技术人才，培养离开农村/农业、融入城市主流文化而非回归乡土文化的人才"。[①] 而所谓"为农"取向的教育，则强调"农村教育的本质是为了服务于农村经济发

---

① 张济洲：《"离农"？"为农"？：农村教育改革的困境与出路》，《河北师范大学学报（教育科学版）》2006 年第 3 期。

展，要求农村教育发挥为农村社会服务的功能"。① 新中国成立以后，在以"农民自办教育"为形式的农村义务教育时期，农村教育是嵌入在乡土社会当中的，主要表现为学校与乡村社会的融合以及学校教育、家庭教育和社区教育的融合，而这有效调节了教育过程中"离农"与"为农"之间的张力，使农村人才可以回流到农村并为其服务。然而 2001 年"以县为主"的教育管理体制转变为"公办教育"以后，随着人口流动的加快、城乡教育并轨以及"撤点并校"布局调整的逐步推进，农村教育也在不断地"去乡土化"，而这种脱嵌式的教育也逐渐加强了"教育离农"的倾向。②

就吴乡的具体情况而言，当地的乡村教育同样也经历了从"为农"到"离农"的价值转变过程。在新中国成立初期，我国总体发展是以重工业为主导，需要将农业剩余价值转化为工业价值，因此建立了一套森严的城乡二元体制来保障目标的实现。在这一背景下，农民由于户籍身份的限制很难流动到城市，农村教育除了可以让极少数人实现"离农"的社会流动以外，多数受过教育的农民仍然留在农村，其中不乏一些高中及以上受教育程度的农民，而这在客观上为农村经济社会发展提供了一定的人才储备，尤其是为农业发展打下了良好的基础。如 X 村的农业技术员薛斌，就曾在河北农学院的棉花培训班专门进修过，后来又回到 X 村并对农民进行专门的农业技术指导，帮助当时文化水平偏低的农民掌握了很多农业技术，也体现了当时"教育为农"的现实情况。具有高中学历并教过小学的 X 村村民薛 CW 就回忆道：

> 生产队那会儿虽然农民们没什么文化，但是好多受过教

---

① 邬志辉、杨卫安：《"离农"抑或"为农"：农村教育价值选择的悖论及消解》，《教育发展研究》2008 年第 4 期。

② 单丽卿、王春光：《离农：农村教育发展的趋势与问题——兼论"离农"和"为农"之争》，《社会科学研究》2015 年第 1 期。

育的村里人都会回来给村里做贡献。就像俺们村的薛斌，就有文化有技术，回到村里以后教会大家不少农业技术，要不农民还不会科学种田。主要那时候户口查得也严，农民就算有文化、有技术也很难像现在一样往外跑。而且那时候国家也鼓励人才到农村为农业发展做贡献，记得（20 世纪）70 年代那会儿我们那个公社书记燕春钢就是河北农业大学毕业的，经常下乡跟老百姓交流，一点架子也没有。

由此可见，在当时户籍制度限制、农业人才下乡等多重因素的作用下，农业合作化时期还是较好地体现了"教育为农"这一价值取向。然而随着家庭联产承包责任制的推行以及改革开放政策的不断深化，农民不再被束缚在土地上，很多农村青壮年为了更好地生活纷纷流向了城市，并在打工的过程中实现了"离农"。在吴乡，20 世纪 90 年代中后期当地也掀起了"打工潮"，很多农民在城市拼搏的过程中逐渐认识到了生活的不易，并渴望获得更好的生活。正是在这种背景下，他们把更多的希望寄托在孩子身上，而这也使"教育离农"的思想倾向越来越明显。如 X 村一位经营农资商店的老板跟笔者讲道：

> 现在农村人对教育要比以前重视多了，尤其是出去打工的这一代，也知道一辈子待在农村没啥出路，愿意让孩子多读书好将来有个出路。就说俺吧，从小家里大人没咋出过门，没啥见识，对孩子们的学习也不重视，所以俺初中上了一半就不上了，到现在也就挣些辛苦钱。为了孩子将来有个好前程，就把孩子都往市里最好的学校送，现在一个儿子上高中，一个女儿在北京上班又准备考研了。因为现在孩子们学习都忙，家长又不愿意耽误孩子学业，地里再忙也很少让孩子们搭手，所以现在不少农村小孩都没怎么下过地，像俺儿子就从来没让他干过地里的活儿。还有俺们从小就教育孩子，只

有好好学习才能离开农村，才能不像你爹娘这样受苦受累，毕竟一辈子在农村种地确实也没啥前途。

从这位农资店老板所言可以看出，他更希望自己的子女通过教育可以彻底"离农"，而像他这样的想法在农村实际上也很普遍，即教育在改变孩子们人生轨迹的同时，也可以帮助他们日后彻底脱离农村和农业。关于这一点，笔者在走访调查中也深有体会，如笔者提出"让孩子受教育是为了啥"这一问题时，家长们给出的最多答案就是"不想让孩子一辈子在农村""不想让孩子跟他们一样当农民""有文化才能走出农村"等，可见农村家长们让其子女受教育的动机充满了"离农"的思维。X村一位棉农就同笔者讲到了当前农村教育的现状：

> 虽然现在好多农村的家长没啥文化，但是很少会让孩子辍学、退学回家务农了，毕竟一是种地也比以前省工了，用不着孩子帮忙，二是种地确实也没啥出路。所以孩子愿意继续读大人们也都会供着，现在村里多数孩子最少也能读个高中毕业，不像以前好多连初中甚至小学都没读完就不读了，咋说就算去城里打工也得有点儿文化啊，要不只能卖苦力。不过甭管现在是能读好书的还是读不好书的，都要往城里跑，反正是都不愿意在农村待着了。

可见，改革开放以后在人口流动加快、农民思想转变等因素的影响下，"教育离农"的倾向也越来越明显了。然而，当前教育所呈现出的"离农"倾向也给乡村的现代化农业推广运作带来了不小的负面影响，主要表现为：现代化农业推广需要各类人才的支持，而受到良好教育的农村青年人却很少会回到农村支持家乡农业发展。从现代化农业推广的实质来看，其内容除了传统的农业技术指导以外，还包括营销、信息咨询、教育等更多的非技术因素，因此所需要的人才也非常广泛。① 然而当前农村"教育离农"的价值取向愈来愈浓，使现代化农业推广很难获得由农村教育所提供的人才资源，这在一定程度上影响了农业的健康发展。

关于南宫市农业从业人口的受教育情况，从表6-10可以看出，虽然随着农村教育的发展，2006～2015年十年间南宫市的农业从业人口受教育程度整体上有所提升，但依然存在着高学历人口数量较少、比重较低的客观事实。以大专及以上学历的农业从业人口比重变化来看，2015年相较于2006年上升了3.8个百分点，但仍只占整体农业从业人口的4.0%。同时，初中及以下学历的农业从业人口比重整体来看在十年间虽然有所下降，但是下降幅度并不显著，2015年文盲或小学、初中受教育程度的人口比重仍占到了农业从业人口比重的70.2%，且文盲或小学学历的农业从业人口比重相较于2014年甚至还增加了2.9个百分点。可以看出，相较于乡村教育的快速发展，农业从业人口的受教育程度并未以此为契机而得到较大提高，而这从一定程度上也显示了当地"教育离农"的现状。关于农村缺少专业人才的窘境，一位长期负责农村经济的乡级老干部就指出来：

> 现在乡里发展的最大问题就是农村大学生越来越多，但愿意留在村里的人才倒越来越少了。记得农业合作化那会儿，虽然农民们好多都没啥文化，但公社、大队都有技术员，所以各种新品种、新技术的推广也搞得挺好，老百姓也能学到不少东西。但现如今，以前那些技术员是退的退，去世的去世，后面又没有新的人才补上来。其实这主要也是因为村里有文化、有技术的都往外跑，外面的人才也不愿意来村里，这人才自然也就断了。虽然现在有大学生村官啥的，但是也都是搞行政的，对村里经济支持不大。现在乡里搞农业推广活动，最

---

① 徐森富：《现代农业技术推广》，浙江大学出版社，2011。

需要的就是相关技术人员、市场营销人员，这样才能既保证推广的新品种长得好，又卖得出去，所以我认为农村最重要的任务就是怎么在搞好教育的同时，又能把人才留住。

由此可见，"教育离农"实际上对于公益性农业推广造成的损失最大，而笔者在与很多上了岁数的农民交谈时，他们也会感叹"以前种地有技术员，现在种地没人管"的现实窘境。另外，商业性农业推广组织则将公益性农业推广式微看作市场空白，通过各种渠道强势介入农村社会。若从农业创新传播的角度来看，商业性农业推广有利于弥补由"教育离农"所造成的人才短缺问题，然而在市场盲目性、自发性的影响之下，部分商业性农业推广活动发生了欺诈、夸大宣传、毁约等一系列问题，反而造成了农民的不安。如一位曾经听从某公司宣传而种植药材，最后却因公司毁约、没有按期收购赔了本的农民便愤愤地说道："那些公司的人把自己装得跟专家一样，还保证这个保证那个，实际上就是一群'满嘴跑火车'的骗子，就是为了挣老百姓的钱，可出了问题就跑了啥也不管了！"因此，"教育离农"一方面正在实现农民希望其子女向上流动的期望，另一方面却又使农业从业人口的文化素质很难得到有效提高，而文化素质偏低的农民很难对市场做出有效判断，从而给现代化农业生产带来了不利影响。

表 6-10　2006~2015 年南宫市农业从业人口的受教育程度情况

年份	文盲或小学		初中		高中或中专		大专及以上	
	人数（人）	比重（%）	人数（人）	比重（%）	人数（人）	比重（%）	人数（人）	比重（%）
2015	41538	19.9	104780	50.3	53725	25.8	8339	4.0
2014	35010	17.0	117508	57.0	51060	24.8	2598	1.2
2013	35319	17.0	115585	55.8	54401	26.3	1880	0.9
2012	39910	19.4	114100	55.4	50542	24.6	1251	0.6

续表

年份	文盲或小学		初中		高中或中专		大专及以上	
	人数（人）	比重（%）	人数（人）	比重（%）	人数（人）	比重（%）	人数（人）	比重（%）
2011	41094	20.3	113034	55.9	47311	23.4	933	0.4
2010	44248	21.7	113064	55.6	45463	22.3	679	0.3
2009	44106	21.7	118187	58.2	39969	19.7	653	0.3
2008	44169	22.5	112957	57.5	39035	19.9	424	0.2
2007	35390	23.0	86407	56.3	31448	20.5	342	0.2
2006	35639	24.0	86379	58.1	26399	17.7	342	0.2

　　纵观学界关于农村教育与现代化农业推广之关联的研究，不少声音都认为两者之间是相互促进和补充的关系。秦红增在《桂村科技：科技下乡中的乡村社会研究》一书中曾专门提到了乡村教育对于文化兴农、知识兴农的重要性，认为农民只有自然地认识到了知识、人才的重要性，才能有助于农业科技扎根于乡土社会当中，因此农业科技的推广离不开乡村人才的培养。[1] 于伟、张鹏通过相关数据分析也指出，农业发展、农村科技进步以及农村劳动力素质的提升均需要农村教育，同时农村教育与农业现代化之间具有内在的耦合关联，而这种关联的质量也深刻影响着农村和农业的整体发展。[2] 然而，一些学者也提出了相反的观点，如陈刚、王燕飞通过相关数据核算发现"高中及以上教育对农业全要素生产率及技术效率和技术进步并没有显著影响"。[3] 刘学坤则强调"农村教育只是为城市储备了大量的有待科技化的青少年，但是科技人才最终很少会流向农村"，因此乡村教育并不一定能够推

---

[1]　秦红增：《桂村科技：科技下乡中的乡村社会研究》，民族出版社，2005。

[2]　于伟、张鹏：《我国省域农村教育与农业现代化的耦合协调发展》，《华南农业大学学报（社会科学版）》2015年第1期。

[3]　陈刚、王燕飞：《农村教育、制度与农业生产效率：基于中国省级层面数据的实证研究》，《农业技术经济》2010年第3期。

进农业科学技术的推广。[①] 本书认为，"教育离农"相较于"教育
为农"而言，确实更为贴近当前农村的现实情况。

总之，当前以脱离农村、农业为主要目的的"教育离农"倾
向不断加具，势必会给现代化农业推广带来越来越不利的影响，
而这也将会对农业经济健康发展产生很大的阻碍。当然，从宏观
层面来看，改革开放以后农村一系列社会条件已经发生了根本性
变化，打造纯粹"为农"教育而去除"离农"元素的方式并不具
备现实可能性。[②] 因此，如何在通过教育而实现农村年轻人社会流
动的同时，鼓励他们利用自己的知识反哺家乡成为值得深思的问
题，毕竟脱嵌于乡土社会的教育并不利于农业的可持续发展，并
加深了城乡之间的二元对立。

二　如何应对"教育离农"问题：基于农业发展视角的思考

从当前"教育离农"的现实状况来看，虽然农村教育的发展
为农民子弟实现社会流动提供了良好的平台，但客观上也造成了
农村人才的流失与断层。在当前的吴乡，受过良好教育的农村知
识青年基本都倾向于在城市寻找工作，极少有人会选择再返回农
村老家。面对这种人才外流的状况，虽然吴乡每年也会招聘大学
生村官来为农村服务，但由于其中多数都以行政工作为主，并没
有改变农村技术型人才匮乏的窘境，现代化农业推广依然存在着
人才动力不足的问题。因此，针对当前"教育离农"的现状，积
极实施有利于农业推广发展的人才培养战略势在必行。笔者认为
应当采取以下几个措施。

首先，要将乡土文化嵌入到农村基础教育当中，尤其要增强

---

① 刘学坤：《"科技下乡"的现代性语境及其教育功用：功能主义的解释》，《求
实》2012 年第 8 期。

② 单丽卿、王春光：《离农：农村教育发展的趋势与问题——兼论"离农"和
"为农"之争》，《社会科学研究》2015 年第 1 期。

农村学龄儿童的乡土体验，以保障农村社会的再生产。单丽卿、王春光曾经提出农村学校的"再嵌入"，即"重建学校与社会的联系，通过双向改造的过程来调和'离农'与'为农'之间的张力"，而在这一过程中如何让学校扎根于乡土社会则至关重要。①因此，如何增强农村学龄儿童的乡土体验，培养他们的乡土感情，对于未来农村的可持续发展具有重要意义。就当前吴乡的教育现状来看：一方面，"撤点并校"已经无法让很多农村儿童就近入学，除了把孩子送往乡中心小学以外，越来越多的农村家长把孩子寄宿在城里的小学；另一方面，随着越来越多的农民开始重视教育，为了让孩子有更为充裕的学习时间，很多家长较少让孩子参与农业劳动，同时向孩子灌输"农村没出路"的思想理念，以鼓励其努力学习、走出农村。其中无论哪种现状，都无疑会削弱农村儿童的乡土体验，增强其"教育离农"的倾向。

然而事实证明，农村丰富的乡土文化和农业资源，同样具有广阔商机和发展潜力，因此乡村的发展空间并不一定比城市小。如近年来回乡创业的大学生甚至研究生通过发展特色农业而致富的案例越来越多就是一个很好的证明，同时他们在创业的过程中也给当地农民起到了示范和带动的作用。因此，需要加强农村儿童在教育过程中的乡土体验，通过乡土文化逐步嵌入农村教育的方式来加强他们对于乡村的认同感，以便日后"教育为农"工作的有效开展。嵌入的主要途径有：加强农村教育基础设施建设，努力提升农村教学质量，为农村儿童就近上学打下良好基础，以便农村儿童的日常生活可以回归于乡土；学校教育要加强儿童对于乡土文化的了解和认知，使他们对其所生长的家乡产生兴趣和感情；各级政府积极宣传农村农业发展的广阔前景，鼓励农村大学生返乡创业并给予其一定的优惠措施，通过宣传和示范来扭转农村

_____

① 单丽卿、王春光：《离农：农村教育发展的趋势与问题——兼论"离农"和"为农"之争》，《社会科学研究》2015年第1期。

盛行的"农村无前途"论，以此为"教育为农"打下良好基础。

其次，打破城乡二元结构，积极创造良好的公益性涉农就业环境。所谓城乡二元结构，是由 1950 年以来我国长期实行计划经济体制条件下的户口、土地、就业、社会保障等一系列制度而形成的。① 尽管我国改革从农村起步，并在推进城乡之间产品和要素平等交换与公共资源均衡配置方面采取了一系列的措施，但城乡分割的二元体制问题依然严峻②，城乡收入差距仍然是我国收入差距问题的主要表现形式。③ 在这一结构性差异背景下，不仅大量农村知识青年流向城市，涉农专业的高等人才也不愿回到农村从事本职工作。如黄斐对河北农业大学 12 个涉农专业的毕业生进行调查发现，"在就业地区选择方面，47%的学生选择回生源地县级以上地区工作，45%的学生选择去发达城市；在就业单位类型选择方面，超过半数的学生选择机关事业单位和国有企业，而选择乡镇企业的仅为 7.6%"。④

在吴乡，"教育离农"与城乡二元结构是存在密切联系的，在多数农民眼中，农村属于"挣不到钱""没有前途"的苦地方，因此需要通过教育来让其子女离开农村；城市属于"挣钱机会多""有前途"的好地方，而通过教育才能增加让孩子留在城市的砝码。因此，应当积极统筹城乡经济发展，在加强乡镇、农村基础设施建设的同时，还要积极创造良好的公益性涉农就业环境，如制定相关的涉农人才优惠政策、加大对于涉农岗位补贴的倾斜力度等，尤其要保障艰苦农村地区涉农岗位人员有更多的升迁机会

---

① 陆学艺：《破除城乡二元结构　实现城乡经济社会一体化》，《社会科学研究》2009 年第 4 期。

② 叶兴庆、徐小青：《从城乡二元到城乡一体：我国城乡二元体制的突出矛盾与未来走向》，《管理世界》2014 年第 9 期。

③ 吕炜、高飞：《城镇化、市民化与城乡收入差距：双重二元结构下市民化措施的比较与选择》，《财贸经济》2013 年第 12 期。

④ 黄斐：《服务新农村建设的高等农业院校大学生就业现状分析及对策》，《经济管理者》2014 年第 12 期。

和更好工资待遇，以减少"教育离农"给公益性农业推广带来的不利影响。关于这一点，吴乡一位负责农业的干部讲道：

> 说实在的，为啥现在搞农业的时候缺少相关人才，还不是因为待遇低、没保障，如果待遇好一些、工作有保障一些，肯定也会有人才愿意过来的。就说俺们乡的小学吧，自从公办以后来村里教学的大学生都给编制，以后还可以调回市里教学，所以现在好多大学生愿意来乡里教学了。所以要我说，要想搞好农业推广工作就得给人家创造好的环境，设立专门的农业技术员岗位，这样才会有更多的人才来帮咱乡里搞农业。

最后，根据当前农业劳动力的实际特点制定具有实用性的农业推广教育策略，保障各项农业推广工作。当前吴乡"教育离农"所造成的农村知识青年人口流失导致当地具有较高文化水平的农民较少，加之劳动力老龄化的影响，因此多数农民不仅文化素质偏低，而且年龄也偏大，这一状况给当地现代化农业推广的实施造成了不小的影响。如在公益性农业推广过程当中，乡政府定期都会给农民发放关于如何防范虫害、如何科学管理农作物等方面的知识手册，然而多数老年农民受其偏低文化素质水平的影响，基本都不会翻看这些册子，使其多数情况下成了一堆废纸。再如，吴乡政府专门建立了本乡的微信公众号，里面有很多讲解如何科学种田的知识，但还是因为多数农民有限的知识水平，乡政府的微信公众号在农业推广方面并没有起到太大的作用。如一名专管农业的干部就抱怨道："现在村里的农民多数都是老年人，没啥文化，一些现代的东西他们又接受不了，所以农业推广工作不好开展！"

然而，对于乡里的农业推广工作，农民们也有自己的抱怨，如一位年近六旬的老人就讲道："现在家里年轻的都出去了，就剩我们这些老人了，俺们又没个文化，给我发那些本本（乡政府发的科学种田的小册子）有啥用！"同时在聊天的过程中这位老人还会时不时与以前有技术员的农业合作化时期做比较："还是以前好，公社那会儿干部啊、技术员啊都下来指导老百姓，现在可看不见了。"可见，面对当前多数农民文化水平偏低的状况，应当组织专业人员对其进行面对面、手把手的农业推广教育，尤其要积极加强乡镇技术员的培养工作，使农民可以通过与技术员之间的有效交流来促进其自身农业技术水平的提高。应当看到，"教育离农"所造成的农村知识青年匮乏的问题在短时期内是难以解决的，多数文化水平偏低的农民还是离不开专业人员的技术指导，因此积极建立健全公益性农技体系势在必行。

本章小结

改革开放以来，南宫市的城镇化和工业化进程不断加快。在吴乡，越来越多的农村青壮年选择进城务工，或者从事毛毡等家庭工业的生产，而在这一过程中，也使大量的农村青壮年人口离开了农业生产，并给现代化农业推广带来了一些不利的影响，主要表现为农业劳动力老龄化和"教育离农"两个方面。一方面，农业劳动力老龄化形成了老年农民种田的局面，而他们由于自身体力和文化水平有限，以及种田求稳的心态，对于农业创新的传播持有保守态度。另一方面，"教育离农"使越来越多的农村家长让其子女离开农村去城市求学，学成之后的农民子弟大多都会选择离开农村，造成了现代化农业推广的人才流失。

客观上来看，无论是城镇化还是工业化都是未来农村发展的趋势，农村青壮年人口流失也会持续相当长的时间。在这一背景之下，应当多倾听农民的心声，因地制宜地采取措施来加以应对。如面对日益严重的农业劳动力老龄化问题，应当大力发展公益性农业推广、推行农业合作化来给予老年农民以支持；而面对"教育离农"的问题，则应当采取将乡土文化嵌入农村基础教育当中、打破城乡二元结构并创造良好的公益性涉农就业环境、根据当前农业劳动力的实际特点制定具有实用性的农业推广教育策略等具体措施。总之，乡村城镇化、工业化的发展所造成的"流失"问题应当引起重视，而如何促进农业合作化和农技推广公益化，则成为在这一背景下实现农业现代化的重中之重。

第七章　结语

　　从相关历史资料来看，南宫自古以来就存在新品种引进、农具改良等形式的农业推广活动。民国时期，虽然当地政府加大了农业推广的力度，使传统农业具备了某些近代化的色彩，但受社会环境的制约，当地传统农业并未真正实现近代化。由于落后的农业水平无法抵御自然灾害的蹂躏，当地农民时常会受困于农业歉收甚至绝收所带来的打击。1943年，为了帮助当地农民摆脱因旱灾引发的粮食危机，中共南宫县委积极鼓励农民自发组织互助组，不仅使当地农民渡过了难关，还为日后开展组织化的农业推广活动埋下了伏笔。1945年南宫解放以后，中共南宫县委进行了土地改革，使农民们获得了土地、牲口、农具等生产资料，提高了农民的生产积极性。为了防止农民退回到以往分散、单干的小农经济当中，1950年起中共南宫县委又开始发动党员干部，通过劝说、示范、引导等方式吸引农民组成互助组，在此基础上的农业推广活动也就此展开。

　　互助组时期的农业推广主要包括新农具的推广与应用、生产环境的改良、新品种的推广等内容。互助组的组织方式主要依靠文化网络中的组织体系和人际关系，同时组织原则尊重农民的个人意愿和旧有的农耕结合习惯，因此互助组以及建立在这一基础之上的农业推广活动较为顺利地被当地农民所接受，体现出互助组时期的农业推广是一种国家权力与文化相互嵌入的推广模式。整体来看，互助组时期的农业推广取得了较大进步，以1952年为例，南宫县的冬小麦相较于1949年单位面积产量增长了30.5%，谷子、高粱、棉花则分别增长了 27.6%、68.2%、67.3%。然而，互助组并未改变小农经济及其分散经营的特点，且规模也多限于农民基于血缘、地缘和亲缘的传统关系之上，因此通过互助组这一组织形式进行现代化农业推广仍然存在较大限制和困难。为了解决这一问题，一场规模更大、国家权力嵌入更深的农业合作化运动随之展开了。

1953 年，初级农业生产合作社开始在南宫县全面推广。与互助组不同的是，入社农户的土地都按照评定的等级入股，统一经营，而这也标志着国家权力嵌入的行政型农业推广组织体系就此成立。在初级农业生产合作社时期，南宫县建立了五个区农业推广站为农民提供相应的农业技术服务，内容主要包括传统种子提纯复壮、引进新品种以及传授新作物的栽培技术等，使当地的农业发展有了组织上的保障。1956 年，南宫县又开展了大规模的高级农业生产合作社的推广运动，同时高级社在管理上实行土地归集体所有，取消土地分红，牲口、农具等评价入社等强制性措施。1958 年，随着城关、苏村、大高村、垂杨、段芦头五个"政社合一"的人民公社的建立，高级农业生产合作社的一切生产资料和部分社员的一些生产、生活资料也无偿收归于人民公社，当地政府对于农村生产生活的浸入进一步加深。人民公社时期，在国家强大的行政力量推动下，南宫县行政型农业推广组织的建设工作也在如火如荼地展开：一方面是农业推广站的建立，如化肥站、种子站等农业推广部门相继成立；另一方面是社、队等群众性农业推广组织的建设，如各公社及生产大队都建立了群众性科研组织，配备了农业技术员等。20 世纪 70 年代以后，南宫县又普遍在各生产大队建立农事试验场，使当地农业推广的组织化程度得到了进一步提升。

从以生产合作社为载体的国家权力嵌入型农业推广活动的内容来看，较为突出的有良种推广、农业机械化的推广、土壤改良、水利工程建设与农田灌溉技术的改良、耕地的园田化管理、耕作制度的改良、农业种植技术的改良、病虫害防治等。总体来看，这一时期的农业推广活动取得了较大成就，农业生产在一定程度上实现了技术科学化、耕作机械化和管理集约化，但由于推广过程中存在过快过猛的现象，部分推广活动又偏离当地实际情况，也出现了一些失败案例，如推广的新品种品质欠佳最后被弃用、推广的轮作方法复种指数过高消耗地力并造成减产等。国家权力嵌入型农业推广活动的特点是政治行为、政治权力和政治活动嵌入到具体的农业推广之中，使得各项农业推广活动在行政干预下按计划进行，因此在具体的推广过程中也存在当地政府部门在农业推广过程中忽视地方性知识，导致农业推广活动与乡村文化网络脱嵌、农业合作化运动对于农耕结合习惯的消解等问题。在这一时期，南宫县各主要种植作物的产量也极不稳定，如"文革"初期由于动乱波及当地的农业生产，几乎所有农作物都大幅度减产。以冬小麦为例，1965 年其亩产为 66.2 公斤，1966 年则减少为 42.5 公斤，1967 年、1968 年这两年更是分别跌至 27.9 公斤、27.7 公斤。① 因此，1953～1982 年这一时期的国家权力嵌入型农业推广实际上是在曲折中前进的。

1983 年，家庭联产承包责任制开始在南宫县推广落实，小农家庭又重新成为土地经营的主体，原有的公益性农业推广组织如农机站、种子站等则相继解散。由于以户为单位的生产组织经济实力较为薄弱、家庭成员文化水平偏低，还面临着诸多的生产问题和技术问题。在南宫县政府的鼓励和统筹下，原条件较好且保留了大中型农机具的大队转变为集体所有的生产服务组织，为农民提供大型农机具耕播、收割、浇灌等有偿服务。与此同时，很多具有技术优势、资金优势和大型农机具优势的个体户在政策的允许和支持下，也开始向缺少技术和大型农机具的农户提供有偿服务。在这一背景下，商业性农业推广拉开了序幕。1993 年，随

① 河北省南宫市地方志编纂委员会编《南宫市志》，河北人民出版社，1995。

着南宫市农资市场的全面开放，企业、科研单位、高校以及个体户等单位或组织都更加主动地参与到有偿农业推广当中，以市场嵌入为特点的多元化农业推广体系日趋成熟。

市场嵌入型农业推广的发展，使农业推广活动的内容与成果有了质的提高。主要表现为：一是在市场的调剂下，农资产品日益丰富。农业合作化时期较为稀缺的化肥、农药、种子等都可以在农资商店买到。二是农业机械化的普及。很多农户开始自己购买农用机械，南宫全市的农业机械化水平无论在数量、种类还是在动力方面，相较农业合作化时期都有较大提高。三是机井建设与管理，使当地大规模灌溉成为可能。此外，农业新技术的推广、蔬菜瓜果等新种植作物的推广等，都有力促进了当地的农业发展。然而，虽然市场嵌入型农业推广取得了较大的成就，但是公益性农业推广的式微，也给当地农业发展带来了诸多不利的影响，尤其是公益性农业推广人才的匮乏、农技干部专职工作的全职化等问题较为突出。

从中国共产党领导下的农业推广变迁过程来看，不同时期的农业推广呈现出不同文化、权力的实践。在互助组时期，国家权力与文化网络的权力是相互交织的，因此这一时期的农业推广活动开展得较为顺利；农业合作化时期，"自上而下"的国家权力取得了主导地位，农民按照行政命令有组织地进行农业生产，但生产资料集体所有制造成农民生产积极性下降，国家权力嵌入型农业推广时常陷入被动的局面；家庭联产承包责任制推行以后，市场嵌入型农业推广得到了快速发展，而以国家权力为依靠的公益性农业推广却不断式微，在这一社会转型背景下，农民时常会遭受由市场自发性、盲目性给其家庭经济带来的打击。

面对市场化背景下商业性农业推广中诸多不稳定的因素，农民则积极利用改革开放以来不断恢复的文化网络中的各种关系来规避风险，其中家族、庙会组织以及其他人际关系网络等都成为可被利用的社会资源。同时，商业性农业推广主体也利用乡村文化网络中的各种关系进行乡土营销，其中不乏很多从事农资销售的农民。由此可见，市场中的权力与文化网络中的权力交织在了一起，使当地的农业推广活动在市场与人情之间不断地摇摆。从文化网络嵌入到商业性农业推广中这一事实来看，农民为了保险起见会利用文化网络中的各种关系来选择"靠得住"的品种和技术，使农业创新呈现出差序传播的特点，如以家族关系作为沟通渠道的 H 村桃树种植推广项目就是一个很好的例子。从商业性农业推广嵌入到文化网络中这一事实来看，无论是农资公司还是农资店老板，都会把文化网络中的各种关系视为社会资源而加以利用，同时在利用的过程中也会出现市场自发性问题，如农资交易中的欺诈行为、农业项目"跑路"问题，等等。另外，在商业性农业推广与文化网络相互嵌入的过程中，乡土场域中的农业推广活动也呈现出"理性"与"道义"并存的两个面相，农业推广在市场规则和乡土人情的双重作用下会不断做着符合"现实"的调试。

改革开放以来南宫市的一个显著变化就是农业现代化快速发展，主要包括科学技术的渗透、工业部门的介入、现代要素的投入、市场机制的引入和服务体系的建立等。在这一经济社会变迁过程中，农民学会了运用科学知识来科学种田，同时他们也未放弃流传已久的地方性知识，从而使现代化农业推广富有"乡土气息"。实际上在农业合作化时期，农业推广就呈现出科学知识与地方性知识相契合的特点，如土壤治理与中耕相结合、农家肥与化肥的混用等。改革开放以来，虽然农业生产中的现代化要素不断增多，但是科学与"土法"相结合的地方性农事实践依然常见于农业生产当中。如薛 M 夫妇在种植棉花时，虽然也利用化肥、地膜等现代化农资产品以及农业机械，却也依然按照传统种植流程并利用传统农具进行生产活动。同时，农业现代化所提供的物质性技术与乡土社会所提供的精神性技术也结合在一起，如虫王庙会、打囤等农业生产仪式往往都被认为是农耕前必不可少的技术，而这也体现了农业技术的二重性特征。不可忽视的是，嵌入在农业推广中的场依赖认知和具象认知对于农业现代化的发展有着重要影响，主要体现在农民对于农业创新的保守、理性的采用上。总而言之，农业现代化背景下的科学知识与地方性知识并非对立的关系，如何促进两者之间的相互嵌入、共同推进农业推广的发展成为当今农业现代化发展的重要议题。

改革开放以来，我国的城镇化和工业化进程明显加快，并使受惠于家庭联产承包责任制而成为农业经营主体的农民家庭被卷入到社会经济的剧烈变迁当中。在这一背景下，大量农村青壮年人口流入城市务工，农业劳动力老龄化问题日益突出。同时，在"城市文明""工业文明"的熏陶和影响之下，越来越多的农村家长选择让孩子进城读书，并希望借助教育的力量使自己的子女"逃离"农村。无论何种情况，都造成了农村年轻人口的不断流失，并给现代化农业推广带来了极大不利影响。一方面，农业劳动力老龄化所引发的"老人农业"很难应对费工多、技术含量高的农业推广项目，造成农户对于农业创新的传播持保守态度；另一方面，"教育离农"造成现代化农业推广缺乏本土人才，进而导致当地以基层政府为主导的公益性农业推广部门缺乏必要的智力支持。因此，积极推动土地规模化经营、提高农民合作化程度、推行符合实际情况的农业推广策略等成为化解当前农业推广发展困境所应当考虑的重要举措。

通过对本书总结式的回顾，我们可以看到农业推广是如何在不同的文化、权力实践下得以开展的，同时呈现出一个华北平原乡自解放以来其农业推广在不同权力运作过程中所形成的各种发展模式。笔者以农业推广为中心，把农业推广中的各种文化、权力实践还原到农民的日常生活中去观察，引入"嵌入""权力的文化网络"等人类学分析方法，把农业推广活动放置于乡村转型过程中的市场化、农业现代化、城镇化以及工业化等大的背景中去研究。从历史上来看，现代化农业推广在南宫得以规模化开展离不开解放以来强大的国家权力主导性力量，但也因此导致了政府

"自上而下"的农业推广路线过于僵化，使农民处于被动的地位。改革开放以后，国家对于农业推广的政治管理逐渐弱化，多元组织的商业性农业推广登上了历史舞台，市场社会中的权力与文化网络中的权力相互渗透，使现代化农业推广在市场与人情中得以发展，然而市场的自发性也使农业推广发展充满着不确定性。从日常生活中来看，无论是农资经营主体还是农民，都会借助文化网络中的权力来保障或者获取更多的利益。与此同时，接受了科学知识的农民还掌握着一套与农业生产相关的地方性知识，使南宫当地的农业推广显示出乡土特色。从上述历史和日常生活中农业推广的发展可以看出，权力是多元化的、流动的，并总是"表现为不同势力之间的关系，这种关系寄寓于一系列事件之中，通过这些事件在互动过程中得以型塑"①，如通过"H村桃树推广项目""娃娃菜项目跑路事件"等我们都可以看到不同权力是如何影响当地农业发展的。另外，我们还看到了农业劳动力老龄化、"教育离农"等现实问题给农业推广带来的不利影响，以及我们应当如何面对。

综上所述，笔者认为有几个值得探讨的问题。其一，农业推广与权力存在着密切的联系，不同文化、权力的实践决定着不同的农业推广道路，因此需要反思农业推广中发展与权力二者之间的关系。其二，在现代化农业推广过程中，乡村文化网络、地方性知识等乡土文化力量不容忽视，如何促进现代化农业推广与乡土文化相衔接也值得思考。其三，在乡村转型过程中存在着农业劳动力老龄化、"教育离农"等现实问题，如何应对并化解这些问题对于现代化农业推广的顺利开展有着重要意义。关于这几点，下面进行具体论述和分析。

一 农业推广中发展与权力之间关系的再辨析

农业推广中发展与权力之间的关系，一直是学界所关注的问

---

① 谢立中：《日常生活的现象学社会学分析》，社会科学文献出版社，2010。

题。按照西方现代化理论的观点，发展中国家若想实现农业现代化，必须对小农经济及其文化进行改造。其中，舒尔茨就提出了建立新的农业经济制度、从供求两方面为引进现代化生产要素创造条件、对农民进行人力投资等建议。马克思、恩格斯关于改造传统农业的经典论述同样提出政府应当采取措施，在促进土地私有制向集体所有制过渡的基础上大力推行现代化农业推广，以实现小农经济向现代化农业的转变。虽然以上两种农业现代化道路取向的意识形态不同，但是都强调政府"自上而下"的政治权力在现代化农业推广中的重要性。然而，以政府为主导的农业现代化理论也受到了学界的猛烈批判，如埃斯科巴就指出，不能将农民仅仅看作发展机器中被动的改造对象，现代化农业的发展也不能只遵循唯一的"正常标准"（normality of change），旧有社群的合作以及互助的社会价值观在农业发展过程中仍旧有不可或缺的重要作用。[①] 因此，农业推广发展中所涉及的文化、权力的实践应当是多元的。

从中国共产党领导下的南宫农业推广发展历程来看，不同历史时期的农业推广具有不同的文化、权力实践特点。在互助组时期，当地政府通过政治权力来主导农业推广活动，通过政府的积极引导发挥乡村文化网络的作用，如利用家族作为农业推广沟通的渠道等，因此这一时期农业推广的权力实践特点是政治与文化的相互嵌入，而这也较好地推动了各项农业推广活动的顺利开展。在农业合作化时期，生产资料逐渐归集体所有，以政府行政权力实践为基础的公益性农业推广开始规模化展开。在这一时期，权力的文化网络逐渐被破坏，农民成为被动的受众，国家权力嵌入成为这一时期农业推广的权力实践特点。改革开放以来，在家庭联产承包责任制的基础上，以多元农业推广组织为基础的商业性

---

① 埃斯科巴：《权力与能见性：发展与第三世界的发明与管理》，载许宝强、汪晖选编《发展的幻象》，中央编译出版社，2001。

农业推广实现了快速发展，市场中的各种权力实践与基层政府的行政权力实践、文化网络实践相互交织在一起，使商业性农业推广摇摆于市场与人情之间，总体来看，市场嵌入是这一时期农业推广的权力实践特点。

从中国共产党领导下三个时期的农业推广的权力实践特点来看，不同时期的农业推广都存在着各自的利弊。在互助组时期，虽然政府的行政权力与文化网络较好地结合在了一起，使农民更容易接受各项农业推广活动，但受互助组规模较小、互助组成员小农意识依然浓厚等因素的影响，农业推广的发展依然存在诸多限制。农业合作化时期，政府开始依靠强有力的政治权力来推进各项农业推广活动的开展，从初级农业生产合作社、高级农业生产合作社一直到后来的人民公社，国家权力嵌入到农业推广中的程度不断加深。虽然这种"自上而下"的农业推广路线存在着体制僵化、个别生产干部独断专行等缺点，各项农业推广活动也呈现曲折发展的态势，但是不可否认的是，正是在国家权力的保障下规模化农业推广活动才得以开展，在生产资料集约化的前提下，各项农业现代化因素得以有效投入。改革开放以来，以市场嵌入为特点的文化、权力实践开始主导各项农业推广活动，虽然这一时期农资市场的全面开放给农民带来了极大的便利，但由于商业性农业推广经营者通过农资销售以及其他服务取得了有关农业发展的知识霸权，农民乃至基层政府有时都会处于不利的境地，如"假农资事件""项目跑路事件"等都给当地的农业发展带来了消极影响。

综上，笔者认为现代化农业推广的发展应当依靠以多元农业推广组织为依托的权力实践，尤其是要均衡各类组织的力量，实现组织间的良好沟通与联系。改革开放以来，虽然多元化农业推广组织都有所发展，但是毋庸置疑的是，行政型农业推广组织、自助型农业推广组织相较于其他商业性农业推广组织而言实力相对较弱，如政府公益性农业推广的式微、农村普遍存在的"假合作社"等都是典型的例子。与此同时，由于市场的自发性、盲目性特点，商业性农业推广经营者常会借助手中的知识霸权进行不当经营，从而使农民在农业推广活动中往往处于不利地位。因此，应当注重农业推广过程中各方力量的均衡发展。如当前要积极重建行政型农业推广组织，增强基层政府对于各项农业推广活动的统筹规划能力。农民则需要借助文化网络中各种交错的组织和人际关系来实现农业生产过程中的团结互助，尤其要重视农民的组织化建设，如建立农民合作社等，以防止分散的小农经济由于力量过于渺小而无法应对市场的变化。

二　乡村转型过程中的农业推广如何与乡土文化相衔接

改革开放以来，"在市场化改革、农业科技进步等因素的共同作用下，我国农业生产方式发生了很大的变化，从主要依靠劳动力投入转化为主要依靠机械、化肥、农药、地膜等资本品的投入，农业经历了一个资本化的过程"。[①] 在这一背景下，商业性农业推广与农民的日常生产生活越来越紧密地联系在了一起，依靠农业现代化要素的投入来"科学种田"成为当今农民的普遍共识。然而，乡村经济社会转型过程中现代化因素的增加并不意味传统的乡土文化就此没落，如为了规避市场化带来的投资风险，农民反而更依赖于文化网络中的关系资源；农民在农事实践中同时运用科学知识和地方性知识，等等。因此，在乡村转型过程中如何实现现代化农业推广与乡土文化的衔接，对于农业的可持续发展具有重要意义。

首先，市场化背景下商业性农业推广与文化网络的衔接问题。在当前吴乡，农业推广与文化网络是一种互嵌的状态，主要表现为：一方面，以营利为目的的商业性农业推广经营主体用市场化思维审视文化网络的价值，并将文化网络中的各种关系视为社会资源而加以利用，从而使商业型农业推广的行为嵌入到文化网络

---

① 张慧鹏：《改造小农经济：当代中国农业转型的研究》，博士学位论文，中山大学，2016。

当中；另一方面，当地基层政府、农民也利用文化网络中的关系作为与市场沟通的便利渠道，以此获取更多的市场资源，而这也使文化网络中的各类关系嵌入到了市场当中。在这一状态下，现代化农业推广始终在冰冷的市场关系和充满温情的乡土关系的张力中曲折发展。笔者认为，解决当前农业推广与文化网络互嵌过程中的张力问题，要从以下几点出发：第一，政府要重视利用文化网络中与农业推广相关的社会资源。如吴乡就专门制作了"吴乡在外乡友名单"，里面很多的投资商、农业技术人才等都是吴乡各村某一家族的成员，因此有着相对较高的信誉度。在 H 村桃树种植项目中，正是因为 H 村一位乡友的牵线搭桥才为项目拉来了资金。在项目实施过程中，H 村党员以家族成员的身份对村民进行劝导，才使该项目顺利"上马"。当然不可否认的是，在市场自发性的影响之下，即使是乡友也不一定完全可靠，因此政府应当加强对投资商的评估和监管。第二，以文化网络中的多种组织体系为载体来提高农民的农业合作化程度。从当前情形来看，农民为了规避市场风险，往往会通过家族成员、亲戚朋友等熟人关系来选择具体的农业推广项目。因此，应当抓住乡村文化网络复兴的机遇，以家族、庙会等组织为载体来提高农民的农业合作化程度，以便更好地使农民作为一个集体来应对商业性农业推广的瞬息万变。

其次，农业现代化背景下的科学知识与地方性知识的衔接问题。改革开放以来，随着科学技术的渗透、工业部门的介入、现代要素的投入、市场机制的引入和服务体系的建立，吴乡的农业现代化程度有了较大提升。然而，农业现代化要素的增多并不意味着地方性知识就此衰弱，农民除了利用现代化要素来提高农业生产效率以外，依然没有放弃传统农业知识及与农业生产相关的信仰仪式，依然依靠地方性认知来认识、应用相关农业创新成果。由此可以看出，现代化农业推广与地方性知识是可以相互补充的，主要表现为：第一，科学知识与地方性知识相契合的地方性农事实践。如从薛 M 夫妇种植棉花的过程来看，虽然他们主动接受了农业机械、化肥、地膜等现代化要素的投入，但依然没有放弃传统种植流程以及传统农具的使用，同时现代化农业技术的应用依然离不开农民对于地方性生态知识的把握。第二，物质性技术与精神性技术相互补充。农民除了接受现代化农业推广所提供的各种科学技术来科学种田以外，也会通过与农业生产相关的各类仪式来确保庄稼的顺利生长与丰收，如"虫王庙会"仪式、"打囤"仪式等都是农业生产中较为重要的精神性技术，并与后续农业生产的物质性技术相辅相成。应当看到的是，现代化农业推广与地方性知识间也存在着张力，地方性认知在一定程度上就影响了农业创新的传播。因此，政府一方面应当重视传统农业知识、信仰仪式等地方性知识的积极作用，另一方面也要根据农民固有的地方性认知来制定符合当地实际的农业推广策略，以保障现代化农业推广活动有效地嵌入到乡土社会当中。

总而言之，现代化农业推广一定要重视与文化网络、乡土文化的衔接问题。就国家层面而言，尽管政府正在努力推进农业现代化的进程，但是如果农业现代化的内容不被当地的文化所接受，往往也会很难推广开来。因此农业发展不能仅仅依赖于一套标准化的推广法案，还应当考虑到地方性特点，综合当地与农业生产相关的文化、社会关系以及环境等多重因素，吸收当地人农业实践的宝贵经验。对于吴乡当地人来说，他们在长期的农业生产过程中早已形成了自己的农耕结合习惯，同时掌握着传统农业知识和地方性生态知识，我们应当保护和利用好这些乡土文化，以在地化思路重新审视农业创新的推广模式，从而实现现代化农业推广与乡土文化的有效衔接。

三 乡村转型过程中农业推广的发展困境如何化解

改革开放以来，随着我国城镇化、工业化进程的加快，农村青壮年"离农"人口也在不断增加，而这也使农业劳动力老龄化问题日趋严重。另外，在"城市文明""工业文明"的熏陶和影响之下，越来越多的农村家长选择让孩子进城读书，希望借教育之"手"可以让孩子"逃离"农村，"教育离农"倾向也日趋明显。这样一来，农业发展面临着严峻的年龄、教育程度失衡的人口结构性问题，并给现代化农业推广活动造成了不利影响。从吴乡的相关统计数据来看，城镇人口比重、工业人口比重以及工业收入比重的整体上升，都呈现出当地城镇化、工业化快速发展的趋势。然而相应地，农业人口大量流失以及农业收入比重不断下降都给当地的农业发展造成了较大的影响。

在吴乡，"老人农业"已经成为当地农业生产的一大特征，老年农民由于自身精力、体力有限，再加上其文化水平普遍较低、缺乏判断力，因此出于规避风险的思想，这一群体对于农业创新传播大多持保守的态度，当地农业结构仍以传统农作物种植为主。同时，日趋显著的"教育离农"问题使学龄青少年儿童日益远离其所生长的乡土社会，并引发了日后农村青年人才的大量流失，从而造成本土农业推广人才的匮乏。由此可见，当前农业推广的发展困境与农业人口结构中青壮年人口比重和高层次人才比重下降存在着密切的联系，而如何化解这一困境，则需要根据当地的实际情况采取相应的措施。

首先，应当大力重建公益性农业推广体系，为农民提供必要的咨询、农业技术指导等服务。改革开放以来农业转型的一大特点就是农技服务市场出现"公益悬浮与商业下沉"的双向变化，主要表现为政府公益性农技推广力量越来越薄弱，而商业性农技推广则越来越强势。[①] 从历史上来看，20 世纪 90 年代农技体系的"断奶"式改革抽空了基层农技体系的财政和组织基础，而后续"教育离农"所引发的农村本土人才的流失又导致原本虚弱的基层公益性农业推广部门"后继无人"，并使政府公益性农业推广力量

---

① 冯小：《公益悬浮与商业下沉：基层农技服务供给结构的变迁》，《西北农林科技大学学报（社会科学版）》2017 年第 3 期。

越来越难"落地"。对于吴乡的老年农民而言,他们当中多数人的文化水平不高、市场判断力有限,加之农资市场中时常会出现欺诈行为,使他们对于商业性农业推广总是抱有戒心,而更希望得到政府公益性农业推广力量的帮助。有鉴于此,笔者认为应当根据当前实际情况,重新审视和学习农业合作化时期公益性农技推广的相关措施,如在乡村建立农业科技组、落实到村的农业技术员制度等。当然,公益性农业推广离不开人才的支持,因此打破城乡二元结构,积极创造良好的公益性涉农就业环境就显得格外重要。关于这一点,笔者认为,应当通过制定相关的涉农人才优惠政策、加强对于涉农岗位补贴的倾斜力度等措施,尤其要保障艰苦农村地区涉农岗位人员有更多的升迁机会和更好工资待遇,使更多的人才可以充实到政府公益性农业推广力量当中。

其次,大力推进基于文化网络的农业合作化组织建设,提高农民的合作化程度。20 世纪 80 年代初开始推广实施的家庭联产承包责任制,使家庭重新成为农业生产经营的基本单位,农民的生产积极性大为提高,农业产量相较于农业合作化时期也大幅提升。然而,不可忽视的是,20 世纪 90 年代随着"打工经济"的兴起,大量农村青壮年进城务工造成农业劳动力老龄化,使分散的小农经营模式面临着更大的挑战,老年农民因其体力、精力不足而对采用农业创新成果"有心无力"、农村消费水平日益攀高使农户对于农业投资日趋保守等问题都极大影响了乡村农业现代化的进程。因此,从这一形势来看有必要加强农民之间的合作,尤其要成立行之有效的农业合作化组织,以便农民团结起来共同应对农业转型过程中出现的问题。关于农民合作的途径,笔者认为应从文化网络入手,在农民传统的组织形式和农耕结合习惯的基础之上来组建农业合作化组织,如利用家族等传统组织关系来加强农民的合作,农民会更为容易地理解并接受。另外,对于文化网络中跨村落的组织和人际关系要加以重视和利用。根据笔者的田野调查发现,农业创新的跨村落传播往往与这些传统的组织和人际关系存在着密切联系，因此将这些熟人关系资源整合以后升格为规范化的农民合作组织，将会扩大农民合作的范围。

总而言之，公益性农业推广体系以及农业合作化组织的重建，将有助于化解由城镇化、工业化进程加快而引发的农业人口数量下降以及农业人口结构中年龄、教育程度失衡等问题。当然，上述重建工作需要政府的大力支持和引导，其中不仅包括相关财政资金的支持，还应组织农业干部深入农村基层来对农民进行切实的指导，并倾听农民的声音，在一种双向互动的氛围中对农村实际情况加以把握，从而共同建立更为完善的公益性农业推广体系和农业合作化组织，以保障农业转型过程中现代化农业推广的顺利开展以及农业现代化的最终实现。

附　录

附录一　南宫市农业生产资料使用及农田
水利建设情况（1989~2015 年）

年份	农村用电量（万度）	农用化肥使用量（折纯）（吨）					农用薄膜使用量（亩）	农用柴油使用量（吨）	农药使用量（吨）	年末机电井（眼）
		合计	氮肥	磷肥	钾肥	复合肥				
2015	20847	25659	9492	4105	5044	7018	2408	6650	1289	7131
2014	17484	25060	9560	3984	5279	6237	2198	6583	1170	7131
2013	16170	25801	10031	4134	4642	6994	2321	6068	1284	7103
2012	15287	25444	10296	3881	4850	6417	2156	5960	1198	8876
2011	14120	25135	10085	3860	4785	6405	2123	5660	1180	8785
2010	13020	23966	9850	3981	4789	5346	2340	6088	1213	8660
2009	12889	25162	10234	4638	4944	5346	2483	4241	1178	8417
2008	12558	25081	10223	4621	4921	5313	2223	3862	1053	8389
2007	11892	23966	9936	4270	4720	5040	2096	3829	1032	8380
2006	11728	24108	10088	4309	4639	5072	2080	3375	1028	8380
2005	11474	22848	9805	4025	4474	4544	1892	3471	984	8368
2004	11450	20553	9209	3631	3749	3964	2080	3144	946	7440
2003	11596	21779	9660	4262	3481	4376	1583	2953	962	7435
2002	11262	20286	9575	4371	3127	3213	1273	3014	1044	8867
2001	10785	19684	9345	4136	2865	3338	1113	2523	1071	9390
2000	10439	20680	9781	5537	2190	3172	1059	2337	1078	9318

续表

| 年份 | 农村用电量（万度） | 农用化肥使用量（折纯）（吨） | | | | | 农用薄膜使用量（亩） | 农用柴油使用量（吨） | 农药使用量（吨） | 年末机电井（眼） |
		合计	氮肥	磷肥	钾肥	复合肥				
1999	10534	20375	9818	5312	1870	3375	898	2225	1147	9164
1998	10343	22919	10032	6879	2364	3664	831	2065	1183	8916
1997	11894	24216	10978	6983	2768	3487	829	1943	1277	8702
1996	9800	21243	9875	6574	2637	2157	349	1819	1360	8411
1995	5527	18389	10002	5262	1080	2045	406	1603	1218	8246
1994	5236	17730	9738	5228	1184	1580	289	1505	1144	8094
1993	5021	20214	10610	6944	1046	1614	169	1654	925	7749
1992	5160	18706	9956	5946	1654	1150	117	1691	902	7323
1991	4519	17635	9948	5091	1119	1477	53	1790	849	6960
1990	4281	17331	9836	4894	1129	1472	27	1912	853	6544
1989	4616	17676	10321	4858	1210	1287	24	1615	821	6248

附录二　南宫市已聘农业技术人员数量

（1988～2015 年）

单位：人

年份	农业技术人员			
	高级职称	中级职称	初级职称	共计
2015	6	23	26	55
2014	5	19	24	48
2013	5	19	23	47
2012	5	17	17	39
2011	5	17	17	39
2010	8	41	94	143
2009	8	40	92	140
2008	8	39	89	136
2007	8	39	89	136
2006	8	39	83	130
2005	8	38	83	129
2004	8	38	82	128
2003	8	38	82	128
2002	6	29	26	61
2001	6	29	26	61
2000	6	33	63	102
1999	6	33	63	102
1998	6	33	63	102
1997	7	59	127	193
1996	7	59	127	193
1995	6	57	130	193
1994	6	50	137	193
1993	4	37	122	163
1992	2	22	97	121
1991	2	22	93	117
1990	2	22	93	117
1989	2	17	80	99
1988	2	16	79	97

参考文献

（一）地方资料

韩俊，《创新农业经营体制 夯实党的农村政策基石》，《人民日报》（理论版）2009 年 2 月 13 日。

河北省植保土肥研究所，1974，《"关于当前搞好肥料工作的意见"的函》。

黄容惠、贾恩绂，1936，《南宫县志》，成文出版社。

南宫市地方志编纂委员会，2014，《南宫市志》，中国文史出版社。

南宫市地名委员会办公室，1989，《南宫市地名志》，河北科学技术出版社。

南宫市统计局，《河北省南宫市国民经济统计资料汇编》（内部资料）。

南宫市政协文史资料研究委员会，1990，《南宫文史资料》（第二辑）（内部资料）。

南宫市政协文史资料研究委员会，1990，《南宫文史资料》（第六辑）（内部资料）。

南宫市政协文史资料研究委员会，1990，《南宫文史资料》（第三辑）（内部资料）。

南宫市政协文史资料研究委员会，1990，《南宫文史资料》（第四辑）（内部资料）。

南宫市政协文史资料研究委员会，1990，《南宫文史资料》（第五辑）（内部资料）。

南宫市政协文史资料研究委员会，1990，《南宫文史资料》（第一辑）（内部资料）。

南宫市政协文史资料研究委员会，1999，《南宫文史资料》（内部资料）。

南宫县革命委员会，1957，《南宫县技术推广站交流工作总结简报（1957 年）》（内部资料）。

南宫县革命委员会，1968，《南宫县一九六八年农业生产年报表》（内部资料）。

南宫县革命委员会，1973，《南宫县农场基本情况（1973 年）》（内部资料）。

南宫县革命委员会，1982，《南宫县关于农业生产的指示、通知、讲话》（内部资料）。

中共南宫县委员会，1974，《关于批转吴乡公社党委"关于以粮为纲，全面发展，大力开展多种经营，力争一九七七年实现农业机械化的报告"的批示》。

中共南宫县委员会，1974，《吴乡公社关于农业技术工作的通知、安排意见、参考资料》（内部资料）。

中共南宫县委员会，1975，《吴乡公社年报表（1966-1975 年）：土地产量变化情况表》（内部资料）。

中共南宫县委员会，1980，《吴乡公社农业生产责任制表、粮棉油生产情况及社员生产口粮表、生产队贡献积累》（内部资料）。

中共南宫县委员会，1981，《吴乡公社农业机械化规划统计表（1975-1980 年）》（内部资料）。

中共南宫县委员会，1983，《吴乡公社管委夏季粮购、销、储底账，主要农机具年末拥有量表》（内部资料）。

中共南宫县委员会，1984，《吴乡公社管委国民经济年报（1961-1983 年）》（内部资料）。

中共中央文献研究室，1992，《建国以来重要文献选编》（第 2 册），中央文献出版社。

中共中央政治局，1983，《当前农村经济政策的若干问题》。

中华人民共和国国家农业委员会办公厅，1981，《农业集体化重要文件汇编》，中共中央党校出版社。

中央人民政府农业部农政司，1952，《农业生产互助组参考资料》（第一集），中央人民政府农业部。

中央人民政府农业部农政司，1952，《中共大名四区小湖村支部在互助合作运动中的宣传工作》，载《农业生产互助组参考资料》（第一集），中央人民政府农业部。

（二）专著

阿帕杜雷，2001，《印度西部农业技术与价值的再生产》，载许宝强、汪晖选编《发展的幻象》，中央编译出版社。

埃斯科巴，2001，《权力与能见性：发展与第三世界的发明与管理》，载许宝强、汪晖选编《发展的幻象》，中央编译出版社。

E.E. 埃文思-普里查德，2017，《努尔人：对一个尼罗特人群生活方式和政治制度的描述》（修订译本），褚建芳译，商务印书馆。

布迪厄、华康德，1998，《实践与反思：反思社会学引导》，李猛、李康译，邓正来校，中央编译出版社。

陈新忠，2014，《多元化农业技术推广服务体系建设研究》，科学出版社。

杜赞奇，2010，《文化、权力与国家：1900~1942年的华北农村》，王福明译，凤凰出版传媒集团、江苏人民出版社。

费孝通，2013，《乡土中国》（修订版），上海人民出版社。

弗里曼、毕克伟、赛尔登，2002，《中国乡村，社会主义国家》，陶鹤山译，社会科学文献出版社。

高启杰，2009，《农业推广组织创新研究》，社会科学文献出版社。

郝建平，1997，《农业推广技能》，经济科学出版社。

贺雪峰，2013，《小农立场》，中国政法大学出版社。

黄应贵，2010，《反景入深林：人类学的观照、理论与实践》，商务印书馆。

黄祖辉、林坚、张冬平，2003，《农业现代化：理论、进程与途径》，中国农业出版社。

简小鹰，2009，《农业推广服务体系》，社会科学文献出版社。

金文林，2000，《农事学》，中国农业大学出版社。

卡尔·波兰尼，2007，《大转型：我们时代的政治与经济起源》，刘阳译，浙江人民出版社。

李建军、周津春，2012，《科学技术与农村发展政策》，中国农业大学出版社。

李铁强，2013，《改造传统农业：一个学说史的梳理与分析》，人民出版社。

陆益龙，2007，《嵌入性政治与村落经济的变迁：安徽小岗村调查》，上海人民出版社。

麻国庆，1999，《家与中国社会结构》，文物出版社。

马格林，2001，《农民、种籽商和科学家：农业体系与知识体系》，载许宝强、汪晖选编《发展的幻象》，中央编译出版社。

马克思、恩格斯，1971，《马克思恩格斯全集》（第4卷），人民出版社。

马林诺夫斯基，2009，《西太平洋上的航海者》，张云江译，中国社会科学出版社。

孟德拉斯，2005，《农民的终结》，李培林译，社会科学文献出版社。

内山雅生，2001，《二十世纪华北农村社会经济研究》，李恩民译，中国社会研究出版社。

乔志强、行龙，1998，《近代华北农村社会变迁》，人民出版社。

秦红增，2005，《桂村科技：科技下乡中的乡村社会研究》，民族出版社。

谭首彰，2009，《毛泽东与中国农业现代化》，湖南大学出版社。

谭同学，2010，《桥村有道：转型乡村的道德权力与社会结构》，生活·读书·新知三联书店。

谭同学，2016，《双面人：转型乡村中的人生、欲望与社会心态》，社会科学文献出版社。

唐永金，2013，《农业推广学新编》，中国农业出版社。

F. 瓦雷拉、E. 汤普森、E. 罗施，2010，《具身心智：认知科学和人类经验》，李恒威等译，浙江大学出版社。

沃勒斯坦，2001，《发展是指路明灯还是幻想》，载许宝强、汪晖选编《发展的幻象》，中央编译出版社。

夏建中，1997，《文化人类学理论学派：文化研究的历史》，中国人民大学出版社。

萧正洪，1998，《环境与技术选择》，中国社会科学出版社。

谢立中，2010，《日常生活的现象学社会学分析》，社会科学文献出版社。

徐森富，2011，《现代农业技术推广》，浙江大学出版社。

许宝强，2001，《发展、知识、权力》，载许宝强、汪晖选编《发展的幻象》，中央编译出版社。

杨庭硕，2007，《生态人类学导论》，民族出版社。

于凤春、刘邦凡，2011，《社会学概论》，中国铁道出版社。

于建嵘，2001，《岳村政治：转型期中国乡村政治结构的变迁》，商务印书馆。

张和清，2010，《国家、民族与中国农村基层政治：蚌岚河槽60年》，社会科学文献出版社。

张思，2005，《近代华北村落共同体的变迁》，商务印书馆。

郑永敏，2008，《农业推广协同和发展理论》，浙江大学出版社。

郑有贵、李成贵，2008，《一号文件与中国农村改革》，安徽人民出版社。

周大鸣、秦红增，2005，《参与式社会评估：在倾听中求得决策》，中山大学出版社。

（三）期刊论文

巴战龙，2009，《地方知识的本质与构造：基于乡村社区民族志研究的阐释》，《西北民族研究》第 1 期。

曹英伟，2007，《斯大林农业集体化思想合理性分析》，《马克思主义研究》第 6 期。

常明明，2015，《农业合作化运动中农业技术改造考察》，《中国农史》第 4 期。

陈爱玉，2008，《论我国农业合作化道路的经验与启示》，《世纪桥》第 4 期。

陈刚、王燕飞，2010，《农村教育、制度与农业生产效率：基于中国省级层面数据的实证研究》，《农业技术经济》第 3 期。

陈锡文，1998，《在家庭承包经营的基础上逐步实现农业现代化》，《求是》第 20 期。

陈锡文，2011，《当前我国农业农村发展的几个重要问题》，《南京农业大学学报（社会科学版）》第 2 期。

陈锡文、陈晏阳、张建军，2014，《中国农村人口老龄化对农业产出影响的量化研究》，《中国人口科学》第 2 期。

陈玉林、陈凡，2009，《技术史的"文化转向"研究》，《科技进步与技术》第 1 期。

单丽卿、王春光，2015，《离农：农村教育发展的趋势与问题——兼论"离农"和"为农"之争》，《社会科学研究》第 1 期。

段帆、于德润、阳东青，2012，《基层农技人员心理失衡原因分析》，《中国成人教育》第 12 期。

樊启洲、郭犹焕，2000，《关于农业推广教育改革的思考》，《华中农业大学学报（社会科学版）》第 9 期。

冯小，2017，《公益悬浮与商业下沉：基层农技服务供给结构的变迁》，《西北农林科技大学学报（社会科学版）》第 3 期。

高启杰、姚云浩、马力，2015，《多元农业技术推广组织合作的动力机制》，《华南农业大学学报（社会科学版）》第 1 期。

高雪莲，2010，《我国自助型农业推广组织的发展模式与绩效分析：以河北省元氏县农林牧联合会为例》，《科技管理研究》第 4 期。

高照明，2005，《农业合作化运动评析：从技术、制度与经济的关系角度》，《江苏科技大学学报》第 1 期。

贺雪峰、仝志辉，2002，《论村庄社会关联：兼论村庄秩序的社会基础》，《中国社会科学》第 5 期。

贺雪峰、印子，2015，《"小农经济"与农业现代化的路径选择：兼论农业现代化激进主义》，《政治经济学评论》第 2 期。

黄斐，2014，《服务新农村建设的高等农业院校大学生就业现状分析及对策》，《经济管理者》第 12 期。

黄家亮，2012，《乡土场域的信任逻辑与合作困境：定县翟城村个案研究》，《中国农业大学学报（社会科学版）》第 2 期。

黄应贵，1978，《农业机械化：一个台湾中部农村的人类学研究》，台湾"中央研究院"《民族学研究所集刊》秋季号。

黄宗智，2016，《中国的隐性农业革命（1980~2010）：一个历史和比较的视野》，《开放时代》第 2 期。

旷浩源，2014，《农村社会网络与农业技术扩散的关系研究：以 G 乡养猪技术扩散为例》，《科学学研究》第 10 期。

李海华、冯佰利、杨慧霞，2005，《杨凌多元化农业推广教育资源分析与模式研究》，《西北农林科技大学学报（社会科学版）》第 4 期。

李猛，1999，《福柯与权力分析的新尝试》，《社会理论学报》第 2 期。

李荣玉、王海光，2010，《一九八五年〈户口登记条例〉出台的制度背景》，《中共党史研究》第 9 期。

李术君、李韬，2008，《人口老龄化对我国农村劳动力劳动生产率的影响》，《科学决策》第 10 期。

厉以宁，2012，《双向城乡一体化显露生机》，《决策探索》第11期。

林本喜、邓衡山，2012，《农业劳动力老龄化对土地利用效率影响的实证分析：基于浙江省农村固定观察点数据》，《中国农村经济》第4期。

刘光哲，2010，《澳大利亚昆士兰农业推广人员培训模式分析》，《开发研究》第3期。

刘军，2013，《从宏观统治权力到微观规训权力：马克思与福柯权力理论的当代对话》，《江海学刊》第1期。

刘学坤，2012，《"科技下乡"的现代性语境及其教育功用：功能主义的解释》，《求实》第8期。

刘永忠等，2006，《从农民对科技接受的心理特点谈加强农业科技推广对策》，《农业科技管理》第1期。

陆学艺，2009，《破除城乡二元结构 实现城乡经济社会一体化》，《社会科学研究》第4期。

陆益龙，2006，《嵌入性政治对村落经济绩效的影响：小岗村的个案研究》，《中国人民大学学报》第5期。

吕炜、高飞，2013，《城镇化、市民化与城乡收入差距：双重二元结构下市民化措施的比较与选择》，《财贸经济》第12期。

乔领璇，2012，《农业劳动力老龄化产生的原因及其影响》，《现代农业科技》第10期。

秦红增，2004，《村庄内部市场交换与乡村人际关系》，《广西民族学院学报（哲学社会科学版）》第5期。

秦红增，2004，《人类学视野中的技术观》，《广西民族学院学报（自然科学版）》第2期。

佘君、丁桂平，2005，《农业合作化运动必然性问题再思考》，《党史研究与教学》第4期。

沈贵银，2003，《试论农业推广服务供给的制度安排与多元服务体系的构建》，《科学学与科学技术管理》第10期。

宋涛，1956，《初级农业生产合作社过渡到高级农业生产合作社的必然性》，《教学与研究》第 6 期。

隋福民，2017，《规模经营对中国阶段的农业发展重要吗？》，《毛泽东邓小平理论研究》第 5 期。

孙新华，2017，《规模经营背景下基层农技服务"垒大户"现象分析》，《西北农林科技大学学报（社会科学版）》第 2 期。

谭同学，2009，《当代中国乡村社会结合中的工具性圈层格局：基于桥村田野经验的分析》，《开放时代》第 4 期。

谭同学，2012，《亲缘、地缘与市场的互嵌：社会经济视角下的新化数码快印业研究》，《开放时代》第 6 期。

唐军，2000，《仪式性的消减与事件性的加强：当代华北村落家族生长的理性化》，《中国社会科学》第 11 期。

王丰，2016，《列宁关于社会主义农业发展的论述及其当代价值》，《当代世界与社会主义》第 5 期。

王琦，2011，《推进我国农业规模化经营应注意的几个问题》，《经济纵横》第 8 期。

王士花，2014，《论建国初期的农村互助组》，《东岳论丛》第 3 期。

王帅，2008，《关于打假护农问题的法律思考》，《农业经济》第 2 期。

魏晓莎，2014，《美国推动农业生产经营规模化的做法及启示》，《经济纵横》第 12 期。

吴彤，2007，《两种地方性知识：兼评吉尔兹和劳斯的观点》，《自然辩证法研究》第 11 期。

吴郁玲、曲福田，2006，《土地流转的制度经济学分析》，《农村经济》第 1 期。

谢小芹、简小鹰，2015，《"互嵌"：市场规则与基层社会——基于农资"赊账"现象的社会学探讨》，《南京农业大学学报》第 5 期。

熊桉，2012，《供求均衡视角下的农业科技成果转化研究：以湖北省为例》，《农业经济问题》第 4 期。

徐德云，2010，《生产合作与假农资侵害规避：一个农户博弈的理论解释》，《财贸研究》第 4 期。

徐柳凡，2006，《毛泽东农业现代化思想简介》，《当代世界与社会主义》第 6 期。

徐娜、张莉琴，2014，《劳动力老龄化对我国农业生产效率的影响》，《中国农业大学学报》第 4 期。

颜公平，2007，《对 1984 年以前社队企业发展的历史考察与反思》，《当代中国史研究》第 2 期。

杨华、王会，2011，《重塑农村基层组织的治理责任：理解税费改革后乡村治理困境的一个框架》，《南京农业大学学报（社会科学版）》第 3 期。

杨文英、罗康隆，2009，《发展人类学在当代中国的研究》，《原生态民族文化学刊》第 4 期。

杨小柳，2007，《发展研究：人类学的历程》，《社会学研究》第 4 期。

杨小柳，2010，《村落视野中的乡村社会整合：广东梅县书坑村的个案研究》，《中南民族大学学报（人文社会科学版）》第 4 期。

杨永军、涂俊、吴贵生，2006，《县域农业创新系统效率评价及分析：对河北、山东两省的实证研究》，《科学学与科学技术管理》第 7 期。

杨志海、麦尔旦、王雅鹏，2014，《农村劳动力老龄化对农业技术效率的影响》，《软科学》第 10 期。

叶敬忠，2004，《农村发展创新中的社会网络》，《农业经济问题》第 4 期。

叶兴庆、徐小青，2014，《从城乡二元到城乡一体：我国城乡二元体制的突出矛盾与未来走向》，《管理世界》第 9 期。

于伟、张鹏，2015，《我国省域农村教育与农业现代化的耦合协调发展》,《华南农业大学学报（社会科学版）》第 1 期。

岳靓、孙超，2014,《农民在农业科技推广过程中积极心理和消极心理分析》,《长春理工大学学报（社会科学版）》第 1 期。

岳谦厚、范艳华，2010,《山西农业生产合作社之闹社风潮》,《中共党史研究》第 4 期。

曾红萍，2016,《农村内部劳动力商品化与社区社会资本变迁》,《中国农村观察》第 1 期。

张建新、Michael H. Bond，1993,《指向具体人物对象的人际信任：跨文化比较及其认知模型》,《心理学报》第 2 期。

张能坤，2012,《农业推广服务模式及创新》,《农村经济》第 4 期。

周曙光、吴沛良、赵西华，2003,《市场经济条件下多元化农技推广体系建设》,《中国农村经济》第 4 期。

（四）学位论文

李红芹，2009,《国家与市场视角下的农技站变迁：以河南 T 县农技站为个案》,硕士学位论文，华中师范大学。

马文军，2003,《中国农业科技示范园区可持续发展研究》,博士学位论文，西北农林科技大学。

孙凤娟，2017,《"脱嵌"与"嵌入"的双重奏：山东寿光大棚蔬菜产业研究》,博士学位论文，中山大学。

王一鸣，2011,《列宁农业合作社思想及其历史演进研究》,硕士学位论文，辽宁师范大学。

杨倩，2014,《美国农业院校"教育、科研、推广体系"研究》,硕士学位论文，东北师范大学。

张慧鹏，2016,《改造小农经济：当代中国农业转型的研究》,博士学位论文，中山大学。

张淑云，2011,《多元化农业推广组织协同运行机制研究：基于河北省梨产业技术推广调查》,博士学位论文，河北农业大学。

二 外文文献

（一）英文

Foster, George M. 1967. *Tzintzuntzan: Mexican Peasants in a Changing World*. Boston: Little, Brown and Company.

Foucault, Michel. 1979. *Discipline and Punish: The Birth of the Prison*. New York: Vintage Books.

Geertz, Clifford. 1968. *Peddles and Prince: Social Development and Economic Change in Two Indonesian Towns*. Chicago: The University of Chicago Press.

Geertz, Clifford. 1981. *Negara: Theatre State in Nineteenth-Century Bali*. Princeton: Princeton University Press.

Geertz, Clifford. 1983. *Local Knowledge: Further Essay in Interpretive Anthropology*. New York: Basic Books.

Johnston, Bruce F. 1975. *Agriculture and Structural Transformation: Economic Strategies in Late-development Countries*. Oxford University Press.

Leach, Edmund Ronald. 1965. *Politics System of Highland Burma*. Boston: Beacon Press.

Mellor, John Williams. 1966. *The Economics of Agricultural Development*. Cornell University Press.

Rostow. W. W. 1960. *The Stages of Economic Growth: A Non-Communist Manifesto*. Cambridge: Cambridge University Press.

Turner, Victor. 1968. *The Drums of Affliction: A Study of Religious Processes among the Ndembu of Zambia*. Ithaca: Cornell University Press.

Urry, John. 2006. "How Societies Remember the Past." in *Cultural Heritage: Critical Concept in Media and Cultural Studies* (*Vol. 2*), edited by Smith Laurajane. London and New York: Routledge.

Witkin, Herman A. 1981. *Cognitive Styles, Essence and Origins: Field*

Dependence and Field Independence. New York：International University Press.

（二）日文

内山雅生，1990，《中国華北農村経済研究序説》，金沢大学経済学部。

旗田巍，1973，《中国村落と共同体理論》，岩波書店。

致　谢

2014 年，我怀揣着学术梦想来到了康乐园，有幸成为周大鸣老师的学生，从此开启了一段全新的求知、探索和求学历程。在四年博士学习期间的点点滴滴里，中山大学人类学系不仅让我学到了很多知识，更让我感悟到了人生价值之所在。因此，我无法用平淡的言语来表达我内心深处对中山大学人类学系点点滴滴的眷恋，以及我对母校、恩师和同学们深深的感激之情。

首先我要特别感谢我的恩师周大鸣教授，无论在学习上还是生活上，周老师都给予了我莫大的帮助。在博士学位论文选题方面，我曾经出现过困惑，周老师发现之后不厌其烦地启发我、鼓励我，帮我最终确定了博士学位论文题目。在田野调查期间，周老师更是在百忙之中专程到我的田野点对我进行指导，还十分关心我在田野点的日常生活，让作为学生的我不胜感激。初稿完成以后，周老师对我毕业论文的内容进行了极为细致的指导，并提出了很多修改意见，引导我不断完善自己的毕业论文。周老师严谨的治学态度、敏锐独到的学术眼光、宽容豁达的处事风格，一直深深地影响着我。在今后的学术道路上，我将时刻铭记恩师的教诲，踏实做学问，努力求进取。

感谢我的硕士导师聂爱文教授，在考博期间聂老师给予了我很大的帮助，在我读博期间聂老师也时常关心我的学业和生活，并鼓励我要积极进取，不断攀登学术高峰。聂老师严谨的学术态度与真诚的人格，一直鼓励着我努力奋进。

感谢麻国庆教授、陈志明教授、张应强教授、邓启耀教授、何国强教授、程瑜教授，在我的专业课程学习过程中，他们渊博的学识、精辟的见解，使我获益良多。尤其感谢博士学位论文开题中徐杰舜老师、谭同学老师、段颖老师，博士学位论文预答辩中田敏老师、杨小柳老师，各位老师为我的论文提供了宝贵的写作和修改意见，让我受益良多，辛苦您们了！

感谢我那些善良而充满学术热情的同学们，区缵、罗余方、张弛、王欣、向璐、田絮崖、胡蕊纯、孙凤娟、吴小花、伍磊、王霞……我们一起探讨学术、分享生活，你们的陪伴，让我的读博时光倍感快乐与温暖。感谢吴良平师弟，吴师弟对学术充满着热情，经常与我分享学术上的乐趣，并就论文写作方面提出一些建议，让我受益良多。感谢李陶红师姐、郭凌燕师姐、姬广绪师兄、祁红霞师姐，每当我遇到问题的时候他们就会伸出援助之手，让我感受到师门之间深厚的情谊。

感谢在我田野调查过程中帮助过我的所有人。尤其感谢南宫市档案馆、南宫市地方志办公室的各位领导给我提供了大量有价值的文史资料和数据资料。感谢吴乡政府对我田野调查的鼎力相助，不仅在我田野调查期间提供了必要的住宿，还给我提供了大量该乡关于农业推广方面的资料，从而让我的田野调查顺利地开展下去。感谢吴乡的各位父老乡亲，他们善良朴实的性格让我在田野调查过程中倍感关怀，他们不仅积极配合我的访谈工作，还时常邀请我去吃饭歇息，让我的田野调查充满了温馨与快乐。

最后，我要将最衷心的感谢献给养育我、支持我的父亲、母亲、爷爷、奶奶，感恩家人对我无微不至的关怀，在我读博期间无论是物质上还是精神上他们都给了我最大的支持，对此我将永远铭记于心，感恩于心！

2018 年 5 月 18 日

于康乐园

图书在版编目（CIP）数据

发展、文化与权力：农业现代化过程中的农业推广：
以河北吴乡为例／蒋志远著. -- 北京：社会科学文献
出版社，2022.5
  ISBN 978-7-5228-0098-1

  Ⅰ.①发… Ⅱ.①蒋… Ⅲ.①农业现代化-研究-河
北 Ⅳ.①F327.22

  中国版本图书馆 CIP 数据核字（2022）第 078456 号

发展、文化与权力：农业现代化过程中的农业推广
  ——以河北吴乡为例

著　　者／蒋志远

出 版 人／王利民
责任编辑／李　薇
责任印制／王京美

出　　版／社会科学文献出版社（010）59366453
　　　　　地址：北京市北三环中路甲 29 号院华龙大厦　邮编：100029
　　　　　网址：www.ssap.com.cn
发　　行／社会科学文献出版社（010）59367028
印　　装／唐山玺诚印务有限公司

规　　格／开　本：787mm×1092mm　1/16
　　　　　印　张：16.75　字　数：224 千字
版　　次／2022 年 5 月第 1 版　2022 年 5 月第 1 次印刷
书　　号／ISBN 978-7-5228-0098-1
定　　价／128.00 元

读者服务电话：4008918866